JN303048

協同組合の
社会経済制度

世界の憲法と独禁法にみる

堀越芳昭

日本経済評論社

まえがき

　21世紀における協同組合はどうあるべきか．人々の自発的結合体としての協同組合は，21世紀の社会経済制度としてどのような地位にありどのような役割を果たすことができるのであろうか．その解明には第1に，21世紀の社会経済の方向性が明らかにされ，そこにおける協同組合の社会経済的地位が問われなければならない．そして第2に，世界的な協同組合の歴史的推移のなかで協同組合の歴史的地位が明らかにされなければならない．

　まず第1の論点からみてみよう．すなわち，21世紀の社会経済の基本方向はどのようなものであろうか．2008年の世界的な金融危機・経済危機の勃発とともに，アメリカ型金融資本主義の崩壊，そのバックボーンにあった「新自由主義」の破綻が白日の下にさらされた．市場万能・規制緩和・自由放任・小さな政府を推し進めた新自由主義政策は，その市場原理・競争原理・個人主義の破綻をもたらした．確かに世界は社会経済上の新しい指導原理を求めている．

　こうした転換点において求められる社会経済システムの方向性は何か．それは新自由主義的な自助自律の社会経済システムではなく，そしてまた国家主導型社会経済システムでもない．そこでは「公協私の新しい混合経済」が現実的システムとして構想されるであろう．

　第2の論点についてみよう．すなわち，世界的な歴史的変遷の中で協同組合運動の展開過程の全体像をどのように把握するか．そのためには19世紀，20世紀，21世紀と大きく3つに分けて，それぞれの社会経済的特質と協同組合運動の特徴との関連でみていく必要があろう．

　19世紀近代社会としての資本主義社会の確立期において，経済の基調としての営業の自由を核とした経済的自由は，持てる者の自由，資本家・企業家の自由であり，持たざる者の不自由，労働者・農民等経済的弱者の隷属化をもたらした（経済的自由の限界）．自由を享受できない，不自由な経済的弱者は自

らの手による自治的手法で，旧社会の共同体の原理を復活させる形（ある意味で共同体の再編成という形）で，主として地域レベルで生活運動・経済運動・社会運動として協同組合運動を展開してきた（経済的自由の限界の克服）．この時期の協同組合運動はいわば「地域レベルの自生的発展の段階」であった．

20世紀の現代社会における資本主義は，資本主義の自動調整機能が崩壊し，国家の経済的介入が不可欠な要素となった．かくして公私の混合経済が主要な経済体制となった．他方で経済的弱者（労働者・農業者・中小企業・消費者）や社会的弱者（女性・児童・障害者）の社会問題はいっそう深刻となり，経済的社会的公正が求められるようになった．

この段階では，協同組合は社会的，経済的な弱者の保護，農業問題，中小企業問題，消費者問題にどう対応するかという，広い意味の経済的公正を実現する担い手として位置づけられることになる．この時期の協同組合運動は国際的全国的レベルで発展した．この時期の協同組合運動は，「全国国際レベルでの運動発展」「共同体の再興適用」という形で展開していったということができよう．

ところで20世紀の第4四半期に登場した新自由主義により，19世紀に舞い戻るかのように貧困の増大等経済的格差が深刻化し，その破綻とともに，ここに新たな経済体制が求められているのが現在である．

21世紀の協同組合運動はどのような社会経済システムに直面しているのか．それは前述の「公協私の新たな混合経済体制」であり，経済的社会的弱者自身による連帯と協同を踏まえた経済的参加を重要な要素とした社会経済システムであろう．

そうであるならば参加型経済システムとしての協同組合がその重要な担い手として位置づけられるであろう．また解体した地域社会再建の課題，開かれた共同体の建設が21世紀の協同組合の最大の課題として提起されることになるであろう．「地域レベル全国国際レベルの同時的発展」「開かれた共同体の新たな建設」がこの時期の協同組合運動の課題であろう．

本書は，21世紀の社会経済の基本方向を踏まえて，協同組合の社会経済制度の特質を解明するものであり，協同組合の社会経済的地位と協同組合運動の世界史的課題を探究するものである．

目次

まえがき

序章　問題の所在……………………………………………………………… 1

第1章　先駆的憲法における協同組合規定……………………………… 11
　　　　―メキシコ，ワイマール，スペイン，キューバ―
　　1. 先駆的憲法における協同組合規定 …………………………… 11
　　2. 1917年メキシコ憲法における協同組合規定 ………………… 12
　　3. 1919年ワイマール憲法における協同組合規定 ……………… 19
　　4. 1931年スペイン憲法における協同組合規定 ………………… 22
　　5. 1940年キューバ憲法における協同組合規定 ………………… 25
　　6. 先駆的憲法における協同組合の社会経済的地位 …………… 30

第2章　主要国の憲法における協同組合規定 ………………………… 37
　　　　―G7・G20諸国―
　　1. G7諸国の憲法における協同組合規定 ………………………… 38
　　2. G20諸国の憲法における協同組合規定 ……………………… 49
　　3. 主要国の憲法における協同組合の社会経済的地位 ………… 68

第3章　世界各国の憲法における協同組合規定（上）………………… 77
　　　　―ヨーロッパ・アジア各国―
　　1. ヨーロッパ各国の憲法における協同組合規定 ……………… 77
　　2. ヨーロッパ各国の憲法における協同組合の社会経済的地位 … 91
　　3. アジア各国の憲法における協同組合規定 …………………… 94
　　4. アジア各国の憲法における協同組合の社会経済的地位 …… 107

第4章　世界各国の憲法における協同組合規定（下）……………… 113
　　　　―アフリカ・中南米各国―

　　1. アフリカ各国の憲法における協同組合規定　　　　　　　　113
　　2. アフリカ各国の憲法における協同組合の社会経済的地位　　118
　　3. 中南米各国の憲法における協同組合規定　　　　　　　　　120
　　4. 中南米各国の憲法における協同組合の社会経済的地位　　　147

第5章　世界の独占禁止法と協同組合の適用除外……………………… 155

　　1. 世界の独占禁止法における協同組合の適用除外（1980年資料）　155
　　2. 世界の独占禁止法における協同組合の適用除外（2010年資料）　159
　　3. 世界の憲法における独占禁止と協同組合保護　　　　　　　166
　　4. 協同組合の独占禁止法適用除外の根拠　　　　　　　　　　178

終章　21世紀協同組合の社会経済的地位………………………………… 183

　　1. 経済的自由と協同組合　　　　　　　　　　　　　　　　　183
　　2. 経済的公正と協同組合　　　　　　　　　　　　　　　　　187
　　3. 経済的参加と協同組合　　　　　　　　　　　　　　　　　191

　参考文献　　　　　　　　　　　　　　　　　　　　　　　　　201
　あとがき　　　　　　　　　　　　　　　　　　　　　　　　　207
　国別索引　　　　　　　　　　　　　　　　　　　　　　　　　210

序章
問題の所在

　本章の課題は，本書の序説として，課題と方法，協同組合の憲法規定の世界的動向および世界の憲法における協同組合の社会経済的地位の全体像を明らかにすることにある．

　《課題と方法》
　本書の中心課題は「協同組合の社会経済制度」について，副題に示されるように「世界の憲法と独禁法」を手掛かりとして解明するものである．すなわち世界の憲法と独禁法における協同組合規定から，社会経済全体における協同組合の地位を明らかにし，協同組合の社会経済制度としての特質を解明することである．

　協同組合の目的や仕組み，組合員の権利と義務，事業目的，管理組織等協同組合制度について，世界の多くの国に制定されている協同組合法において規定されている．たとえば多くの協同組合法においては，協同組合の目的として「小規模事業者・消費者・労働者の組合員の相互扶助や経済的社会的地位の向上」があげられる．しかしながらその協同組合法の背後にあるより根本的かつ全体的な協同組合の位置づけ，世界的な歴史のなかでの協同組合の位置づけ，協同組合の社会経済的地位や社会経済制度としての特質に関しては，こうした協同組合法だけでは必ずしも明確にはならない．

　こうした基本的問題は協同組合法において協同組合の目的や組織の規定の中に含意されているとしても，より広い観点から協同組合の社会経済的地位や社会経済制度における特質を明らかにするためには，各国の協同組合法のみならずさらに世界の憲法において協同組合がどのように規定されているかが検討さ

れなければならない．すなわち世界の憲法における協同組合規定を検討することは，協同組合の社会経済的地位を明らかにし，協同組合の社会経済制度としてのあり方を解明する上で極めて重要な課題であると思われる．

なぜ憲法か．国の最高法規である憲法には，それぞれの国の政治や社会・経済の根幹が示されており，その国の根底にある理念や思想が反映されている．各国の政治的社会的変化とは，確かにその政治的社会的構造の変革であり，思想上の変革でもあったが，それは他方でそれにふさわしい憲法を獲得する歴史でもあった．近代社会の形成はそれに適合的な憲法を必要とし，現代においては各国の独立運動や大きな社会変化の中でそれに即した憲法がつくられてきた．このようにして獲得された憲法は，その時代の支配的方向を反映するものであるとともに，諸勢力・諸潮流の妥協の産物といった側面をもちつつ，将来の社会ビジョンを集約提示したものでもあった．したがって，憲法には各国のそして世界の基本方向や指導原理が示されている．そうであるならば，世界の憲法から見た社会経済の基本方向や社会経済制度の根幹が把握されなければならない．そしてその中で，協同組合がどのように位置づけられているのかを検討することを通じて協同組合制度のあり方が明らかにされるであろう．

さて本書では，憲法における協同組合に関する規定を「協同組合の憲法規定」ということにするが，この協同組合の憲法規定については，これまでイタリア憲法[1]の検討が行われたり，スペイン憲法[2]やポルトガル憲法[3]，さらに1919年ワイマール憲法[4]について触れられることがあった．しかし協同組合の憲法規定そのものに関して世界的歴史的に系統的に検討されることはなかった．また現行の世界の憲法において，後述するように51ヶ国に及ぶ協同組合の憲法規定が存在するが，それらの国々について検討されることもほとんどなかった．というのも協同組合研究においては世界の憲法や法制度に対する関心が必ずしも高くなかったからであり，他方で憲法研究においては「経済」に関する検討は弱く，それと関連して協同組合に対する関心は皆無であったことに由来するであろう．

しかしながら協同組合が私的経済や公的経済と異なり，それらと相並んで独自性をもって存在するならば，あるいは人間存在の共同生活における不可欠な仕組みであるならば，何らかの形で最高法規たる憲法に協同組合の社会経済的

地位が反映していることであろう．そうであるならば，現代憲法や21世紀憲法の中に現代及び21世紀における協同組合の社会経済的地位の重要性が現れており，その協同組合の憲法規定の中に現代憲法さらには21世紀憲法の基本的志向性が内在しているのである．すなわち世界の協同組合の憲法規定に関する検討は，1つは協同組合の社会経済的地位の検討のために，2つには現代憲法や21世紀憲法の基本志向性を解明するうえで，重要な意義を有していると言うことができるであろう．

　協同組合の憲法規定の検討を通じて21世紀協同組合の社会経済的地位・社会経済制度の解明を行う場合，方法的に次の諸点に留意されなければならない．第1に世界の憲法を「近代憲法」―「現代憲法」―「21世紀憲法」の推移の上で把握することである．第2に各国の憲法体系において社会権・労働権・経済権の有無，とりわけ経済規定の独自的規定の有無に着目することである．第3に各国の憲法の中心課題について経済規定においてみるならば，「経済的自由」―「経済的公正」―「経済的参加」へと推移するものとみなすことである．

　こうした課題と方法に立って，本書は次の構成をとっている．

　第1章では，最初に先駆的憲法における協同組合規定として，現代憲法の先駆たる，1917年メキシコ憲法，1919年ワイマール憲法，1931年スペイン憲法，1940年キューバ憲法を検討課題として，協同組合の憲法規定の歴史的意義とその内容について検討する．次いで第2章では主要国の憲法における協同組合規定として，G7諸国とG20諸国の憲法における協同組合規定を検討する．第3章と第4章では，世界各国の憲法における協同組合規定について，主要国9ヶ国以外の42ヶ国についてみていく．第5章は世界の独禁法と憲法から協同組合の独禁法適用除外について検討する．最後に終章では，総括と展望として，経済的自由・経済的公正・経済的参加と協同組合について論じ，21世紀協同組合の社会経済的地位そして社会経済制度上の特質を明らかにしていく．

《協同組合の憲法規定の世界的動向》

　さて本論に入るにあたって，世界の憲法における協同組合規定を概観し，その全般的動向についてみておきたい．

　ここでは現行の世界の憲法における協同組合の規定についてみていくことに

する．世界の協同組合の憲法規定は，筆者が管見した限りのものであるが，次の表0-1のように2010年現在51ヶ国（G7は1ヶ国，G7を除くG20は8ヶ国，その他42ヶ国，合計51ヶ国）にのぼっている[5]．これには4ヶ国の近似規定を含むが，協同組合の憲法規定はこのように多くの国において確認することができる．しかもそれらの憲法は近代憲法ではなく，社会権・労働権，さらに経済権を重視した現代憲法なしは未来志向の21世紀憲法の特質を有している．したがって協同組合の憲法規定は，特殊なものではなく，歴史的世界的に見て普遍的なものであるということができる．その事実をまず明らかにすることが必要であるが，それに加え，その協同組合の憲法規定の歴史的社会的意義を検討することが求められる．そうすることによって協同組合の社会経済的地位を明らかにすることができるであろう．本書の検討課題は，まさにここにあるのである．

さて同表によれば，協同組合の憲法規定があるのは，G7ではイタリア1国だけである．イタリア以外の先進国には協同組合の憲法規定が存在しない．それはなぜなのか．

表0-1 協同組合の憲法規定を有する国々

G7	イタリア（G7中1ヶ国のみ規定あり）
	（イギリス，フランス，ドイツ，アメリカ，カナダ，日本G7中6ヶ国には規定なし）（ただしドイツには6州の憲法に規定あり）
G20	ブラジル，ロシア，インド，中国，韓国，インドネシア，メキシコ，トルコ（G7を除くG20の12ヶ国中，8ヶ国に規定あり．ロシア，韓国，インドネシアの3ヶ国は近似規定）
	（オーストラリア，サウジアラビア，アルゼンチン，南アフリカ4ヶ国には規定なし）
その他	（ヨーロッパ）スペイン，ポルトガル，ギリシャ，マルタ，キプロス，ブルガリア，ハンガリー，セルビア，ベラルーシ，タジキスタン，スイス（11ヶ国に規定あり．スイスは近似規定）
	（アジア）フィリピン，台湾，ベトナム，タイ，東ティモール，イラン，シリア，イエメン，クウェート，ミャンマー（10ヶ国に規定あり）
	（アフリカ）エジプト，アンゴラ，ナミビア，モザンビーク（4ヶ国に規定あり）
	（中南米）ペルー，ボリビア，パラグアイ，ガイアナ，スリナム，ウルグアイ，エクアドル，ベネズエラ，コスタリカ，ハイチ，ニカラグア，エルサルバドル，グアテマラ，ホンジュラス，パナマ，キューバ，ドミニカ共和国（17ヶ国に規定あり）
総計	51ヶ国（G7は1ヶ国，G7を除くG20は8ヶ国，その他42ヶ国，計51ヶ国）に規定あり（ただし4ヶ国は近似規定）（この外にドイツに6州の憲法に規定あり）

それに対して新興国を中心としたG20（G7を除く12ヶ国）では，ブラジル，ロシア，インド，中国，インドネシア，韓国，メキシコ，トルコの8ヶ国に協同組合の憲法規定が置かれている（ただしロシア，韓国，インドネシアの3ヶ国は近似規定である）．これら新興国において協同組合の憲法規定が多く占めるのはなぜなのか．

G7・G20以外では，スペイン，ポルトガル，ギリシャ，マルタ，キプロス，ブルガリア，ハンガリー，セルビア，ベラルーシ，タジキスタン，スイスのヨーロッパ11ヶ国，フィリピン，台湾，ベトナム，タイ，東ティモール，イラン，シリア，イエメン，クウェート，ミャンマーのアジア10ヶ国，エジプト，アンゴラ，ナミビア，モザンビークのアフリカ4ヶ国，ペルー，ボリビア，パラグアイ，ガイアナ，スリナム，ウルグアイ，エクアドル，ベネズエラ，コスタリカ，ハイチ，ニカラグア，エルサルバドル，グアテマラ，ホンジュラス，パナマ，キューバ，ドミニカ共和国の中南米17ヶ国，計42ヶ国に協同組合の憲法規定が存在している（ただしスイスは近似規定である）．これらの新興国・中進国・途上国において協同組合の憲法規定が絶対数で多く確認することができる．それはなぜか．

G7・G20・その他の総計を地域別にみれば，ヨーロッパ12ヶ国，アジア14ヶ国，アフリカ5ヶ国，中南米19ヶ国，合計51ヶ国において憲法に協同組合の規定を設けている．

なお上記51ヶ国以外に，ドイツ6州（ヘッセン州，バイエルン州，ラインラント・プファルツ州，自由ハンザ都市ブレーメン州，ザールラント州，ノルトライン・ヴェストファーレン州）に協同組合助成規定があることに注目しなければならない．これらはワイマール憲法とフランス1946年4月憲法草案の影響を受けている[6]．

このように51ヶ国において憲法中に協同組合を規定しているということは，協同組合の社会経済的地位の高さをあらわしているものと言えよう．これらの51ヶ国がどのように憲法中に協同組合を位置づけているのか，そして先進国を中心に協同組合の憲法規定がないのはなぜか，等々について検討することは協同組合研究においても，憲法研究においても重要な研究課題であろう．

この協同組合の憲法規定の存否について，その要因は本書各章において逐次

明らかにしていくが，さしあたり次のように言うことができよう．すなわち，協同組合の憲法規定がG7を中心とした先進国において少ないのは，先進国の憲法が，社会権・労働権さらに経済権を含む現代憲法ではなく，自由権を中心とした近代憲法であるというところにあり，そうした憲法上の特質に求められるのではなかろうか．またG20の新興国において協同組合の憲法規定が多く看取されるのは，その新興国の憲法体系の特質，その現代憲法としての特質に求められるからであろう．そしてまた新興国・中進国・途上国において協同組合の憲法規定が絶対数で多くを占めるのは，それらの国々の憲法が現代憲法の特質をもつのみならず，社会経済的発展問題が当該国の最重要な課題になっており，それを憲法的課題としていることと深い関連があると思われる．いずれにしても，憲法体系や近代憲法・現代憲法，そして21世紀憲法の基本的方向性との関連で，そしてまた社会経済上の歴史的現代的課題との関連で，その国々における協同組合の憲法規定は位置づけられるであろう．

　近代憲法と現代憲法の区別についてここで付言しておきたい．すなわち自由権を中心とする近代憲法に対して，現代憲法の特質は社会保障などの社会権，労働保護等の労働権に求めることができるが，さらに経済権を現代憲法ないし21世紀憲法の特質に入れるべきであろう．この経済権とは，近代における経済的自由（営業の自由や職業の自由等）に限定されず，経済的公正（独占禁止，公正取引，経済的弱者保護，消費者保護等）と経済的参加（利益参加・経営参加・所有参加・事業参加・計画参加）を指し，多様な各種の経済主体を承認尊重するものである．こうした意味の経済権が，社会権や労働権に加えて重要な意味をもってきているのが現代のそしてまた21世紀社会の大きな特質ではなかろうか．そしてこうした社会権・労働権・経済権を特質とする現代憲法において，協同組合はその中に位置づけられ，協同組合の憲法規定となっているのである．

　そしてまた新興国・中進国・途上国において協同組合の憲法規定が多くを占めるのは，それらの国々の憲法が上記のような現代憲法の特質をもつからであり，政治的課題はもちろん社会経済的発展が当該国の最重要な課題になっており，それを憲法的課題としていることと深い関連があると思われる．いずれにしても，憲法体系や近代憲法・現代憲法・21世紀憲法の基本方向との関連で，

表 0-2　協同組合規定を有する世界の憲法における経済的公正と経済的参加

番号	国名（太字：21世紀憲法◆ 同近似憲法△）	協同組合☆ 承認保護助成	監督規定	近似規定	経済的公正● 公正機会均等	中小企業保護	農業農民保護	消費者保護	独占禁止	完全雇用	経済的参加◇ 経済的参加	利益参加	経営参加	所有参加	事業参加	計画参加
0	ドイツ6州（大要）	☆				●	●		●				◇			
1	**イタリア**△	☆			●	●	●				◇		◇			
2	**ブラジル**◆	☆		☆	●	●	●	●		●	◇	◇	◇		◇	◇
3	ロシア	☆						●								
4	インド	☆			●	●	●		●			◇				
5	中国	☆				●	●						◇			
6	韓国	☆		☆		●	●	●								
7	インドネシア	☆		☆												
8	**メキシコ**△	☆			●	●	●	●	●	●		◇				
9	トルコ	☆				●	●	●								
10	**スペイン**◆	☆			●	●	●	●			◇		◇	◇		
11	**ポルトガル**◆	☆			●	●	●				◇		◇			◇
12	ギリシャ	☆	☆				●									
13	マルタ	☆				●										
14	キプロス			☆												
15	ブルガリア	☆						●	●							
16	ハンガリー	☆														
17	セルビア	☆														
18	ベラルーシ	☆								●			◇			
19	タジキスタン	☆														
20	スイス	☆		☆	●		●									
21	**フィリピン**△	☆			●	●	●			●	◇		◇			◇
22	台湾	☆				●	●			●						
23	ベトナム	☆			●		●									
24	タイ	☆			●			●	●							
25	東ティモール	☆			●	●		●								
26	イラン	☆					●			●						
27	シリア	☆					●				◇					
28	イエメン	☆			●	●	●		●		◇					
29	クウェート	☆														
30	ミャンマー	☆					●			●						
31	**エジプト**△	☆			●	●	●			●		◇	◇			
32	アンゴラ	☆			●	●					◇					
33	ナミビア	☆			●	●	●									
34	モザンビーク	☆				●	●									

No.	国名	協同組合 ☆			経済的公正 ●						経済的参加 ◇					
35	ペルー	☆				●	●	●	●		◇	◇				
36	**ボリビア◆**	☆			●	●	●	●	●		◇		◇			◇
37	パラグアイ	☆			●	●		●			◇					◇
38	ガイアナ	☆				●			●		◇					
39	スリナム	☆			●				●							
40	ウルグアイ	☆														
41	**エクアドル◆**	☆			●	●	●	●	●		◇	◇				◇
42	**ベネズエラ◆**	☆			●	●	●	●	●		◇	◇	◇			
43	コスタリカ	☆						●								
44	ニカラグア	☆				●						◇				◇
45	エルサルバドル	☆				●										
46	グアテマラ	☆			●			●								
47	ホンジュラス	☆					●									
48	パナマ	☆				●										
49	キューバ	☆	☆				●									
50	ドミニカ共和国	☆											◇			
51	ハイチ	☆					●		●							
	(右欄の+はドイツ各州)	51+	3	5	21	26+	33+	23	24+	18	13	9	14+	1	3	9
	通 計	協同組合☆ 51ヵ国			経済的公正● 46ヵ国＋ドイツ各州						経済的参加◇ 21ヵ国＋ドイツ各州					

そしてまた社会経済上の歴史的課題との関連で，その国々における協同組合の憲法規定は位置づけられるであろう．

《世界の憲法における協同組合の社会経済的地位》

さて表0-2を参照されたい．同表は協同組合の憲法規定を有する51ヶ国とドイツ6州における，経済的公正については公正機会均等，中小企業保護，農業農民保護，消費者保護，独占禁止，完全雇用等の6点に関する規定，そして経済的参加については経済的参加一般，利益参加，経営参加，所有参加，事業参加，計画参加の6点に関する規定に分けて，それぞれの規定状況を表したものである．また協同組合規定については，承認保護助成と監督規定と近似規定の3つに表示した．そして経済的公正には●印，経済的参加には◇印を付し，さらに協同組合の規定を☆印で表示した．太字の国名は「21世紀憲法」(◆印，近似は△印)としての特質を有する国々を示したものである．

同表によれば，公正や機会均等，中小企業・農業・消費者の経済的弱者の保護，独占禁止等の経済的公正は通計46ヶ国＋ドイツ各州のほとんどの国にお

いて中心的な社会経済的課題とされている．現代憲法の特質がこの経済的公正にあらわれているといえよう．協同組合はこういった経済的公正を実現するという文脈のなかにおいて憲法上で承認・保護されているのである．

ところが経済的参加は通計21ヶ国とドイツ各州であり，まだ中心的な課題になっているとはいえず，現代憲法というよりも，21世紀憲法の今後の社会経済的課題であるということが示唆されるであろう．

そこで同表では，経済的公正はもちろん経済的参加を重視し，さらに（経済的）連帯を謳っている憲法を「21世紀憲法」ないしはその要素を具備しているものとして，太字で表示した．そこでは，イタリア，ブラジル，メキシコ，スペイン，ポルトガル，フィリピン，エジプト，ボリビア，エクアドル，ベネズエラの10ヶ国を摘出した．もちろん21世紀憲法は，この10ヶ国に限定されないであろう．この10ヶ国においても，21世紀憲法としての要素を部分的にしか持っていない国もあれば，名実ともに21世紀憲法といえるものもあることに留意したい．なお21世紀憲法に関しては各所で言及しているが，とくに本書終章を参照されたい．

注
1) イタリア憲法における協同組合規定に関しては，吉田省三「イタリアの協同組合と経済民主主義」（正田彬教授還暦記念論文集『国際化時代の独占禁止法の課題』日本評論社，1993年）が「イタリア共和国憲法と協同組合」の考察を行っている．
2) スペイン憲法の協同組合規定に関しては，次の文献において言及されている．
・二上護「スペインの協同組合法制」（富沢賢治他『協同組合の拓く社会』みんけん出版，1988年，所収）．
・山岡英也「欧米の協同組合の法制度を概観する」（財）協同組合経営研究所『にじ』第613号，2006年春．
3) ポルトガル憲法の協同組合規定に関しては，次の諸文献において言及されている．
・大谷正夫「海外情報ポルトガル協同組合事情」ロバアト・オウエン協会『ロバアト・オウエン協会年報』第25号，2000年．
・山岡英也同上論文「欧米の協同組合の法制度を概観する」．
・石塚秀雄「海外情報 ポルトガル社会連帯協同組合法―知的障害児童の社会復帰を目指す」非営利・協同総合研究所いのちとくらし『いのちとくらし研究所報』第29号，2009年12月．
4) ワイマール憲法における協同組合規定に関しては，山岡英也同上論文「欧米の協同組合の法制度を概観する」が検討を加えている．

5) 筆者の調査とは別に，ILO駐日代表の長谷川真一氏によれば，協同組合の憲法規定のある国は59国に及ぶという（2010年9月18日における協同総合研究所の研究会において）．なお，氏およびILOのご教示によれば，上記51ヶ国以外に，マレーシア，パキスタン，スリランカ，ツバル，コロンビア，中央アフリカ，コンゴ，赤道ギニア，エチオピア，ギニアビサウ，ニジェール，ナイジェリア，サントメ・プリンシペ，スワジランド，ウガンダの15ヶ国に協同組合の憲法規定があるという．また近似規定があるのは，スロバキア，スウェーデン，ウクライナ，ウズベキスタン，バーレーン，アラブ首長国連邦，カーボヴェルデ，レソト，タンザニア，エチオピアの10ヶ国であるとする．（御教示に記して謝意申し上げたい．）

そうであれば，明確な協同組合の憲法規定があるのは〔51−5＋15＝61ヶ国〕となり，近似規定を含めば〔51＋15＋10＝76ヶ国〕になる．しかし国の所轄事項として協同組合を明記する場合を除いて，筆者にはこれらの国々の協同組合の憲法規定を確認できなかった．そこで本書では，協同組合の憲法規定があるのは現段階で51ヶ国とした．

6) 宮本光雄「西ドイツ州憲法制定過程とその史料」『成蹊法学』第29号，1989年3月．

第1章
先駆的憲法における協同組合規定
―メキシコ，ワイマール，スペイン，キューバ―

　20世紀の現代憲法は協同組合に重要な位置づけを与えている．とくに経済権に関する規定としては，近代憲法としての経済的自由のみならず，経済的公正が中心的課題とされ，さらに部分的には経済的参加について明記される．本章ではその現代憲法の先駆的なものとして，20世紀の前半期において制定された，1917年メキシコ憲法，1919年ワイマール憲法，1931年スペイン憲法，1940年キューバ憲法の特質とそこにおける協同組合規定についてみていきたい[1]．

1. 先駆的憲法における協同組合規定

　本章の中心課題である，現代憲法の先駆としての「先駆的憲法」における協同組合規定についてまず概観しておきたい．ここにおける「先駆的憲法」とは，国家の統治・国家と個人の関係，政治的自由と平等が中心に置かれた近代憲法に対して，社会権・労働権さらに経済権を規定し国家と社会経済の関わりを重視する現代憲法の先駆的なものとして位置づけることができる．その先駆的憲法としては，1917年メキシコ憲法，1919年ワイマール憲法，1931年スペイン憲法，1940年キューバ憲法が取り上げられる．

　重要なのは，表1-1に示したように，これら4つの先駆的憲法のいずれもが，メキシコは「個人の保障」や「労働及び社会保障」，ワイマールは「経済生活」，スペインは「家族，経済及び文化」，キューバは「労働と財産について」という具合に，章編別に独自の経済規定（含社会権・労働権）を設け，その経済規定の中において協同組合の承認・保護を規定していることである．そしてワイ

表 1-1　先駆的憲法における協同組合規定

番号	国名／憲法名	協同組合規定の特徴	社会・労働・経済権の独自規定
1	メキシコ憲法（1917年憲法）	◆生産者協同組合の独占禁止法適用除外（第28条） ◆住宅協同組合の社会事業としての承認（第123条30項）	◆あり：第1編 個人の保障，第6編 労働と社会保障
2	ワイマール憲法（1919年）	◆公共経済としての協同組合の承認（第156条）	◆あり：第2部 ドイツ人の基本的権利と義務 第5章 経済生活
3	スペイン憲法（1931年）	◆労働者参加・労働者保護としての協同組合促進・法制化（第46条） ◆農民保護のため協同組合促進・法制化（第47条）	◆あり：第3編 スペイン人の権利及び義務 第2章 家族，経済及び文化
4	キューバ憲法（1940年）	◆協同組合企業設立の規制（第75条） ◆公共サービスの性格を有する生産者協同組合と消費者協同組合の設立促進（第213条第3） ◆協同組合予算の監督（第256条）	◆あり：第6編 労働及び財産について

マール憲法の場合は協同組合の承認規定であるが，メキシコ，スペイン，キューバの3つの憲法は協同組合の保護・助成・促進を明示的にその憲法中に規定している．こうした協同組合の憲法規定は協同組合の社会経済的地位や社会経済制度上の特質を指し示すものとして注目されなければならない．

　本章では，前章で記した現行世界の憲法における協同組合規定を有する51ヶ国の検討の前提として，「先駆的憲法における協同組合規定」を取り上げ，その検討を通して協同組合の社会経済的地位を検討していく．

2. 1917年メキシコ憲法における協同組合規定

(1) 1917年メキシコ憲法[2]

　1917年メキシコ憲法は，現行メキシコ憲法の原始憲法である．1917年から現在まで幾多の改正を経ているが，その原始憲法の根本精神・基本条項は今日まで継承されている．この1917年憲法が成立した背景としては，メキシコのスペインからの独立，アメリカ合衆国の支配からの脱却，メキシコの土地改革や労働改革をはじめとしたメキシコ革命の進展をあげることができる．同憲法

表1-2　1917年メキシコ憲法の体系

（太字：経済規定・協同組合規定）

```
第1編　第1章　個人の保障
　　第27条〈大土地所有の禁止・共有地の保護等〉
　　第28条〈独占の禁止〉①独占の禁止③生産者協同組合の独占禁止法適用除外
第2編　第1章　国家主権及び政府の形態　　第2章　連邦の構成部分及び国の領土
第3編　第1章　権力の分立　　第2章　立法権
第4編　公務員の責任，公務員及び国の財産の責任　　第5編　連邦の州，連邦直轄区
第6編　労働及び社会保障
　　第123条（社会・労働権）
　　　1～7　8時間労働制，夜間労働の制限，児童労働の禁止，最低賃金制，同一労働同一賃金
　　　6・9　労働者の企業利益への参加権
　　　30　安価で健康的な住宅建設の協同組合は社会事業と見なす．
第7編　総則　　第8編　憲法改正について　　第9編　憲法の不可侵性について
```

は1910年から開始されたメキシコ革命の遂行過程において，自由主義・民主主義・社会主義の諸党派の連合により，当時のメキシコの知識人を中心として成立した．その大きな特徴は，世界で初めて現代憲法としての特質をもつ社会権・労働権を明記したところにあり，その意味で1917年メキシコ憲法は1919年ワイマール憲法に先立つ世界で最初の社会権憲法であったのである．

その憲法の体系は表1-2のとおりである．1917年メキシコ憲法は先進国の近代憲法とは異なって，「第1編　第1章　個人の保障　第28条　独占の禁止」，「第6編　労働及び社会保障　第123条　社会・労働権」において，社会権・労働権さらには経済権（経済的公正・経済的参加）を明記した現代憲法の先駆的なものとなっている．

同憲法の「第1編　第1章　個人の保障」では，教育権（第3条），男女平等（第4条），職業選択の自由・強制労働の禁止（第5条），思想表現の自由（第6条），出版の自由（第7条），請願権（第8条），結社・集会の自由（第9条）をはじめとした自由権規定，さらに大土地所有の禁止・共有地の保護等の規定（第27条），独占の禁止・生産者協同組合の独占禁止法適用除外等（第28条）といった経済権（経済的公正）に関する規定が明記されている．その独占の禁止規定は次のとおりである．

〈独占の禁止〉

　　第28条　メキシコ合衆国においては，**独占**，専売，課税の免除，または産

業保護の名目の下に行われる禁止は許されない．但し，貨幣の鋳造，郵便，電信，無線電信，連邦政府の監督を受ける単一銀行による通貨の発行，一定期間に，作品の複製のために作家または芸術家に与えられる特権及び発明家または発明品の改良者に対しその排他的使用のために与えられる権利については，この限りではない．

　従って，法律は，価格の引き上げを目的として生活必需品が１人または少数者の手中に**独占**されまたは**集中**されること，生産，鉱業，商業または公共事業における**自由競争を制限**し，または制限することを企てる行為または手段，生産者，工業家，商人，運送人もしくは他の公的または準公的な業務に従事する者による，同業者間の**競争を制限**し，且つ**消費者**に法外な価格の支払いを余儀なくさせるための全ての**協定または結合**，及び大衆または特定の社会階級の損害において，１または２以上の特定の個人のために**不当且つ排他的な利益**を一般的にもたらす行為を厳罰に処し，且つ，当局は，それを効果的に追求しなければならない．（法文上の太字は，筆者による重要事項：以下同．また法文の見出しは，原文の付記のみならず，筆者によるものも含まれる．以下同．）

　そして「第６編　労働及び社会保障」では，社会・労働権を規定した第123条において，８時間労働制，夜間労働の制限，児童労働の禁止，最低賃金制，同一労働同一賃金，労働者の企業利益の参加権等社会権・労働権のみならず経済権（経済的参加）に関する先進的規定を設けている．これらの規定は，原始メキシコ憲法において規定され，1917年以来現行憲法まで社会権・労働権さらに経済権（経済的公正・経済的参加）の先駆的な憲法規定となって継承されているものである．ちなみに「労働者の企業利益への参加権」に関しては次のように規定されている．

〈労働者の企業利益への参加権〉
　第123条６項　勤労者は，農業，商業，工業または鉱業のすべての企業において，……**利潤にあずかる権利**を有しなければならない．

　この規定は，経済権であるところの「経済的参加」（労働者の「利益参加」）として先駆的な規定と言えよう．ただしこの経済的参加（利益参加）において協同組合をどのように位置づけるかは明確ではないが，後述するように現行憲

法における協同組合の「社会セクター」としての位置づけなどからみると，協同組合をその経済的参加（利益参加）の担い手としてみることができるであろう．ここでは協同組合が，事実上の経済的参加（利益参加）の担い手に位置づけられているといえよう．しかし経済的参加の中身が利益参加のみであるのは，メキシコ憲法の限界というべきであろう．現行メキシコ憲法では利益参加が促進されているが，経営参加が明確に否定されている[3]．

このようにして1917年メキシコ憲法（原始憲法）における協同組合の憲法規定は，1つは独占禁止法適用除外といった経済権（経済的公正）として第28条に，そして2つは社会権・労働権の1つとして第123条に，次のように2つの規定が設けられている．

〈生産者協同組合の独占禁止法適用除外〉

　　第28条 勤労者自身の利益を擁護するために結成される**労働者組織**（Associations of workers/asociaciones de trabajadores）は，独占を構成しない．自己の利益または一般の利益を守るために，その地域で生産され，富の主要源泉である国内的産業製品を海外に直接販売する場合は，その**生産者団体あるいは生産者協同組合**（cooperative associations or societies of producers/asociaciones o sociedades cooperativas de productores）は独占を構成しない．（法文上の欧文は，筆者による重要事項の原文である：以下同．）

〈住宅協同組合の社会事業としての承認〉

　　第123条30項 同様に，労働者に分割払いによって購入される，低価格建築や衛生的**住居を確立するための協同組合**（cooperative societies/sociedades cooperativas）は，**社会事業**（social utility/utilidad social）として見なされなければならない．

すなわち第1に，独占禁止規定においては，「勤労者自身の利益を擁護するために結成される労働者組織」及び「自己の利益または一般の利益を守るために，その地域で生産され，富の主要源泉である国内的産業製品を海外に直接販売する場合は，その生産者組織あるいは生産者協同組合」を適用除外とした．このように現代の独占禁止法制度において労働者組織や協同組合を適用除外としたことは，労働者や地域の国内産業を担う生産者の自己の利益や一般の利益

を追求することを適用除外としたことであり，こうした行為そしてそれを行う労働者組織や協同組合は，文字通り「経済的公正」の正当性をもつものとされたのである．第2に，社会権・労働権の具体化として，住宅に関わる協同組合は公益的な社会事業とされたのである．

このように個人的権利ないしは経済的公正の経済権として協同組合は独占禁止法の適用除外として位置づけられ，さらに住宅関連協同組合の公益性を認めたのであり，ここに協同組合の社会経済的地位として，経済的公正に関わる権利における協同組合の役割，国内産業振興における協同組合の役割，住宅関連協同組合の公益的役割を憲法上において明確に認めたのである．それに加えて協同組合には前述の経済的参加（利益参加）の担い手としての役割も事実上課せられていたと考えられる．このように1917年メキシコ憲法は，世界で初めて憲法において協同組合の承認・保護を規定したのである．

ところで，2009年現在の現行メキシコ憲法[4]は，1917年原始憲法を引き継ぎ，1983年改正において「第1編 第1章 個人の保障 第25条 経済活動における国家の活動」が特筆すべき条項として付加され，「所得と富のより公正な配分」としてその経済的公正が前面に掲げられ，公的セクター，社会セクター（協同組合をここに含める），私的セクターの混合経済の立場が，しかも旧来の公私混合経済ではなく，「公協私の新しい混合経済」の立場が明確に示されている．そしてこの第25条と第73条において協同組合の規定が補充されている．ここに1917年憲法との連続性の上に，新たに「社会セクター」としての協同組合の助成・促進が追加されたことが確認できる．その現行のメキシコ憲法における協同組合規定は，現代の協同組合の社会的公共的地位，公協私3セクターの混合経済論，協同組合セクター論の現代版として大いに注目されるものである．このように，その現代憲法の先駆としての1917年メキシコ憲法の歴史的今日的意義は極めて高い[5]．

(2) 1917年メキシコ憲法の影響

さてここで1917年メキシコ憲法の影響について付言しておきたい．それは1920年ペルー憲法・1933年ペルー憲法[6]及び1945年グアテマラ憲法[7]である．

第1章　先駆的憲法における協同組合規定　　　　　17

《1920年ペルー憲法》
　1917年メキシコ憲法の影響を受けて，1920年ペルー憲法では，「第3編 個人の保障」に加え，「第4編 社会保障」において，労働の自由（第46条），最低賃金（第47条），労働災害補償（第47条）等の社会権・労働権を規定し，次いで産業・商業の独占禁止（第50条）等経済権（経済的公正）を明記し，その上で協同組合の助成義務（第56条）を規定している．その独占禁止規定と協同組合助成義務の規定は以下のとおりである．
〈独占の禁止〉
　　第50条　商工業の**独占および市場独占は禁止**する．この禁止に対する処罰は法律で定める．国家独占および国家的利益に関してのみの排他的特権は，法律によってのみ定めることができる．
〈協同組合の助成〉
　　第56条　国は将来の**社会連帯組織**（solidaridad social），貯金機関，人々の物的条件を改善するための**生産協同組合**（cooperativas de producción）と**消費協同組合**（cooperativas de consumo）を助成しなければならない．
　独占の禁止を定めているのは共通しているが，1917年メキシコ憲法と異にして，1920年ペルー憲法では協同組合の独占禁止法適用除外が明記されていない．しかし独占禁止と協同組合の助成義務が同時に憲法上の規定になっているということは，協同組合が事実上の独占禁止法適用除外を採用しているとみなすことができるであろう．こうした事実上の独占禁止法適用除外は，そういう意味では，ペルー以外の国々においても多く見出すことができる．この協同組合の事実上の独占禁止法適用除外に関しては本書の第5章で本格的に検討するが，本章後述の1940年キューバ憲法も事実上の独占禁止法適用除外に値するであろう．

《1933年ペルー憲法》
　それはともかくさらに，1933年ペルー憲法は，「第2編 憲法の保障 第1章 国家の社会保障」において，独占禁止（第16条）を明記し，基本的人権，営業の自由（第40条）と結社の自由（第27条）を保障し，労働の自由（第42条），企業利潤への被用者及び労働者の参加制度の促進（favorecerá régimen de

participación de los empleados y trabajadores en los beneficios de las empresas）（第 45 条），労使関係および労働者の保護（同第 45 条），労働災害補償・最低賃金保障（第 46 条），中小農業資産の維持及び発展（第 47 条），婚姻・家族・母性の保護，子女の権利擁護等の社会権・労働権・経済権を定め，その上で協同組合の促進を義務づける規定を行っている．この独占禁止と協同組合促進の規定は以下のとおりである．

〈独占の禁止〉

　　第 16 条　商工業の**独占および市場独占は禁止**する．この禁止に対する処罰は法律で定める．国家独占および国家的利益に関してのみの排他的特権は，法律によってのみ定めることができる．

〈協同組合の助成〉

　　第 48 条　失業，老廃，疾病，労働能力喪失及び死亡の経済的結果を予防する制度は，法律で定める．社会共同施設，社会貯蓄，社会保険制度及び**協同組合**（cooperativas）の制度は，法律で促進しなければならない．

　また 1920 年ペルー憲法と同じく 1933 年ペルー憲法も，協同組合の独占禁止法の適用除外について明文上の規定はないが，独占禁止と協同組合の助成促進が憲法の中で同時に規定されるということは，協同組合の事実上の独占禁止法適用除外ということができよう．

　もうひとつこの 1933 年ペルー憲法に注目したいところは，第 45 条の「企業利潤への被用者及び労働者の参加制度の促進」の規定である．それは以下のとおりである．

〈企業利潤への参加制度の促進〉

　　第 45 条　国は，**企業の利潤に被用者及び労働者が参加する制度**を促進し，並びに労働者及び企業の間のその他の関係，及び被用者及び労働者全体の保護について立法しなければならない．

　この労働者の経済的参加（利益参加）の促進は，前述の 1917 年メキシコ憲法（第 123 条　労働者の企業利益への参加権）や後述する 1931 年スペイン憲法（第 45 条　企業の経営，管理及び利益への労働者の参加）に共通しており，その影響関係を認めることができよう[8]．なお，1945 年グアテマラ憲法にもこの 1917 年メキシコ憲法と後述の 1940 年キューバ憲法が影響していると言われて

いる[9]．その後 1956 年グアテマラ憲法でこの 1945 年グアテマラ憲法が廃止され，反共主義を基調とし，個人的権利について言及されているものの社会保障は特別の規定がなく停止されたという[10]．その後 1985 年グアテマラ憲法（1993 年改正）において，社会権・労働権，さらに経済権や協同組合の保護規定も明記されて今日に至っている．なお 1956 年グアテマラ憲法と 1985 年グアテマラ憲法（1993 年改正）の両者において，独占の禁止（第 223 条／第 130 条）と協同組合の保護規定（第 217 条／第 67・119 条）が同時に規定されている．これはペルーの場合と同じく，協同組合の事実上の独占禁止法適用除外として注目しておきたい[11]．

3. 1919 年ワイマール憲法における協同組合規定

ドイツ革命の進行過程において，政権についた社会民主党により，1919 年ワイマール憲法[12]が制定された．同憲法は社会権による現代憲法としてつとに有名であるが，ドイツ共産党（スパルタクス団）とナチスの挟撃に合い短命に終わる．その歴史的評価は積極的評価と消極的評価に分かれるところであるが，その社会改良的側面や国家の役割を強化する側面があるとしても，その社会・労働権，その企業の社会化は社会改革の様相を呈していたのも事実である．

このワイマール憲法の特質は何に求められるか．その憲法体系は次の表 1-3 に示される．

1919 年ワイマール憲法は，「第 2 部 ドイツ人の基本権と基本的義務 第 1 章 個人／第 2 章 共同体による生活」において，平等原則・男女同権（第 109 条），移転の自由・職業の自由（第 111 条），人身の自由（第 114 条），集会の自由（第 123 条），結社の自由（第 124 条）等自由権・民主的諸権利が規定されている．

次いで特筆すべき条項として，「第 2 部 ドイツ人の基本権と基本的義務 第 5 章 経済生活」において，経済生活の秩序，経済的自由（第 151 条），契約の自由・高利の禁止等（第 152 条），所有権・公用収用，所有権の義務，公共善の優位等所有権の制限（第 153 条），社会化・私的経済的企業の公共経済化，雇用者と労働者の経営参加，協同組合の公共経済の組み入れ（第 156 条）が規

表1-3　1919年ワイマール憲法の体系

(太字：経済規定・協同組合規定)

```
第1部　共和国の構成と任務
  第1章　中央と州　　第2章　共和国議会　　第3章　共和国大統領及び共和国政府
  第4章　共和国参議院　　第5章　中央における立法　　第6章　中央の行政　　第7章　司法
第2部　ドイツ人の基本権と基本的義務
  第1章　個人　　第2章　共同体による生活
  第3章　宗教と宗教団体　　第4章　教育及び学校
  第5章　経済生活
    第156条　社会化・私的経済的企業の公共経済化,
            雇用者と労働者の経営参加,
            協同組合およびその連合体は,公共経済に組み入れるものとする.
    第157条　労働力の保護　　第161条　社会保険制度の創設
    第164条　独立中産階級の保護
    第165条　共同決定権・労働者評議会・経済評議会
経過規定及び最終規定
```

定された．さらに，労働力の保護（第157条），団結の自由（第159条），社会保険制度の創設（第161条），労働の義務及び権利（第163条），独立中産階級の保護（第164条），共同決定権・労働者評議会・経済評議会（第165条）の規定等，「第5章　経済生活」における社会権・労働権・経済権（経済的自由，経済的公正，経済的参加）は本憲法の特筆に値するところである．

とくに経済権としては次に示すように，独立中産階級の保護に体現される経済的弱者の保護を内容とする経済的公正，労働者の経営参加や共同決定権・労働者評議会・経済評議会に表れる経済的参加（特に経営参加）に注目されたい．ただしその経済的参加は間接的代表参加であることに留意しておきたい．

〈独立中産階級の保護〉

　　第164条　**農業，工業及び商業に従事する独立中産階級**は，立法及び行政においてこれを奨励し，過重な負担を背負わされたり吸収されたりすることがないように，これを保護するものとする．

〈共同決定権・労働者評議会・経済評議会〉

　　第165条　労働者及び被使用者は，企業者と共同して，対等に，賃金及び労働条件の規律，並びに生産力の全体的・経済的発展に**参与する資格**を有する．双方の組織及びその協定は，これを承認する．

　　労働者及び被使用者は，その社会的及び経済的利益を守るために，産業労

働者評議会，並びに，経済区域によって分けられる地方労働者評議会及びライヒ労働者評議会における**代表者**を，法律上の代表者とする．

地方労働者評議会及びライヒ労働者評議会は，全経済的任務を遂行するため，及び社会化法律を実施するに際して協力するために，企業者の**代表者**及び関与したその他の国民の階層の**代表者**と共同して，地方経済評議会及びライヒ経済評議会を組織する．地方経済評議会及びライヒ経済評議会は，すべての重要な職業集団がその経済的及び社会的重要性に応じて代表されているように，これを構成するものとする．

同憲法を国家独占資本主義の体現されたものとみるか，現代的な社会憲法の起源とみなすか，その評価は分かれるところであろう．しかし1917年メキシコ憲法—1919年ワイマール憲法—1931年スペイン憲法—1940年キューバ憲法の系譜関係でみた場合，社会権・労働権・経済権の発展系譜の中でワイマール憲法を位置づけることが可能であり，国の統治と個人的権利，政治的自由と平等に限定された近代憲法とは段階を異にした現代憲法の先駆的形態であるということができるであろう．もちろん他方で，これらの一連の現代憲法の先駆形態が，経済における国家の役割を重視しているということは混合経済論の表れと見なすことも不可能ではない．しかし1917年メキシコ憲法や1919年ワイマール憲法における混合経済論は単純な「公私」の二元的混合経済論ではなく，後述するように「協」の役割を認めた「公協私」の混合経済論に通じるものといえそうである．

1919年ワイマール憲法において協同組合に関する規定は，「第2部 ドイツ人の基本権と基本的義務 第5章 経済生活 第156条」の第3項目に次のように規定されている．

〈協同組合に関する規定〉

　　第156条 **協同組合およびその連合体**は，請求により，その規約及び特色を考慮にいれつつ，**公共経済**（Gemeinwirtschaft）に組み入れるものとする．

ここでは，協同組合の規定や特色によって，それを公共経済に組み入れるとした．協同組合の公共性に触れたものとして注目すべき規定である．このように，ワイマール憲法において，協同組合は社会権や経済権の中で公共経済として位置づけようとするのであった．直接協同組合を経済的公正と経済的参加の

担い手として明記しているのではないが，経済権としての経済的公正（経済的弱者保護）と経済的参加（経営参加）を基調としつつ，同時に協同組合を公共経済として承認するということは，協同組合を事実上の経済的公正の担い手，事実上の経済的参加（経営参加）の担い手とみなしているということができるであろう．

なお現行のドイツ憲法（1949年ドイツ連邦共和国基本法）[13]には，ワイマール憲法の自由権・民主的諸権利，経済的自由権，経済の社会化の規定を継承しつつも，協同組合に関する規定が欠落しているのは，ワイマール憲法に存在していた経済関係規定の独自の位置が現行ドイツ憲法から失われたところに求めることができるかもしれない．人間の尊厳規定（第1章 基本権 第1条）や基本的人権規定（第1章 基本権）にドイツ現行憲法は高い評価がなされるが，経済権規定の独自性の後退や協同組合規定の喪失は，ワイマール憲法からの後退を示すものと言えそうである．とはいえ現行ドイツ憲法では，「第1章 基本権」において「社会化」条項（第1章 基本権 第15条 社会化），「第7章 連邦の立法」の「第74条 連邦の競合的立法権限のカタログ」において，公共経済の重要性や事実上の独占禁止，農漁業保護，地域経済の改善等経済的公正の追求といった現代憲法の特質を備えているのは確かである[14]．またドイツの各州憲法（6州）では後述のとおり，ワイマール憲法を引き継ぎ，経済的自由の濫用防止・独占禁止，農業・中小企業保護等の経済的公正や協同組合助成を規定している[15)16]．

4. 1931年スペイン憲法における協同組合規定

1873年の第一共和政，1874年王政復古を経て，1931年第二共和政の成立によって1931年スペイン憲法[17]が制定された．この1931年憲法は，1936年人民戦線政府の成立，1937年フランコのクーデター，スペインの内乱，1939年のフランコ独裁体制の成立前まで続いた．同憲法は，ワイマール憲法を継承したとされ，社会権・労働権，そして経済権を明記する現代憲法の先駆ということができる．

この1931年スペイン憲法の体系は次の表1-4のとおりである．

表1-4　1931年スペイン憲法の体系
(太字：経済規定・協同組合規定)

序編　一般規定　　第1編　国の組織　　第2編　国籍
第3編　スペイン人の権利及び義務
第1章　個人的権利及び政治的権利の保障
第2章　家族，経済及び文化
第44条　国家の経済的役割，所有権の社会化，国有化
第46条　労働保護，社会保険，最低賃金制等
労働者保護としての協同組合促進
企業への経営参加・利益参加
第47条　農漁民保護のための協同組合促進
第4編　国会　　第5編　共和国大統領　　第6編　政府　　第7編　裁判
第8編　国家財政　　第9編　憲法の保障及び改正　　経過規定

　同憲法序編において，「スペインは，自由にして公正な政体において組織化された，すべての階級の労働者の民主的な共和国である」(第1条)と「自由と公正」及び「労働者」を前面に規定し，「スペインは，国策の手段としての戦争を放棄する」(第6条)と宣言する．また「第3編　スペイン人の権利及び義務　第1章　個人的権利及び政治的権利の保障」において，移転・住居の自由(第31条)，職業選択の自由(第33条)，請願権(第35条)，結社の自由(第39条)等基本的人権や政治的権利が保障され，同じく「第3編　第2章　家族，経済及び文化」において，社会権・労働権・経済権が保障されている．

　本稿の課題にとって重要なのは，この第3編第2章の社会権・労働権・経済権であるが，そこでは，所有の社会化，国有化を容認し，国家の経済的役割を規定する(以上第44条)．この点に関して次のように規定されている．

〈国家の経済的役割〉

　　第44条　国内の財産はすべて，その所有者の如何にかかわらず，国家経済上の利益に従属し，憲法及び法律に基づいて，公の利用に供する．
　　すべての種類の財産の所有権は，適切な補償の下に，社会的利用に供するため，これを強制収用の対象とすることができる．但し，国会の絶対多数で可決された法律が別様に定める場合は，この限りでない．
　　前項と同様の要件の下に，所有権は，これを**社会化**することができる．
　　公共の利益にかかわる公役務及び開発は，社会的な必要性のある場合に，これを**国有化**することができる．

国家は，生産の合理化及び国家経済上の利益のために必要なときには，法律により，産業及び事業の開発及び調整に介入することができる．

1931年スペイン憲法は社会権・労働権に関して，労働を社会的義務とし法律の保護の対象とし，疾病，事故，失業，老齢，身体障害，死亡の各種保険の設定，女性・若年者労働・母性保護，最低賃金制，年次有給休暇，協同組合，企業の経営管理利益への労働者の参加等，労働者保護や経済権に関して社会立法で規制することを義務づけている（以上第46条）．

そして，農民保護及び漁民保護として，世襲財産の非課税，農業融資，収穫損害の補償，生産及び消費の協同組合，準備基金，農業訓練学校，農牧試験場，灌漑及び農村の交通手段のための事業等に関する立法化を義務づけている（以上第47条）．

この第46条と第47条において協同組合は次のように規定されている．

〈労働者保護としての協同組合促進〉

　　第46条　さまざまな形態における労働は，社会的義務であり，法律の保護を受ける．共和国は，すべての労働者に対し，相応な生存に必要な諸条件を確保しなければならない．次の事項は，社会立法でこれを規制する．疾病，自己，失業，老齢，身体障害及び死亡の保険．女性及び若年者の労働並びにとくに母性の保護．労働時間並びに最低賃金及び家族の賃金．年次有給休暇．外国におけるスペイン人労働者の就労条件．**協同組合**．生産にかかわる諸要因の経済的・法的関係．**企業の経営，管理及び利益への労働者の参加**，並びに労働者の保護に関係のあるすべての事項．

〈農漁民保護としての協同組合促進〉

　　第47条　共和国は，**農民を保護**し，この目的のため，とりわけ，差押の対象とならずあらゆる種類の課税を免除される世襲財産，農業融資，収穫損害の補償，**生産及び消費の協同組合**，準備基金，農業訓練学校及び農牧試験場，灌漑及び農村の交通手段のための事業に関し，立法を行わなければならない．共和国は，同様の方法で，**漁民を保護**しなければならない．

このように社会権・労働権・経済権の中で，協同組合一般の承認・促進，労働者の経営参加・利益参加，農漁民保護としての農業協同組合・漁業協同組合の承認・保護・促進が明記されているのである．スペインでもワイマール憲法

と共通するものとして経済の社会化を課題としているが，ワイマール憲法に比較して1931年スペイン憲法は協同組合の憲法規定がより具体的明確であり，文字通り協同組合が経済的公正すなわち経済的弱者保護（労働者・農民・漁民保護）の担い手として明記されている．また協同組合そのものを経済的参加の経済権（経営参加と利益参加）の担い手としては明記されていないが，事実上その担い手として位置づけられているとみなすことができよう．

ところで1931年スペイン憲法は「協同組合セクター」としての位置づけは必ずしも明確ではないが，公私による単なる混合経済論ではないことも事実である．むしろスペインにおける現実の労働問題，農業・土地所有問題の解決を課題とした憲法であり，そのための憲法における協同組合規定であったのである．ある意味で事実上の公協私混合経済論であったということもできよう．

現行スペイン憲法[18]は，1931年スペイン憲法がフランコ独裁により廃棄されたが，フランコ独裁の終焉後1978年に新たに制定された．1931年憲法の基本精神はここに復活したということができる．

現行の1978年スペイン憲法は，公共経済や経済計画の役割を重視した中で，労働者の企業参加，協同組合の助成，労働者の生産手段の所有を促進することが国の義務とされている．経済的参加，その担い手としての協同組合の位置づけは明確である．その意味では明確に規定されているのではないが，公共経済への比重を高くしつつも，1931年憲法よりも公協私混合経済論の色彩を一層強く帯びた経済体制の中にあるということができよう[19]．

5. 1940年キューバ憲法における協同組合規定

(1) 1940年キューバ憲法[20]

1940年キューバ憲法は，バチスタ独裁政権に対する共産党や社会民主連合等の野党側の勝利により制定に至ったものであり，カストロのキューバ革命運動は当初この1940年憲法の実現を目的としていたという．同憲法の体系上の特質は，下記の表1-5のとおりである．

その特質は近代憲法としての基本的権利（第4編）のみならず，現代憲法としての社会権・労働権（第5編，第6編），さらに経済権（第6編）を取り入

表1-5　1940年キューバ憲法の体系（一部略）
（太字：経済規定・協同組合規定）

前文　　第1編　国家，領土，政府の成立について
第4編　基本的権利について　　　第5編　家族と文化について
第6編　労働と財産について
第60条～第74条　最低賃金制，同一労働同一賃金，8時間労働制等労働保護の諸規定
第75条　協同組合企業設立の規制　第81条　相互扶助原理　第85条　国による企業の監督
第90条　大土地所有の制限　第93条　年金への課税の禁止
第8編　国家機関について
第15編　地方自治制度
第213条　公共サービスの性格を有する，生産協同組合と消費者協同組合の促進
第17編　国家財政　**第256条　協同組合予算の監督**
第4節　国の経済　第271条　国の経済の任務：人民の利益，工業・農業の多様化
第276条　独占の禁止　第279条　社会保障・扶助の独立機関維持

れ，国の経済原則を定めている（第17編　国家財政　第4節　国の経済）ところに求められるであろう．社会権・労働権としては，労働の権利（第60条），最低賃金の保障（第61条），同一労働・同一賃金（第62条），社会保障（第65条），8時間労働制・週44時間・14歳未満の児童労働の禁止（第66条），年1ヶ月の有給休暇制度（第67条），労働組合の自由設立等（第69～72条），解雇の規制（第77条），使用者の法律遵守の責任（第78条），住宅・福利厚生の義務（第79条），相互扶助の社会原理・実践としての承認（第81条），大土地所有制の制限（第90条），年金への課税の禁止（第93条）等が規定され，国の経済原則として，人民の利益のための経済，工業・農業の多様化・発展の奨励（以上第271条），私的独占の禁止（第276条），社会保障・扶助の独立機関維持（第279条）等が定められている．

このように1940年キューバ憲法は，自由権を中心とした近代憲法を超えて，1917年メキシコ憲法，1919年ワイマール憲法，1931年スペイン憲法の系譜に連なる社会権・労働権・経済権の現代憲法の先駆であるといえよう．

そしてその社会権・労働権・経済権の中で次のように協同組合の規制ないし促進規定を設けている．

〈協同組合企業設立の規制〉

　　第6編　労働と財産について　第75条　**協同組合企業**の設立は，商業，農業，工業，消費者，その他の種類を問わず，法によって規制されなければなら

ない．しかし，後者は，本憲法が労働の規制のために確定した規定を回避あるいは縮減することのないようにこれらの企業の定義，組織，活動を規制するものとする．

〈公共サービスの性格を有する生産者協同組合と消費者協同組合の設立促進〉

　第15編　地方自治体制度　第1節　一般規定　第213条　第3．教育に関して法が提供できることに差別なく，学校，博物館，公立図書館，物理教育の分野，レクリエーション分野を確立し管理すること．また自治体の領域内で，公衆衛生や地方防衛の規則，その他，法に反しない規定を採用し実行すること．同様に**公共サービスの性格**を有する (todo con carácter de servicio público/all with the character of public service) **生産者協同組合と消費者協同組合**，展覧会場，植物園・動物園の設立を促進すること．

〈協同組合予算の監督〉

　第17編　国家財政　第2節　予算について　第256条　職業におけると同様生産分野における共通の利益や国民的利益を保護するために，法は強制的な生産者組合（同業組合）を設立することができる．……これらの組織や**協同組合**の予算は，会計検査院によって監督されるものとする．

　協同組合の規定において重要なのは，上記のように協同組合を「公共サービスの性格」を有するものとしているところである．協同組合が公共的役割を有するものとして位置づけられているのである．

　そして独占禁止は次のように規定されている．

〈独占の禁止〉

　第17編　国家財政　第4節　国の経済　第276条　**私的独占**を形成する又は商業・産業・農業を規制する法律及び規程は無効である．法律は，特に商業活動が農業と工業の労働のセンターに対する**私的利益**によって**独占**されないよう留意する．

　このように協同組合の促進と独占禁止が共に規定されているということは，ペルー憲法の場合と同じく，事実上の協同組合の独禁法適用除外であるということができるであろう．そして協同組合は，大土地所有の制限，人民の利益のための経済，工業，農業の発展や相互扶助原理の重視などと関連して，事実上経済的公正の担い手として位置づけられているということができよう．

(2) 1959年キューバ憲法[21]

1959年のキューバ革命により制定された1959年キューバ共和国基本法は，次の表1-6にみるように国家の統治構造に関する修正を行いつつも，全体としては1940年憲法を踏襲し，社会権・労働権・経済権の規定内容やその中における協同組合に関する規定はほぼ同一であった．

1959年キューバ憲法の協同組合規定は次の通りであった．

〈協同組合企業設立の規制〉

> 第6章 労働および所有 第1節 労働 第75条 **協同組合企業**の設立は，商業，農業，工業，消費者，その他の種類を問わず，法によって規制されなければならない．しかし，後者は，本憲法が労働の規制のために確定した規定を回避あるいは縮減することのないようにこれらの企業の定義，組織，活動を規制するものとする．

〈公共サービスの性格を有する生産者協同組合と消費者協同組合の設立促進〉

> 第13章 地方自治体 第1節 一般的規定 第191条（c）教育に関して法が提供できることに差別なく，学校，博物館，公立図書館，物理教育の分野，レクリエーション分野を確立し管理すること．また自治体の領域内で，公衆衛生や地方防衛の規則，その他，法に反しない規定を採用し実行すること．同様に**公共サービスの性格**を有する（todo con carácter de servicio púb-

表1-6 1959年キューバ共和国基本法の体系（一部略）

（太字：経済規定・協同組合規定）

前文　第1章　国家，その領土および統治形態
第4章　基本権　　第5章　家族および文化
第6章　労働および所有
第60条〜第74条　最低賃金制，同一労働同一賃金，8時間労働制等労働保護の諸規定
第75条　協同組合企業設立の規制　第81条　相互扶助原理
第85条　国による企業の監督　第90条　大土地所有の制限
第8章　国家機関
第13章　地方自治体
第191条　（c）公共サービスの性格を有する生産協同組合と消費者協同組合の促進
第15章　国家財政
第3節　国民経済機構　第219条　独占の禁止
第222条　社会保障・扶助の独立機関維持
第16章　基本法の改正

第1章　先駆的憲法における協同組合規定

lico/all with the character of public service）**生産者協同組合と消費者協同組合**，展覧会場，植物園・動物園の設立を促進すること．

このように 1959 年キューバ憲法は，前述の 1940 年キューバ憲法とほぼ同一の協同組合規定であったのである．

また独占禁止についても 1940 年憲法とほぼ同様，次のように規定された．

〈独占の禁止〉

　　第 15 章 国家財政 第 3 節 国民経済機構 第 219 条 **個人的独占権**を創り出し，または商業，工業および農業経済を，それらを同一に導くように規制する法律および命令は法律的に無効であり，合法的な効力を有しない．法律は，特に，工業，農業的生産の中心に，商業活動が個人の**利益に独占**の対象とならないということを配慮する．

1959 年キューバ憲法の独占禁止規定は，このように 1940 年キューバ憲法と同様，独占の禁止と協同組合の保護・促進が同時に規定されているという意味で，事実上の協同組合の独禁法適用除外といえよう．

かくして 1956 年キューバ憲法においては，1940 年キューバ憲法と同様，協同組合の憲法規定は，公共的性格を有し，また独占禁止等経済的公正の担い手として，承認，保護・助成・促進，規制・監督の対象とされているのである．

なお現行のキューバ憲法[22]は，社会主義憲法として 1976 年に制定され，1992 年と 2002 年に改正されて今日に至っている．この現行のキューバ憲法の体系は，「第 1 章 国家の政治的，社会的，経済的諸権利」から「第 7 章 基本的権利，義務，保障」までの各章において，基本的人権はじめ，社会権・労働権，そして経済権に関する規定がなされ，その中で協同組合の規定が置かれている[23]．

それはともかく 1940 年キューバ憲法はもちろん社会主義憲法ではなく，1917 年メキシコ憲法，1919 年ワイマール憲法，1931 年スペイン憲法の系譜における，社会権・労働権・経済権（経済的公正）を保障した現代憲法の先駆的形態であった．そしてキューバ革命直後の 1959 年キューバ共和国基本法も基本的には 1940 年キューバ憲法を継承していたのであり，これら現代憲法の先駆的形態において協同組合は憲法規定とされているのである．すなわち協同組合の憲法規定は，こうした現代憲法の特質の中に位置づけられる．ただし

1940年キューバ憲法も1959年キューバ憲法も経済的参加の規定を欠如しており21世紀キューバ憲法としては一定の限界を有していることに留意しておきたい．

6. 先駆的憲法における協同組合の社会経済的地位

以上，4つの先駆的憲法の協同組合規定について検討してきたが，ここではその総括として先駆的憲法における協同組合の社会経済的地位を明らかにしていきたい（表1-7参照）．

同表では，社会権と労働権の基本事項，経済権として経済的公正と経済的参加について，協同組合規定として内容，種類，独占禁止法適用除外について，その他の重要規定を同法と改正又は新法に区分して明示し，最後にまとめとして協同組合の社会経済的地位について，1917年メキシコ憲法，1919年ワイマール憲法，1931年スペイン憲法，1940年キューバ憲法のそれぞれについて表示している．ここで明らかになったことは以下の諸点である．

第1に，すべての先駆的憲法が社会権（社会保障・社会保険等）・労働権（労働保護等）を規定しており，これらは近代憲法というよりも現代憲法の特質を有しているということである．

第2に，経済権において「独占の禁止」という「経済的公正」はメキシコとキューバにおいて規定され，農業保護・独立中産階級の保護・労働者農民漁民保護の「経済的弱者の保護」としての「経済的公正」はメキシコ，ワイマール，スペイン，キューバのすべての先駆的憲法に規定されていることである．この「経済的公正」が現代憲法としての特質の1つであるといえよう．

第3に，経済権のうちの「経済的参加」が重要な権利として存在するが，「経済的参加」の①「利益参加」はメキシコとスペインの先駆的憲法において規定され，②「経営参加」はワイマールとスペインの先駆的憲法に明記されている．ただしワイマール憲法における経営参加は労働者代表による間接的参加であることに留意しておきたい．キューバにおいてはいずれの「経済的参加」も看取できないが，その理由は不明である．スペイン憲法が利益参加と経営参加の両方の規定を有しており「経済的参加」がより重視されているといえよう．

表 1-7　先駆的憲法における協同組合の社会経済的地位

事項／憲法		1917年メキシコ憲法	1919年ワイマール憲法	1931年スペイン憲法	1940年キューバ憲法
社会権		社会保障等	社会保険等	各種社会保険等	社会保障等
労働権		労働の保護等	労働の保護等	労働の保護等	労働の保護等
経済権		経済的公正（独占禁止，農業保護）	経済的公正（独立中産階級の保護）	経済的公正（労働者農民漁民保護）	経済的公正（独占禁止，農業保護）
		経済的参加（利益参加）	経済的参加（共同決定：経営参加）	経済的参加（経営参加，利益参加）	―
協同組合規定	内容	承認（公益事業の一環）／保護，助成，促進	承認（公共経済の一環）	承認／保護，助成，促進	承認（公共サービス性格）／保護，助成，促進，規制，監督
	種類	生産者協同組合／住宅協同組合	協同組合一般	労働者協同組合／農民協同組合／漁民協同	協同組合一般／生産協同組合／消費者協同組合／農業生産協同組合
	独禁適用除外	生産者協同組合の独禁法適用除外の明記	―	―	独占の禁止と協同組合保護の同時規定（事実上の適用除外）
その他重要規定	同法	大土地所有の禁止／共有地の保護	経済の社会化／私企業の公共経済化／公共経済の発達	経済の社会化／国有／国家の経済的役割	大土地所有の制限／人民の利益のための経済，工業，農業の多様化と発展／相互扶助原理と実践
	改正又は新法	1983年改正：経済活動における国家の役割／事実上の公経私3セクター制／社会セクターとしての協同組合	1949年基本法：社会化／経済的権力濫用防止（事実上の独占禁止）／農林業生産の促進，食糧の確保等／ワイマール憲法はドイツ6州の憲法に継承される	1978年法：完全雇用／消費者保護／経済的参加（所有参加）／経済部門の近代化と発展	1976年，2002年改正：社会主義憲法化
協同組合の社会経済的地位		文字通り経済的公正の担い手（独占禁止，農業保護）／事実上の経済的参加（利益参加）の担い手／文字通りの公益事業の一環（住宅協同組合）	事実上の経済的公正の担い手（独立中産階級保護）／事実上の経済的参加の担い手（経営参加）／文字通りの公共経済の一環	文字通りの経済的公正の担い手（労働者農民漁民保護）／事実上の経済的参加の担い手（経営参加・利益参加）	事実上の経済的公正の担い手（独占禁止，農業保護）／文字通りの公共サービスの性格

　第3章（80頁）で詳論するようにスペインでは現行憲法において，この「経済的参加」に③「所有参加」が追加されているということはとくに注目に値する．このように見てくると現代憲法の特質としての「経済的参加」は，①「利益参加」→②「経営参加」→③「所有参加」へと発展的系譜を辿るように思わ

れる．そしてこの③「所有参加」への進化は，現代憲法というよりもむしろ21世紀憲法的特質を有するといえるであろう．

　第4に，協同組合の憲法規定であるが，その規定内容は，①承認，②保護・助成・促進，③規制・監督に区分できるが，すべての先駆的憲法において協同組合は「承認」され，公益事業として（メキシコ），公共経済として（ワイマール），公共サービスの性格として（キューバ）承認される（スペインはその点明記されていないがすべてに妥当すると解釈できる）．すなわち，これら先駆的憲法では，協同組合の社会的公共的役割が承認されているのである．そうであるから，協同組合は保護・助成・促進の対象になっているのである．

　第5に，協同組合の独占禁止法の適用除外についてであるが，それはメキシコにおいて明記されているが，ワイマールとスペインには独占の禁止規定はもちろん適用除外の規定も存在していない．キューバは，独占の禁止が規定され，それとは独立に協同組合の保護が同時に規定されており，事実上の適用除外を確認することができるであろう．

　第6に，その他の重要事項として，メキシコの大土地所有の禁止や共有地の保護，ワイマールとスペインにおける経済の社会化や公共経済・経済における国家の役割，キューバの大土地所有の制限など特筆すべき事項に注意を向けたい．また改正法や新法において，メキシコの経済活動における国家の役割・社会セクターとしての協同組合の役割や，スペインの完全雇用・消費者保護なども重要な規定として注目されなければならない．またメキシコやスペインの憲法は「協同組合セクター論」や「公協私混合経済論」に繋がるものとして特に注意したい．

　第7に，以上の総括として結論づけるならば，協同組合の社会経済的地位は，メキシコは文字通り「経済的公正の担い手」（独占禁止，農業保護），事実上の「経済的参加（利益参加）の担い手」，文字通りの「公益事業の一環（住宅協同組合）」として位置づけられ，ワイマールでは事実上の「経済的公正の担い手（独立中産階級保護）」，事実上の「経済的参加の担い手（経営参加）」，文字通りの「公共経済の一環」として位置づけられ，スペインは文字通り「経済的公正の担い手（労働者農民漁民保護）」，事実上の「経済的参加の担い手（経営参加・利益参加）」として，キューバでは事実上の「経済的公正の担い手（独占

禁止，農業保護)」，文字通りの「公共サービスの性格」として，それぞれ位置づけられる．総じて協同組合の社会経済的地位は，文字通り及び事実上「経済的公正の担い手」，「経済的参加の担い手」として位置づけられており，協同組合の「社会的公共的特質と役割」が重視されているということができるであろう．

そうであるならば，近代憲法の特質や基調方向が「自由」と「平等」(とくに政治面の) にあり，現代憲法と21世紀憲法の特質と基調方向が「公正」と「参加」(とくに経済・社会面の) に求めることができるとすれば，まさしく「経済的公正の担い手」かつ「経済的参加の担い手」としての社会的公共的特質を有した協同組合は，現代と21世紀にふさわしい社会経済的地位を有するものであると言えるであろう．現代及び21世紀において，社会経済全体の中で協同組合の評価が高まるであろうし，高められなければならない所以である．

以上先駆的憲法として，1917年メキシコ憲法，1919年ワイマール憲法，1931年スペイン憲法，1940年キューバ憲法を取り上げてきた．その要点と結論は，本章第6節「先駆的憲法における協同組合の社会経済的地位」において論述してきたとおりである．

本章で考察したメキシコ，ワイマール，スペイン，キューバの先駆的憲法は，いずれも社会権・労働権・経済権が重要な比重をもって位置づけられており，とりわけ憲法中の経済的規定は注目されなければならない．
そもそも憲法における経済規定の存在は，第1に公共経済の重要性を高める公私混合経済論，第2に経済発展における国家の役割を認める後進国型の開発経済論，そして第3に協同組合セクターや社会セクターを位置づける公協私混合経済論の3つに由来するように思われる．本稿で取り上げた4つの先駆的憲法は，これら3つの流れが未分化的に混在しているといえなくもないが，社会権・労働権・経済権を保障し協同組合をその中に位置づけているという点では，むしろ公協私混合経済論につながるものであると評価すべきであろう．そしてその方向性は，1917年メキシコ憲法の1983年改正による，公共セクター，私的セクター，協同組合を含む社会セクターによる公協私混合経済論の明確なる規定と関わっているとみることができよう．

注

1) 本章は次の拙稿を加筆補正したものである。堀越芳昭「先駆的憲法における協同組合規定―メキシコ、ワイマール、スペイン、キューバ―（上）（下）」協同総合研究所『協同の発見』第216号、2010年7月、217号、2010年8月、および堀越芳昭「先駆的憲法における経済規定と協同組合規定―メキシコ、ワイマール、スペイン、キューバ―」山梨学院大学大学院『研究年報社会科学研究』第31号、2011年2月。
2) 1917年メキシコ憲法に関して以下の文献資料を参照。
   ・H.N. Branch, LL.B., The Mexican Constitution of 1917 Compared the Constitution of 1857, Philadelphia, The American Academy of Political and Social Science 1917.
   ・English Translation of the New Mexican Constitution, Effective from May 5th 1917.
   ・伊藤峰司「1917年メキシコ憲法序説(1)(2)―比較憲法史のために―」愛知大学国際問題研究所『紀要』第71号、第72号、1982年6月、1983年6月。
3) メキシコ憲法における経済的参加の利益参加と経営参加をめぐる限界性について、その詳細は本書第2章（62-63頁）を参照されたい。
4) 現行メキシコ憲法に関して以下の文献資料を参照。
   ・参議院憲法調査会事務局『メキシコ合衆国憲法概要』参憲資料第20号、2003年。
5) これら現行メキシコ憲法について、本書第2章（62-64頁）を参照されたい。
6) ペルー憲法に関しては、以下を参照。
   ・Las Constituciones Del Perú, Segunda edición revisada, corregida y aumentada, Lima, 2005.（http://www.garciabelaunde.com/biblioteca/LasConstitucionesdelPeru.pdf）（2010年8月8日検索）
7) グアテマラ憲法に関しては、以下を参照。
   ・Constitutions of the Countries of the World, Guatemala, 1982, Oceana Publications, Inc. Dobbs Ferry, New York.
   ・前掲、伊藤峰司「1917年メキシコ憲法序説 (1)(2)―比較憲法史のために―」。
8) 現行ペルー憲法に関して、本書第4章（123-124頁）を参照されたい。
9) 注7参照。
10) 注7参照。
11) 現行グアテマラ憲法に関して、本書第4章（141-142頁）を参照されたい。
12) ワイマール憲法に関しては、以下の文献資料参照。
   ・影山日出弥「ヴァイマール憲法における『社会権』」『基本的人権』第3巻（歴史II）所収、東京大学出版会、1968年。
   ・播磨信義「ワイマール憲法における社会化条項（156条）の研究―その形成過程の検討を中心として―」京都大学『法学論叢』第89巻第6号、1971年9月。
   ・Ch. グズィ著／原田武夫訳『ヴァイマール憲法―全体像と現実―』風行社、2002年。
   ・高田敏・初宿正典編訳『ドイツ憲法集』第5版、信山社、2007年。
13) 現行ドイツ憲法に関しては、以下の文献資料参照。

第 1 章　先駆的憲法における協同組合規定　　　　　　　　　　35

　　・参議院憲法調査会事務局『ドイツ連邦共和国憲法概要』参憲資料第 4 号，2001 年 6 月．
　　・前掲，高田敏・初宿正典編訳『ドイツ憲法集』第 5 版，他参照．
14）現行ドイツ憲法に関して，詳しくは本書第 2 章（41-42 頁）を参照されたい．
15）ドイツ各州憲法に関して，次の文献参照．
　　・影山日出弥「ヘッセン州 46 年憲法」愛知大学『愛知大学法経論集・法律篇』第 50 号，1966 年 3 月参照．
　　・宮本光雄「西ドイツ州憲法制定過程とその史料」『成蹊法学』第 29 号，1989 年 3 月．
16）ドイツ各州憲法に関して，詳しくは本書第 2 章（46-48 頁）を参照されたい．
17）1931 年スペイン憲法に関しては，以下の文献資料参照．
　　・影山日出弥「スペイン第二共和国憲法―比較憲法史のための一試論―」『名古屋大学法政論集』第 50 号，1971 年 1 月．
　　・池田実「[資料]（邦訳）スペイン 1931 年憲法」『山梨大学教育人間科学部紀要』第 6 巻第 2 号，2004 年．
18）現行スペイン憲法は以下を参照．
　　・参議院憲法調査会事務局『スペイン憲法概要』参憲資料第 6 号，2001 年他参照．
19）現行スペイン憲法に関して，詳細は本書第 3 章（79-80 頁）を参照されたい．
20）1940 年キューバ憲法に関して，以下の文献資料参照．
　　・吉田稔「キューバ憲法の史的展開―1940 年憲法と 1976 年憲法を中心として―」比較法学会『比較法研究』No. 40，有斐閣，1978 年 10 月．
　　・吉田稔「キューバ共和国憲法（1940 年）」姫路獨協大学法学部『姫路法学』第 39・40 合併号，2004 年 3 月．
21）1959 年キューバ憲法に関して，以下の文献資料参照．
　　・木田純一編『社会主義国憲法集』第 1 巻，中央大学生協出版局，1975 年．
22）現行キューバ憲法（1976 年，2002 年改正）に関しては，以下の文献資料参照．
　　・吉田稔前掲論文「キューバ憲法の史的展開―1940 年憲法と 1976 年憲法を中心として―」．
　　・直川誠蔵・吉田稔「キューバ共和国憲法（1976 年）」早稲田大学比較法研究所『比較法学』第 16 巻第 1 号，1982 年 7 月．
　　・北原仁「キューバ社会主義憲法とその変容」駿河台大学『駿河台法学』第 22 巻第 2 号（通巻第 42 号）2009 年 2 月．
　　・石塚秀雄訳「[翻訳] キューバ憲法　1976 年制定，2002 年改正」非営利・協同総合研究所いのちとくらし『キューバ・メキシコ視察報告書』2010 年 2 月．
23）キューバ 1976 年憲法，1992 年改正憲法及び 2002 年改正憲法に関して，詳細は本書第 4 章（144-146 頁）を参照されたい．

第2章
主要国の憲法における協同組合規定
—G7・G20 諸国—

　G7のイギリス，アメリカ，フランス，ドイツ，カナダ，日本，イタリア7ヶ国，およびG7以外のG20のブラジル，ロシア，インド，中国，韓国，インドネシア，メキシコ，トルコ，オーストラリア，アルゼンチン，サウジアラビア，南アフリカ12ヶ国の主要国は，現代世界において経済的に重要な位置にあるが，これら主要国の憲法において協同組合はどのように規定されているのであろうか．

　協同組合の憲法規定があるのは，G7ではイタリア1国だけである．ドイツには16州中6州の憲法に協同組合規定があるが，イタリア以外の先進国には協同組合の憲法規定が存在しない．それに対して新興国を中心としたG20（G7を除く12ヶ国）では，ブラジル，ロシア，インド，中国，インドネシア，韓国，メキシコ，トルコの8ヶ国に協同組合の憲法規定が置かれている（ただしロシア，韓国，インドネシアの3ヶ国は近似規定である）．これら新興国において協同組合の憲法規定を多く確認することができる．

　序章でみたように，世界で51ヶ国において憲法中に協同組合を規定しているが，それは協同組合の社会経済的地位の高さを示している．これらの51ヶ国がどのように協同組合を憲法中に位置づけているのか，そしてG7の先進国を中心に協同組合の憲法規定が置かれていないのはなぜか，等々について検証することは協同組合研究においても，憲法研究においても重要な研究課題ということができよう．

　本章では世界の主要国として，G7諸国とG20諸国における協同組合の憲法規定を見ていく．まず次節では，G7諸国の憲法体系の特質との関連で協同組合の憲法規定について検討していきたい．

1. G7諸国の憲法における協同組合規定

　前述のようにG7諸国の憲法において協同組合規定があるのはイタリアのみである．イタリア憲法における協同組合規定は，協同組合関係者の間で高く評価されてきた[1]．

　ところが各種協同組合の発祥の国，消費組合のイギリス，生産組合のフランス，信用組合のドイツをはじめ，協同組合運動の発展国のカナダ，そして日本やアメリカといったイタリア以外のG7諸国には，憲法の中に協同組合規定が存在しない．それはなぜであろうか．

　それはこれらの諸国において協同組合が重視されていないからではない．むしろこれらの国々の多くは協同組合運動の先進地であったし，協同組合法がはやくより制定され，その協同組合法の果たす役割はきわめて大きかった[2]．これらの国々の協同組合法には，全面的（イタリア，フランス，ドイツ，カナダ，EU），部分的（イギリス，アメリカ，日本）の違いがあるが，不分割積立金や共同資本の規定が置かれている[3]．そしてまた，アメリカは反トラスト法において協同組合は適用除外とされ，日本においても協同組合は独占禁止法の適用除外となっており，ドイツにおいても競争制限禁止法において農業協同組合及び同連合会は適用除外となっているほど，協同組合は重要視されているのである[4]．すなわち協同組合の憲法規定の有無は，協同組合の生成・発展の結果によるのではなく，むしろ協同組合の生成・発展の要因となるもののように思われる．したがって，その協同組合規定の有無はその憲法が有する特質，近代憲法か，現代憲法か，それとも21世紀憲法かによるのではなかろうか．

(1) G7諸国の憲法体系と協同組合

　イタリアを除くG7諸国において協同組合の憲法規定がないのは，協同組合の発展度や位置づけが低位にあるからではなく，むしろその憲法体系の特質に求められるであろう．そこでまずG7諸国の憲法体系の特徴を見ておこう[5]．表2-1はG7諸国の憲法体系を表示したものである．以下各国別にみていく．

表 2-1　G7 諸国の憲法体系

(太字：経済規定・協同組合規定)

《イギリス憲法》	《ドイツ連邦共和国基本法 (1949 年)》
マグナ・カルタ (1297 年)	前文
権利章典 (1688 年)	1　基本権
議会法 (1911 年)	2　連邦及びラント
国民代表法 (1983 年)	3　連邦議会
国民代表法 (1985 年)	4　連邦参議院
ヨーロッパ共同体法 (1972 年)	4a　合同委員会
最高法院法 (1981 年)	5　連邦大統領
人権法 (1998 年)	6　連邦政府
憲法改革法 (2005 年)	7　連邦立法
	8　連邦法律の施行及び連邦行政
《アメリカ合衆国憲法 (1789 年)》	8a　共同事務
第 1 条　合衆国議会	9　裁判
第 2 条　合衆国大統領	10　財政制度
第 3 条　合衆国の司法権	10a　防衛出動事態
第 4 条　連邦制	11　経過規定及び終末規定
第 5 条　憲法修正	
第 6 条　最高法規	《カナダ憲法 (1982 年)》
第 7 条　憲法の承認及び発効	第 1 章　権利及び自由に関するカナダ憲章
修正第 1 条～修正第 27 条	第 2 章　カナダの先住民族の権利
武器の保有権	第 3 章　平等化及び地域的格差
奴隷制度の廃止	第 4 章　憲法会議
合衆国市民の権利等人権や統治に関する諸規定	第 5 章　カナダ憲法の改正手続き
	第 6 章　1867 年憲法の改正
	第 7 章　総括規定
《フランス憲法 (1958 年)》	《日本国憲法 (1946 年)》
第 1 編　主権について	前文
第 2 編　共和国大統領	第 1 章　天皇
第 3 編　政府	第 2 章　戦争の放棄
第 4 編　国会	第 3 章　国民の権利及び義務
第 5 編　国会と政府の関係について	第 4 章　国会　　　第 5 章　内閣
第 6 編　条約と国際協定	第 6 章　司法　　　第 7 章　財政
第 7 編　憲法院	第 8 章　地方自治　第 9 章　改正
第 8 編　司法機関について	第 10 章　最高法規　第 11 章　補則
第 9 編　高等法院	
第 10 編　政府構成員の刑事責任について	《イタリア共和国憲法 (1947 年)》
第 11 篇　**経済社会諮問会議**	基本原理　**第 4 条　労働の権利**
第 12 編　地域共同体について	第 1 部　市民の権利および義務
第 13 編　ニューカレドニアに関する経過的規定	第 1 章　市民的関係
第 14 篇　提携協定	第 2 章　倫理的・社会的関係
第 15 編　欧州共同体と欧州連合について	**第 3 章　経済的関係**
第 16 篇　憲法改正について	**第 35 条～第 40 条　労働保護の諸規定**
第 17 篇　経過規定	**第 44 条　中小土地所有の助成**
人及び市民の権利宣言 (1789 年 8 月 26 日)	**第 45 条　協同組合の承認・助成，手工業の保護**
1946 年憲法前文	**第 46 条　労働者の経営参加**
環境憲章 (2004 年)	第 4 章　政治的関係
	第 2 部　共和国の組織 (以下略)

〈イギリス憲法の体系〉

まず,イギリス憲法の体系をみてみよう．イギリスの憲法体系の特質は,憲法典としては制定されていないため,不文憲法または不成典憲法であるといわれるように,その憲法体系の特質はマグナ・カルタ（1297年）や権利章典（1688年）等各種法の集合体として存在しているところにある．その憲法体系の内容は,基本的人権や政治的平等・議会の国民代表の選出に関する規定が中核となっており,社会権・労働権や経済権に関する規定は明確ではなく,それらの独自の章編規定は存在しない．基本的には政治的社会的経済的自由を基調とした近代憲法としての特徴を有している．こうした憲法体系の特質によって,イギリスにおいて協同組合の憲法規定が置かれる余地がないのである．

〈アメリカ憲法の体系〉

次にアメリカ合衆国の憲法体系をみてみよう．アメリカ合衆国憲法は,1789年世界で最初の正文憲法として成立し,その後何回かにわたり「修正条文」を追加して今日に至っている．そこでは議会制度と大統領制度の国の統治に関する規定,それに対する政治的自由の規定が中心となって成立し,武器の保有権や奴隷制度の廃止規定・基本的人権（市民権・公民権）規定が追加されているものの,社会権・労働権・経済権に関する規定は明確でないばかりか,それらの独自の章編別規定は存在しない．その意味でアメリカ合衆国憲法は,イギリス憲法と同様基本的には,現代憲法ではなく近代憲法としての特質を有していると言えよう．この故に協同組合の憲法規定が設けられていないのであろう．

〈フランス憲法の体系〉

現行フランス憲法の体系は,1958年憲法を基本に,人および市民の権利の宣言（1789年8月26日），1946年憲法前文,環境憲章（2004年）から構成されている．

そこでは1958年憲法に欠落している人権等に関して,1789年宣言における自由と平等の諸権利や,1946年憲法前文における労働の保護,代表者を通じた労働者の企業経営への参加,独占企業の公的所有化（筆者：反独占・国有化），社会保障等の社会権・労働権・経済権に関する宣言によって補完する形になっている．その意味で現行のフランス憲法は全体として,近代憲法から現代憲法へ踏み込んでいるということができるものの,1958年憲法本体におい

てそれは必ずしも明確ではない．現行フランス憲法には1946年憲法前文に上記のように社会権・労働権・経済権に関わった宣言がなされているものの，農民・中小企業・消費者等の経済的弱者の保護規定や協同組合規定は置かれていない．経済的公正に関する憲法規定はその意味で不十分であり，経済的参加に関しても間接的代表参加に止まっている．このように社会権規定あるいは経済権規定が不徹底になったのは，フランス憲法史上の問題（社会権規定の不徹底性）とも関連していると思われる[6)7)]．

〈カナダ憲法の体系〉

カナダ憲法は，1つの憲法典によって構成されているのではなく，現在は1867年憲法と1982年憲法が重要な憲法典とされている．

上記のカナダの憲法体系によれば，1867年憲法には統治に関する規定が中心で，連邦議会の権限や州立政府の権限において社会保険や天然資源や農業および移民に関する規定を制定することができるとしているが，人権に関する規定は置かれていない．1982年憲法で，「第1章 権利および自由に関するカナダ憲章」において基本的自由，平等権等基本的人権が明記され，「第2章 カナダの先住民族の権利」「第3章 平等化および地域的格差」において一定の社会権規定を置いているものの，明確な社会権・労働権・経済権が明示されているわけではない．カナダ憲法は現代憲法としてよりも近代憲法としての特質を強くしているといえよう．

〈日本国憲法の体系〉

次に日本国憲法についてみていこう．

上記の日本の憲法体系によれば，日本国憲法は「第1章 天皇」「第2章 戦争の放棄」に独特の章規定を置いており，本稿の課題に関しては，「第3章 国民の権利及び義務」において基本的人権規定が置かれ，自由・平等と共に，国民の生存権・国の社会保障的義務（第25条），労働の保護（第27条，第28条）等の社会権・労働権の規定が少なからず明記され現代憲法的特質を具備しているが，その章編別独自規定は設けられているわけではない．また経済的弱者保護や経済的公正などの経済権に関する規定は明示されていない．

〈ドイツ基本法の体系〉

ドイツ連邦共和国基本法は，「1 基本権」において，人間の尊厳，自由，平

等基本的人権が明記されている．社会権・労働権・経済権に関する章編の独自規定は置かれていないが，本書の第1章（22頁）において指摘したように，現行ドイツ憲法では，「第1章 基本権」において「社会化」条項（第1章 基本権 第15条 社会化）が設けられ，土地，天然資源，生産手段の社会化規定（第15条）を置いている．また，「第7章 連邦の立法」の「第74条 連邦の競合的立法権限のカタログ」において，「15 土地，天然資源および生産手段を，公有またはその他の公共経済の形態に移すこと」や「16 経済上の権力的地位の濫用の防止」（事実上の独占禁止：筆者），「17 農林業生産の促進（ただし耕地整理法制を除く），食糧の確保，農林業生産物の輸出入，遠洋・沿岸漁業，および沿岸保護」が規定され，「第8a章 共同任務」において連邦とラントの共同任務として，「地域的経済構造の改善」と「農業構造および沿岸保護の改善」の2点を取り上げており，経済的公正（独占の禁止，農業保護，経済的弱者保護）の追求といった現代憲法の特質を備えているのは確かである．しかしここには，ワイマール憲法にあった社会権・労働権・経済権に関わる独自の章編別規定枠組みは設定されていない．

　現行のドイツ憲法（1949年ドイツ連邦共和国基本法）には，ワイマール憲法の自由権・民主的諸権利，経済的自由権，経済の社会化の規定を継承しつつも，協同組合に関する規定が欠落しているのは，ワイマール憲法に存在していた経済関係規定の独自の位置（第2部 ドイツ人の基本権と基本的義務 第5章 経済生活）が現行ドイツ憲法から失われたところに求めることができるかもしれない．

　しかしながらドイツの各州憲法において協同組合規定が置かれ，そこでは経済規定が明確に位置づけられている．その代表例として，1946年ヘッセン州憲法をあげることができる[8]．同州憲法では社会権・労働権・経済権の規定が置かれ，協同組合はその一環として奨励されている．このように憲法における独自の経済規定の有無が協同組合規定の存否に大きく関わっているということができる．社会権・労働権，そしてとりわけ経済権を重視すること，その中に農業・中小企業の経済的弱者保護等経済的公正を追求することが，協同組合規定を必要とすると言えよう．ただしヘッセン州憲法での経済的参加（共同決定）は，間接的代表参加に止まっていることに留意しておきたい．なおドイツ

各州憲法における協同組合規定に関して，くわしくは本章後述を参照されたい．

〈イタリア憲法の体系〉

前出表2-1のイタリア憲法の体系によれば太字で示したように，G7諸国における憲法体系において「経済」の章編を有しているのは，イタリアの「第3章 経済的関係」のみで，協同組合の憲法規定は，その中でなされている．

具体的にはイタリア憲法は，「基本原理」として，冒頭の「第1条〔国家の形体・国民主権〕①イタリアは，労働に基礎を置く民主的共和国である．②主権は国民に帰属し，国民は憲法の定める形式および制限において，これを行使する．」と労働を基礎とする国の体制を規定する．この「労働」を重んじるのはスペイン・ポルトガル等南欧諸国の共通する特質であるが，それが国民主権と結びついて人びとの自主的主体的な労働主権となるのである．イタリア憲法の基本原理ではさらに，基本的人権（第2条）・市民的権利（第3条）・労働の権利（第4条）等が定められている．そしてこの第3条では，「国の政治的，経済的および社会的機構への全労働者の効果的な参加を阻害する経済的および社会的障害を除去することは，共和国の任務である」と参加の重要性を明示する．また戦争の放棄・国際平和の促進（第11条）が規定される．「第1編 市民の権利および義務」の「第1章 市民関係」「第2章 倫理・社会関係」において市民的自由や社会的保護の規定が置かれ，「第3章 経済関係」において労働権や経済権が規定されている．すなわち労働および労働者の保護（第35条），労働の報酬や休日に関する諸権利の承認（第36条），女子・年少労働者の保護（第37条），労働無能力者に対する生活保障（第38条），労働組合の自由（第39・40条），経済活動の自由（第41条），大土地所有を改革し中小土地所有を助成すること（第44条）が規定され，その中で協同組合の保護奨励・手工業組合の保護（第45条）や労働者の経営参加（第46条）が規定されているのである．

このようにイタリア憲法の大きな特徴は，労働主権を中心とした，社会権・労働権・経済権を憲法の中心的な権利規定とした文字通りの現代憲法であり，その中で協同組合は小工業とならんで保護奨励の対象とされるのである．その協同組合の保護奨励・手工業組合の保護や労働者の経営参加規定の詳細は本章で後述する．

前述のとおり，イギリス，フランス，ドイツ，アメリカ，カナダ，日本の憲法は基本的人権や国家統治の規定が基本とされている「近代憲法」の特質を有している．それはいわゆる政治的な自由権や平等権を中心としており，社会権や労働権さらには経済権に関する章編別の独自規定を置いていない．これらの国々では，これら社会権・労働権や経済権の諸権利は憲法においてではなく，各種の個別法において規定されている場合が多い．ただし日本やドイツの憲法には独自の章編別規定はないが，社会権・労働権に関する事項が条文として一部含まれており，ドイツでは「第7章 連邦の立法」などにおいて一部経済権の規定があり，各州の憲法では社会権・労働権・経済権が明示され協同組合保護規定がある．

　本章で取り上げるG7諸国においては，イタリア憲法が唯一の現代憲法の特質を有する．1948年施行のイタリア憲法は，イタリアの反ファシズム・レジスタンス運動の発展上で成立し，近代法的側面と現代法的側面の両面が，キリスト教民主主義の精神と社会主義理念との混在・妥協の要素があると言われる．そしてイタリア憲法における社会権・労働権・経済権の保障は近代憲法を超えた現代憲法の特質を有し，さらに労働主権を明記しその現代憲法をも超える要素をもっているといえよう．

　イタリアは社会権・労働権・経済権を保障する現代憲法として存在し，その中に協同組合の規定を置いているところに注目されなければならない．社会権・労働権，とりわけ経済権の存否が協同組合の憲法規定の有無に大きく影響しているのである．もちろんここにいう経済権とは，単なる経済規定ということではなく，社会権・労働権を前提として農漁民・中小企業・消費者等の経済的弱者の保護，反独占・独占禁止等の経済的公正，労働者の利益参加・経営参加等の経済的参加の保障を内容とするものである．

(2) G7諸国の憲法における協同組合規定

　G7諸国の憲法における協同組合規定は，次の表2-2に示される．
　そこでは協同組合に関する憲法規定の有無が社会権・労働権を含む経済関係の規定の有無によることが対照的に示される．すなわち，イギリス，フランス，ドイツ，アメリカ，カナダ，日本の各憲法には協同組合規定は存在しない．そ

表 2-2　G7 諸国の憲法における協同組合規定

番号	国名／憲法名	協同組合規定の特徴	社会・労働・経済権の独自規定
1	イギリス	（協同組合の規定なし）	なし
2	フランス共和国憲法（1958年憲法）	（協同組合の規定なし）	なし（ただし1946年憲法前文で、社会・労働・経済権を宣明）
3	ドイツ連邦共和国基本法（1949年）	（協同組合の規定なし）《ただし6州の憲法に協同組合助成規定あり》	なし（ただし社会化条項及び連邦の立法や共同任務として経済権の規定あり）
4	イタリア共和国憲法（1948年）	◆協同組合の特質（相互扶助性・私的投機目的ではない社会的機能）の承認、協同組合の助成・振興（第45条）	◆あり：第1部 市民の権利および義務 第3章 経済的関係
5	アメリカ合衆国憲法	（協同組合の規定なし）	なし
6	カナダ憲法（1982年憲法）	（協同組合の規定なし）	なし
7	日本国憲法（1946年）	（協同組合の規定なし）	なし（ただし社会権・労働権の個別条文あり）

れは前項でみたように，近代憲法としての政治的自由を中心とした個人の基本的権利と国家の統治に関する規定が中心であり，社会権・労働権とりわけ経済権の規定はその憲法には明確な形では存在していないことと関係があるといえよう．

第1章でみたように1919年ワイマール憲法においては，経済権の規定（第2部 ドイツ人の基本的権利と義務 第5章 経済生活）において，「第156条 協同組合およびその連合体は，請求により，その規約及び特色を考慮に入れつつ，公共経済（Gemeinwirtschaft）に組み入れるものとする」と協同組合を公共経済として承認する規定を置いていた．ところが現行ドイツ連邦共和国基本法では，「第1章 基本権 第15条 社会化条項」や，「第7章 連邦の立法」，「第8a章 共同事務」において農業保護や事実上の独占禁止等の経済的規定が置かれているものの，ワイマール憲法の「第5章 経済生活」に独自に規定されたようにはその経済権は明示的ではない．その結果であろうか，協同組合の憲法規定は明記されていない．この点では現行ドイツ憲法はワイマール憲法から一歩後退していると言わざるをえない．

《ドイツ各州憲法の協同組合規定》

しかしながら，ドイツにおいては1946年からドイツ基本法の制定前後に，各州の憲法が制定され，次のように6州に協同組合の憲法規定が置かれている[9]．

各州の憲法における協同組合規定を具体的にみてみよう．

〈1946年ヘッセン州憲法〉

第43条〔中産階級〕農業・工業・手工業および商業における自営中小企業は立法および行政によって奨励されるべきであって，とくに過重負担および吸収にたいして保護されなければならない．この目的のため，**協同組合的自助組織**が設けられなければならない．

第44条〔協同組合制度〕**協同組合制度**は奨励されなければならない．

〈1946年バイエルン州憲法〉

第153条〔農業・中小企業の奨励，協同組合の助成〕農業，手工業，商業，工業，産業における中小規模の独立した事業体は，立法および行政において助成され，過重負担および大企業による吸収に対して保護されなければ

表2-3　ドイツ各州の憲法における協同組合規定

州名／憲法名	協同組合規定の特徴	社会・労働・経済権の独自規定
ヘッセン州憲法 （1946年12月1日）	◆農業・中小企業保護，協同組合的自助組織の設置（第43条） ◆協同組合制度の助成（第44条）	◆あり：第1編 人間の権利 第3章 社会的経済的権利と義務（第27条〜47条）
バイエルン州憲法 （1946年12月2日）	◆農業・手工業・中小企業の保護と協同組合自助の発展保障（第153条）	
ラインラント・プファルツ州憲法 （1947年5月18日）	◆農業・中小企業保護，協同組合的自助組織の設置（第65条(1)(2)） ◆協同組合制度の助成（第65条(3)）	◆あり：第6部 経済的社会的制度（第51条〜68条）
自由ハンザ都市ブレーメン州憲法 （1947年10月21日）	◆協同組合および公益企業の公共経済としての助成（第40条）	
ザールラント州憲法 （1947年12月15日）	◆農業・手工業・中小企業の保護，協同組合制度の助成（第54条）	
ノルトライン・ヴェストファーレン州憲法 （1950年6月28日）	◆農業・中小企業保護，協同組合自助の援助（第28条）	◆あり：第4章 労働，経済及び環境（第24条〜29条）

ならない．これらは，その経済的自由および独立性ならびに**協同組合的自助**による発展において保障され，国家によって援助されなければならない．

〈1947年ラインラント・プファルツ州憲法〉

　第65条〔協同組合の助成〕**協同組合制度**は助成されなければならない．

〈1947年自由ハンザ都市ブレーメン州憲法〉

　第40条　すべての種類の**協同組合**および公益企業は，公共経済の形態として助成されなければならない．

〈1947年ザールラント州憲法〉

　第54条　産業，工業，手工業および商業におけるザールラント州の独立した中小企業は助成され，その自由な発展において保護されなければならない．同様に**協同組合制度**は助成されなければならない．

〈1950年ノルトライン・ヴェストファーレン州憲法〉

　第28条〔農業・中小企業の奨励，協同組合自助の支援〕農業，貿易，商業，工業や手工業の中小企業が奨励される．**協同組合**の自助が助成される．

　これら各州憲法中代表的なものとして，ヘッセン州憲法の詳細をみてみよう．同憲法では，前文，第1編　人間の権利（第1～6章，第1～63条），第2編　州の構成（第1～11章，第64～160条）から成っており，その第1編において「第3章　社会的および経済的権利と義務」（第27～47条）の経済権に関する規定を置いている．そこでは，人間の尊厳・人格の承認に基づく社会的・経済的秩序（第27条）を基礎とし，労働の保護（第28～34条），社会保険（第35条），共同決定（第37～38条），経済力濫用の否認・独占の否認（第39条），共同所有（第39～41条），土地改革（第42条），中産階級保護（農業・中小企業保護）と協同組合の設立（第43条），協同組合制度の奨励（第44条），私的所有の保障（第45条）等の社会権・労働権・経済権の規定が置かれ，協同組合はその一環として奨励されているのである．

　このように憲法における独自の経済規定の有無が協同組合規定に大きく関わっているということができる．社会権・労働権，そしてとりわけ経済権を重視すること，その中に農業・中小企業の経済的弱者保護等経済的公正を追求することが，協同組合規定を必要としていると言えよう．ただしヘッセン州憲法における経済的参加（共同決定）は，間接的代表参加に止まっていることに留意

しておきたい．その意味では，これらドイツ州憲法は明らかに現代憲法としての特質に立脚しているということができるが，21世紀憲法としての特質は必ずしも明確ではない[10]．21世紀憲法としては連帯と協同による経済的参加（利益参加・経営参加・所有参加・事業参加・計画参加）が求められるからである．

このように社会権・労働権さらに経済権を憲法において独自に規定するかどうかが，憲法の中に協同組合規定を置くことと深い関係があると思われる．すなわち，社会権・労働権・経済権において協同組合は普遍的一般的存在であるということができよう．

すでに述べたように，G7諸国において協同組合の憲法規定があるのは，イタリア憲法のみである．すなわち，1948年イタリア憲法では「第1部 市民の権利および義務 第3章 経済的関係」において，次のように協同組合の特質の承認，協同組合の助成・振興規定が置かれ，さらに労働者の経営参加権を保障している．

《イタリア憲法の協同組合規定》

〈協同組合の承認〉

　　　第1部 市民の権利および義務 第3章 経済的関係 第45条 協同組合の承認，手工業の保護 ①共和国は，相互扶助の性格を有し，私的投機を目的としない**協同組合**の社会的機能を承認する．適切な手段で**協同組合**の増加を推進・助成し，適当な監督により，その性格と目的を確保することは，法律で定める．②**手工業の保護**と発展を図る措置は，法律で定める．

〈労働者の経営参加〉

　　　第46条 労働者の経営参加 共和国は，労働の経済的および社会的向上のために，生産の要求するところと一致して，法律の定める方法およびその制限内において，労働者が**経営の管理に参加する権利**を保障する．

以上のようにG7諸国ではイタリア憲法のみが協同組合の規定を有している．そこでは協同組合は，手工業の保護（経済的弱者保護）等経済的公正の担い手として，また協同組合との関係は明示的ではないが労働者の経済的参加（経営参加）の事実上の担い手として位置づけられているということができよう．社

会権・労働権，そしてとくに経済権に関する規定が明示される場合，その担い手として協同組合が位置づけられ，協同組合の憲法規定になるのである．

2. G20 諸国の憲法における協同組合規定

次に，G20 諸国のうち G7 を除いた 12 ヶ国の憲法における協同組合規定を見ていきたい．その 12 ヶ国とは，憲法に協同組合規定を有しているブラジル，インド，中国，メキシコ，トルコの 5 ヶ国，その近似規定のあるロシア，韓国，インドネシアの 3 ヶ国，協同組合の規定の存在しないオーストラリア，サウジアラビア，アルゼンチン，南アフリカの 4 ヶ国である．G7 諸国とは異なって，G7 を除く G20 諸国 12 ヶ国中 8 ヶ国に広い意味での協同組合の憲法規定が置かれている．

表 2-4 によれば，協同組合の憲法規定のある，ブラジル，ロシア，インド，中国，韓国，インドネシア，メキシコ，トルコの 8 ヶ国の憲法には，ロシアを除いて，社会権・労働権そして経済権の規定が独自の章編として存在する．そして協同組合の憲法規定を有しないオーストラリア，アルゼンチン，南アフリカの 3 ヶ国にはそうした社会権・労働権そして経済権の規定がないか薄弱である．サウジアラビアには経済の規定があるが，後に見るように，本書にいう経済的公正・経済的弱者保護または経済的参加としての経済権ではない．サウジアラビアはもちろん協同組合の憲法規定が欠落している．このように憲法体系において，独自の章編において社会権・労働権そして経済権の保障が明記されている場合に，その保障の表れとして協同組合の規定が置かれているということができよう．

まず協同組合の憲法規定がある，8 ヶ国について具体的にみていく．

(1) ブラジル憲法の協同組合規定

ブラジルは 1988 年のブラジル憲法が現行憲法であり，最新の改正は 2006 年に行われている．まず，ブラジルの憲法体系をみてみよう（表 2-5 参照）．

ブラジル憲法（1988 年制定，2006 年最新改正）は，「第 1 編 基本原則」において「人間の尊厳」や「労働および創業の自由の社会的価値」等を基礎とし

表 2-4　G20 諸国（G7 を除く）の憲法における協同組合規定

番号	国名／憲法名	協同組合規定の特徴	社会・労働・経済権の独自規定
1	ブラジル連邦共和国憲法 (1988 年，2006 年改正)	◆協同組合の自由設立・干渉禁止（第 5 条 18） ◆協同組合の適正な税の取り扱い（第 146 条） ◆協同組合の支援奨励（第 174 条 (2)） ◆環境の保護や採掘労働者の社会経済的発展のために協同組合組織の保護（第 174 条 (3)） ◆採掘資源や埋蔵物に関する権限や特典の優先権を採掘労働者の協同組合へ付与（第 174 条 (4)） ◆協同組合の承認と計画（事業参加）（第 187 条） ◆信用協同組合の承認（第 192 条）	◆あり：第 7 編 経済および金融秩序
2	ロシア連邦憲法 (1993 年)	◆私的所有，国有，自治体所有およびその他の所有形態の承認・保護（第 8 条）：（近似規定）	◆あり：第 1 編 第 1 章 憲法体制の原則 第 8 条〔経済活動の自由と所有形態の平等〕
3	インド憲法 (2007 年)	◆協同組合による家内工業の振興（第 43 条） ◆協同組合運動の専門知識や実務経営の尊重（第 171 条）	◆あり：第 4 編 国家政策の指導原則
4	中華人民共和国憲法 (1999 年制定)	◆協同組合の承認・保護・奨励・援助（社会主義的集団所有制）（第 8 条）	◆あり：第 1 章 総綱
5	大韓民国憲法 (1987 年)	◆農民，漁民，中小企業の自助組織の育成・発展保障（第 123 条）：（近似規定）	◆あり：第 9 章 経済
6	インドネシア憲法 (1945 年，2002 年改正)	◆（憲法注釈）協同組合の承認（第 33 条）：（近似規定）	◆あり：第 14 章 国民経済体制及び社会福祉
7	メキシコ合衆国憲法 (1917 年制定，原始憲法) (1950 年，1953 年，1966 年，1983 年，2002 年，2009 年 現在)	◆生産者協同組合の独禁法適用除外（1917 年制定，原始憲法）（第 28 条） ◆住宅協同組合の社会事業としての承認（1917 年制定，原始憲法）（第 123 条） ◆公共セクター，社会セクター及び民間セクターの協力の必要／協同組合を含む社会セクターの組織と拡大の促進（第 25 条）(1983 年改正条項) ◆協同組合に関する法律の作成（第 73 条）(2002 年なし，2009 年現在追加条項)	◆あり：第 1 章 個人的権利，第 6 章 労働と社会保障
8	トルコ憲法 (1982 年制定，2007 年改正)	◆協同組合の促進（生産増大，消費者保護）（第 171 条）	◆あり：第 2 章 経済的規定
9	オーストラリア連邦憲法（1900 年）	（協同組合の規定なし）	△一部あり（実質なし）：第 4 章 財政および通商
10	アルゼンチン憲法 (1957 年)	（協同組合の規定なし）	△一部あり（実質なし）：第 1 部 宣言，権利，保障
11	サウジアラビア憲法 (1992 年)	（協同組合の規定なし）	△一部あり（実質なし）：第 4 章 経済原則
12	南アフリカ憲法 (1997 年)	（協同組合の規定なし）	△一部あり（実質なし）：第 1 章 基本規定，第 2 章 権利

表 2-5　ブラジル憲法（1988 年）の体系（一部略）
(太字：経済規定・協同組合規定)

```
前文　第1編　基本原則　第3条　国家の基本目的　1. 自由，公正かつ連帯した社会の建設
第2編　基本的権利および保障
　　第1章　個人および団体の権利と義務
　　　　　第5条　法の前の平等，生命・自由・平等・安全・所有の権利
　　　　　　18　協同組合結成の自由，活動の干渉禁止
　　第2章　社会的権利　第7条　労働者の権利　11　利益参加・経営参加
　　第3編　国家組織　　第4編　統治の機構　　第5編　国家および民主主義的諸制度の防衛
　　第6編　租税及び予算　第146条 III-(c)　協同組合課税の適正
第7編　経済および金融秩序
　　第1章　経済活動の一般原則　第170条　経済活動の一般原則
　　　　　第174条　協同組合の支援奨励・保護・特典
　　第2章　都市政策
　　第3章　農業，国土政策および農地改革
　　　　　第187条　農業政策　VI-農業協同組合の承認
　　第4章　国家金融制度　第192条　VIII　信用協同組合の承認
第8編　社会秩序，社会保険，社会保障，社会扶助，教育文化スポーツ，環境，家族・児童・青
　　　　年・老人，原住民保護
```

（第1条），「国家の基本目的」を次のように定める．すなわち「第3条〔国家の基本目的〕ブラジル連邦共和国の基本目的を以下の通り定める．1. 自由，公正かつ連帯した社会の建設，2. 国家の発展の保障，3. 貧困と限界的生活条件の根絶および社会的，地域的格差の縮小，4. 血統，人種，性別，皮膚の色，年齢に関する偏見，その他いかなる形態の差別も無い，すべての者の福祉の増進」．このブラジル憲法の4つの基本目的は政治的経済的自由のみならず，公正・連帯をはじめきわめて現代的な社会経済的諸問題を重視し，「自由・公正・連帯」が一体のものとして基本目的とされている．

そして「第2編　基本的権利および保障　第1章　個人および団体の権利及び義務」において所有権の保障（第5条）が明記され，同じく「第2章　社会的権利　第7条　労働者の権利」において所有権の保障をはじめ，社会的権利や労働者の権利等全34項におよぶ社会権・労働権が明記されている．その11項で経済的参加（利益参加・経営参加）が規定されているところに注目されたい．このブラジル憲法における経済的参加（利益参加・経営参加）について詳しくは後述する．

また「第7編　経済および金融秩序　第1章　経済活動の一般原則」，「第2章

都市政策」,「第3章 農業,国土政策および農地改革」,「第4章 国家金融制度」において詳細な経済権及び経済的諸規定（経済的公正）が設定されている．その「第1章 経済活動の一般原則」において,「第170条〔経済活動の一般原則〕経済の秩序は，人間の労働の尊重と創業の自由にもとづき，次の諸原則を遵守して，社会的正義の規範に従い，すべてのものに尊厳に値する生活を保障することを目的とする」として,「1.国家主権, 2.私的所有権, 3.所有権の社会的機能, 4.自由競争, 5.消費者の保護, 6.環境の保護, 7.地域的および社会的不平等の是正, 8.完全雇用の達成, 9.小規模民族資本のブラジル企業に対する優遇措置」をあげている（第170条）．これらの経済活動の一般原則は，先の国家の基本目的（自由，公正かつ連帯した社会の建設）の具体化として優れて先進的な社会権・経済権の規定であり，経済的自由はもちろん，経済的弱者保護等の経済的公正の追求が重視されている．また社会的経済的弱者保護として原住民保護が特記されている（第231・232条）．これらブラジル憲法における社会権・労働権・経済権全体の中で，協同組合に関する憲法規定は5ヶ所（第5, 146, 174, 187, 192条）にわたっている．

　ブラジル憲法は，前述したように，社会権・労働権・経済権（経済的公正）の保障を具体的に憲法規定とし，その中で協同組合の地位を規定づけている．2006年段階のブラジル憲法における協同組合規定は以下のとおりである．なおこれら協同組合の憲法規定は1988年以降現在にそのまま継承されている．
〈協同組合の自由設立・干渉禁止〉
　　第2編 基本的権利および保障について　第1章 個人および集団の権利と義務について　第5条 18 結社および法律の形式における**協同組合**の結成は，許可を必要とせず．その活動に対する国の干渉は禁止される．
〈協同組合の適正な税の取り扱い〉
　　第6編 租税および予算について　第1章 国家租税制度について　第146条 次の事項は，補足法に属する．III-(c)　**協同組合**が行う協同行為に対する適正な税の取り扱い．
〈協同組合の支援奨励・保護・特典〉
　　第7編 経済および金融の秩序　第1章 経済活動の一般原則について　第174条（2）法は，**協同組合活動**と他の形態の団体を支援し奨励しなければ

ならない．(3) 国は，環境の保護や採掘労働者の社会経済的発展を考慮に入れて採掘労働者の**協同組合**による組織を保護しなければならない．(4) 前節に関する**協同組合**は，法によって予定されたように第21条，25項に従って機能し確立した区域において，採掘資源や埋蔵物を獲得する権限や特典に対し優先権を得る．(第21条，25項：組合の形態において，鉱物採掘活動の実効のための地域および条件を定めること．)

〈(農業) 協同組合運動の承認と計画化〉

第7編　第3章　農業および農業政策ならびに農地改革について　第187条　農業政策は，法律に従い，農業生産者と労働者を含む生産部門の**実効的参加**，ならびに商業，倉庫および輸送の部門の**参加**をもって，とくに次の事項に留意して，計画され，かつ実行される：VI **協同組合運動**

〈信用協同組合の承認と要件〉

第7編　第4章　国家金融制度について　第192条　国家金融制度は，国の均衡のとれた開発を促進し，かつ集団の利益に奉仕する形態で組織され，下記の事項を含めて規定する補足法において規律される：VIII **信用協同組合**の機能およびこの組合が金融機関に固有の取引条件と組織を保有するための要件．

このようにブラジル憲法には5ヶ所にわたって協同組合の憲法規定が置かれており，協同組合の自由設立・国家の干渉禁止，適正な税制，協同組合の支援奨励・特典，(農業) 協同組合運動の承認，信用協同組合の承認が謳われている．特に「第2編　基本的権利および保障について　第1章　個人および集団の権利と義務について」における協同組合の自由設立，国家の干渉禁止の規定，および「第7編　経済および金融の秩序　第1章　経済活動の一般原則について」における協同組合の支援奨励を義務づけた規定は，とりわけ重要である．そして上記の第187条の農業および農業政策に関わって，協同組合運動の経済的参加 (事業参加) が明記されていることに留意したい．なお前述したことであるが，「第2編　基本的権利および保障　第2章　社会的権利　第7条　労働者の権利11」における経済的参加 (利益参加・経営参加) について記しておこう．この経済的参加について，協同組合との関わりには触れていないが，何らかの関連があるとみることができるであろう．

〈利益参加・経営参加〉
　　第7条 労働者の権利労働者の社会的条件の改善を目的とする他の権利のほか，以下のものを，都市および農村の労働者の社会的権利とする．
　　11 報酬に関係なく**利益または純益への参与**および特例的に法律の定めるところによる**企業経営の参加**．

　かくして，ブラジル憲法における「国家の基本目的」，「経済活動の一般原則」に即した中で協同組合の憲法規定が位置づけられるのである．この点前述したこれらの一般原則は，先の国家の基本目的の具体化として優れて先進的な社会権・経済権の規定であり，経済的弱者保護等の経済的公正の追求が重視されており，協同組合はその担い手として位置づけられているのである．

　すなわち協同組合の社会経済的地位は，社会権・労働権の担い手，経済的公正の担い手，経済的参加（事業参加・計画参加）の文字通りの担い手として，また経済的参加（利益参加・経営参加）の事実上の担い手として位置づけられるのであり，ブラジルの社会経済における根幹に不可欠な存在となっているのである．

(2) ロシア憲法の協同組合規定

　次にロシア憲法についてみていこう（表2-6参照）．ロシア連邦は，ソヴィエト連邦の崩壊とともに1993年に現行のロシア連邦憲法が制定された．同憲法は「第1編 第1章 憲法体制の原理」と「第2章 人ならびに市民の権利と自由」において，近代憲法としての自由・平等の権利をはじめ，現代憲法としての社会権・労働権が規定されているが，経済権としては農業や中小企業・消費者保護等経済的弱者についての規定はない．ただし「経済活動と所有の自由」（第8条），「経済活動の自由」と「独占の禁止」（第34条）等が規定され，経済的自由と経済的公正の経済権が置かれているといえるが，それは必ずしも系統的とは言えない．

　その故か，明瞭な協同組合規定も存在していないが，この第8条にその近似規定が置かれているとみなすことができる．

　ソ連の崩壊によって成立したロシア連邦の現行憲法（1993年）は，「第1編 第1章 憲法体制の原理」において，ロシアを「社会国家」として「①人の尊

表 2-6 ロシア憲法（1993 年）の体系（一部略）
（太字：経済規定・協同組合規定）

```
前文  第1編  第1章 憲法体制の原理  第7条 社会国家
      第8条 経済活動の自由と所有形態
         2 私的所有，国有，自治体所有，その他の所有形態の承認
   第2章 人および市民の権利と自由
      第34条 経済活動の自由（含・独占と不正競争の禁止）
      第37条 労働の保護   第38条 母性，子供，家族の保護
      第39条 社会保障   第40条～第52条 住宅の権利等諸権利の規定
   第3章 連邦体制  第4章 ロシア連邦大統領  第9章 憲法の修正および改正
第2編 雑則および経過規定
```

厳ある生存および自由な発達を保障する条件の整備をめざす．②人々の労働と健康を保護し，最低賃金の基準を定め，家族，母性，父子関係および子ども，障害者および高齢者に対する国家的扶助を保障し，社会的サービスの制度を発達させ，国家年金，手当その他の社会的保護を保障する」（第7条）とし，次の規定を置いている．

〈私的所有，国有，自治体所有およびその他の所有形態の承認・保護〉

　　第1編 第1章 憲法体制の原理 第8条〔経済活動と所有の自由〕2 ロシア連邦では，私的所有，国有，自治体所有および**その他の所有形態**は，等しく承認され，保護される．

　ここには協同組合の明示的な規定ではなく，「その他の所有形態」として近似規定を置いているといえよう．

　また，「第2章 人と市民の権利および自由」において，権利・自由の尊重（第17条），個人の尊厳（第21条），各種の自由権（第22条他），企業活動の自由（第34条①），独占および不正競争の禁止（第34条②），私的所有権の保護（第35条），労働の自由（第37条），社会保障の権利（第39条），住宅・健康・環境・教育その他の諸権利（第40～第49条）等が規定されているが，すでに取り上げてきたメキシコ，スペイン，キューバ，ブラジルの諸憲法と対比しても現代憲法としての社会権・労働権・経済権に踏み込んだ規定とはいえない．独占の禁止は明示されているが，経済的弱者の保護やその他経済的公正に関する規定および経済的参加に関する規定は存在していない[11]．ロシア連邦憲法に協同組合規定が明確でなく，先述したように近似規定に終わっているのは，

このように社会権・労働権・経済権，とりわけ経済権が必ずしも明確ではないところと関係がありそうである．

(3) インド憲法の協同組合規定

インドの憲法体系は次の通りである（表2-7参照）．

まず，前文において「社会的，経済的および政治的正義」「思想，表現，信条等の自由」「地位および機会の平等」を確保し，「個人の尊厳」と「友愛を促進」することが謳われる．そして「第3編 基本権」において基本的人権に関わる事項を定め，「第4編 国家政策の指導原則」において国民の福祉増進（第38条)，同一労働同一賃金・正当で人間らしい労働条件と母性保護等（第39条)，「経済制度の運用は，富と生産手段の集中が公共に害をもたらすことのないようにすること」（第39条3）（この文言は独占禁止を含む：筆者）が規定され，現代憲法としての社会権・労働権，さらに農業保護等経済権（経済的公正）に関する規定（第48条）を設け，労働者に対する生活賃金等の保障や家内工業を振興するため（経済的公正）の協同組合の役割（第43条）について規定している．他方で労働者の経営参加（第43A条）を国の義務として規定している．社会権・労働権・経済権（経済的公正）の中で協同組合の規定が置かれ，あわせて経済的参加（経営参加）との事実上の関連で協同組合が位置づけられているとみなすことができる．

インド憲法（2007年最新）によれば，前述の2002年改正法と同様，「第4

表2-7 インド憲法（2002年改正）の体系（一部略）

（太字：経済規定・協同組合規定）

前文　（正義，自由，機会の均等，個人の尊厳，友愛等）
第1編　連邦およびその領域　　　第2編　公民権
第3編　基本権　総則　平等権　自由権　**搾取に対する権利**等
第4編　国家政策の指導原則
第38条　社会的・経済的・政治的正義，国民の福祉増進
第39条　国の遵守すべき一定の政策原則（生活手段への権利社会の物的資源の公共の利益，富と生産手段の集中の公共を害することの防止，労働保護に関する規諸定）
第43条　（労働者に対する生活賃金等）協同組合による家内工業の振興
第43A条　労働者の経営参加
第4A編　基本義務　第5編　連邦　第11編　連邦と州の関係
第13編　インド領内における取引，商業および交通

編 国家政策の指導原則」において社会権・労働権・経済権（独占禁止の近似規定，農業保護等経済的弱者保護の経済的公正）の中で次のように協同組合の規定が置かれている．

〈協同組合による家内工業の振興〉

　　第43条〔労働者に対する生活賃金等〕国は，適切な立法，経済組織その他の方法により，農業労働者，工業労働者その他のすべての労働者に対し，相応の生活水準と余暇および社会的・文化的機会を享受するに足りる労働，生活資金および労働条件を保障することに努めなければならない．また，とくに，農村における個人または**協同組合**による家内工業を振興するように努めなければならない．

　また次のように協同組合運動の尊重が謳われている．

〈協同組合運動の専門知識や実務経営の尊重〉

　　第6編 州 第3章 州議会 第171条〔立法参事会の構成〕(5) 第3項 (e) により政府から指名される委員は以下のような問題，すなわち，文学，科学，芸術，**協同組合運動**，社会サービスに関する専門知識や実務経験を有する人員より構成されなければならない．

　このようにインド憲法においては，社会権・労働権や経済権の保障の中で協同組合が位置づけられており，経済的弱者保護の経済的公正の担い手とされているということができよう．

　なお，労働者の経営参加に関する次の規定に注目されたい．

〈労働者の経営参加〉

　　第4編 第43A条 産業の経営における労働者の参加 国は，どのような産業においても従事している仕事，機関または他の組織の**経営への労働者の参加**を確保するために，適切な法律またはその他の方法によって，促進するものとする．

　ここには協同組合に関しては触れていないが，協同組合の経済的参加（経営参加）との関わりを否定することはできない．

(4) 中華人民共和国憲法の協同組合規定

　中華人民共和国の憲法体系は次の通りである（表2-8参照）．

表 2-8 中華人民共和国憲法（1999年）の体系（一部略）

（太字：経済規定・協同組合規定）

第1章　総綱
第7条　国有経済　　第8条　協同組合経済
第11条　個人経営経済・私営経済　　第15条　社会主義市場経済
第16条　国有企業：従業員の関与　　第17条　集団経済組織：民主的管理
第2章　公民の基本的権利および義務
第42条　労働の権利と義務　　第45条　物質的援助を受ける権利
第3章　国家機構　　第4章　国旗，国家，国章，首都

　中華人民共和国憲法（1999年改正）では，「第2章 公民の基本的権利および義務」において各種の自由権や労働の権利，教育の権利等や各種の国民的義務が定められ，社会権・労働権の規定がなされているが，経済権の規定としては「第1章 総綱」において社会主義国家・社会主義制度，所有制度等の規定の中で，農業と小工業等の保護の観点から協同組合に関する規定（第8条）が置かれている．

　また国有企業における従業員の関与（第16条）や集団経済組織における民主的管理・管理者の選挙と罷免・経営管理の決定する自主権付与（第17条）は，従業員・組合員による経済的参加（経営参加）を規定しているものといえよう．このように中国憲法の基調には，経済的公正や経済的参加の追求が伏在しているとみなすことができよう．その点を詳しくみてみよう．

　中華人民共和国憲法は，経済権の規定としては「第1章 総綱」において社会主義国家・社会主義制度，所有制度等の規定の中で，協同組合に関する規定が次のように置かれている．

〈協同組合の承認・保護・奨励・援助〉

　　第1章 総綱 第8条（協同組合経済）1 農村集団経済組織は，各家庭生産請負経営を基礎とし，統一と分散を結びつけた二重経営体制を実行する．
　　農村における生産・購買・販売，信用，消費等の各種形態の**協同組合経済**は，社会主義の勤労大衆による集団所有制の経済である．農村の集団経済組織に参加する労働者は，法律が規定する範囲内において，自留地，自留山，家庭副業を経営し，自留畜を飼育する権利を有する．
　　2　都市や鎮における手工業，工業，建築業，運輸業，商業，サービス業

等の職業の各種形態の**協同組合経済**は，すべて社会主義の勤労大衆による集団所有制の経済である．
　3　国家は，都市と農村の集団経済組織の合法的な権利および利益を保護し，集団経済の発展を奨励，指導および援助する．

　このように社会権・労働権・経済権を中心とした現代憲法としての枠組みとは異なって，中国憲法は社会主義憲法としてであるが，農業や手工業保護等一定の経済的公正を追求し，その中において協同組合の役割を認め，その保護・奨励を図ることとしている．協同組合は経済的公正の担い手として位置づけることができる．

　また「第1章　総綱　第16条　国有企業」「第17条　集団経済組織」において，次のように，国有企業と集団経済組織に対して経営的自主権を認め，国有企業では従業員代表大会により，集団経済組織では管理者の選挙と罷免や経営管理の重要問題の決定を規定する．

〈国有企業の自主権〉
　第16条　国有企業
　1　国有企業は法律の定める範囲内で自主経営の権利を有する．
　2　国有企業は法律の定めるところにより，従業員代表大会およびその他の形態を通じて民主的管理を実施する．

〈集団経済組織の自主権〉
　第17条　集団経済組織
　1　集団経済組織は関係法律を遵守することを前提として，独自に経済活動を行う自主権を有する．
　2　集団経済組織は，民主的管理を実施し，法律の定めるところにより，管理者の選挙と罷免を行い，経営管理の重要問題を決定する．

　ここにおける集団経済組織は前述の第8条にあるように協同組合経済を指す．これらの規定は，国有企業や集団経済組織における経済的参加（経営参加）の表れとみることができよう．

(5) 大韓民国憲法の協同組合規定

　大韓民国憲法（1987年）では，「第1章　総綱」において国民主権（第1条），

侵略戦争の否認（第5条），政党の自由（第8条）等が明記され，「第2章 国民の権利および義務」において，自由権や基本的権利（第10条～第31条），勤労の権利や義務・最低賃金制等（第32条），社会保障等（第34条）が規定され，一定の社会権・労働権が保障されている．

経済権については「第9章 経済」において，経済秩序の基本・経済の規制・調整（第119条）が規定され，企業の経済上の自由および創意を尊重する（経済的自由），市場の支配および経済力の濫用を防止（独占禁止）（同第119条），農地小作制度の禁止（第121条），農漁村の総合開発・均衡ある地域経済の育成・中小企業の保護育成・農民漁民の利益保護（第123条），さらに農民，漁民，中小企業の自助組織の育成・発展保障（第123条）について規定し，協同組合に関する近似規定がおかれている．社会権・労働権，とくに独占の禁止や経済的弱者の保護育成といった経済的公正の経済権の規定の中で次のように近似的な協同組合規定がなされている．

〈農民，漁民，中小企業の自助組織の育成・発展保障〉

> 第123条〔農漁村の総合開発，中小企業の保護育成〕5 国家は，農民および漁民ならびに中小企業の**自助組織**を育成しなければならず，その自律的活動および発展を保証する．

ここでは農業保護，中小企業保護が明記され，協同組合という文言ではない

表2-9 大韓民国憲法（1987年）の体系（一部略）

（太字：経済規定・協同組合規定）

第1章　総綱
第2章　国民の権利および義務
第32条　勤労の権利および義務，女子および年少者の保護等（雇用の増進，適正賃金保障，最低賃金制）
第34条　人間としてふさわしい生活をする権利，社会保障等
第3章　国会　　第4章　政府　　第5章　法院
第6章　憲法裁判所　　第7章　選挙管理　　第8章　地方自治
第9章　経済
第119条　経済秩序の基本，経済の規制および調整（含・独占の禁止）
第121条　農地小作制度の禁止
第123条　1農漁村の総合開発，2均衡ある地域経済の育成，3中小企業の保護育成，4農民漁民の利益保護，5農民漁民，中小企業の自助組織の育成
第124条　消費者保護

が，農業・中小企業等の自助組織の育成保護が謳われ，その近似規定が設けられている．この規定が独占の禁止との同時規定であるのは，この自助組織・協同組合の事実上の独占禁止法適用除外，これら経済的公正の事実上の担い手として位置づけられているということができよう[12]．

(6) インドネシア憲法の協同組合規定

インドネシア憲法の体系について見てみよう（表2-10）．
2002年改正により次のように修正された．

[憲法本文] 第14章 国民経済体制及び社会福祉（旧第14章 社会福祉）
第33条 第1項 経済体制は，家族主義に基づき，共同事業としてこれを編成する．第2項 国家のために重要であり，かつ，多数の人の生活に影響を与える生産部門は，国家がこれを管理する．第3項 土地，水及びこれらの中に含まれる天然の富は，国家がこれを管理し，人民を最大限繁栄させるためにこれを利用する．第4項 国民経済体制は，共同性，公正な効率性，持続性，環境への配慮，自律性の原則及び国民経済の進歩と統一の調和を維持し，経済民主主義に基づき運営される．第5項 本条の実施に関する規定は，法律により更にこれを定める．

そして憲法と不可分一体で同等の効力を有する文書として扱われている，1945年インドネシア憲法注釈では，同上条文は次のように規定されている．

第14章 社会福祉 第33条には，社会の成員の指導又は監督の下におけるすべての者のための，経済民主主義原則，すべての者によって行われる生産が定められている．優先されるのは，社会の繁栄であり，個人の繁栄ではない．したがって，経済制度は家族主義的努力に基づく共同事業として組織される．これに合致する企業の形は**協同組合**である．

表2-10 インドネシア憲法（2002年）の体系（一部略）

（太字：経済規定・協同組合規定）

第1章 国家形態と統治	第3章 行政権力	第4章 最高諮問会議	第5章 内閣	
第6章 地方政府	第8章 財政	第12章 国防	第13章 教育	
第14章 国民経済体制及び社会福祉				
（憲法注釈）第33条 協同組合は，家族主義的共同事業に合致する企業形態である．				

経済体制は，経済民主主義すなわちすべての人々の繁栄に基づいている．したがって，国家にとって重要で，また，多くの人々の生活を支配する産業部門は国家が管理しなければならない．そうでなければ，生産の主導権は権力を有する個人の手に落ち，そして多くの人民はそれに抑圧される．多くの人々の生活を支配しない企業のみが，個人の手にあることができる．土地，水及び土地に含まれる天然の富は，人民の繁栄の根幹である．したがって，国家が管理し，人民を最大限に繁栄させるために利用しなければならない．

ここには現代憲法あるいは21世紀憲法の社会権・労働権，とくに経済権（経済的公正・経済的参加）に基づいた協同組合規定ではなく，インドネシア的特質の家族主義的共同事業の一環として，協同組合の憲法規定が存在しているといえよう．

(7) メキシコ憲法の協同組合規定

次にメキシコ憲法の体系について見てみよう（表2-11）．

現行メキシコ憲法は1917年原始メキシコ憲法を継承している．それは先進国の近代憲法とは異なって，「第1編 第1章 個人の保障」第28条の独占の禁止，「第6編 労働及び社会保障」第123条 社会・労働権において，社会権・労働権さらには経済権を明記した現代憲法の先駆かつ典型となっている．同憲法の「第1編 第1章 個人の保障」では，教育権（第3条），男女平等（第4条），職業選択の自由・強制労働の禁止（第5条），思想表現の自由（第6条），出版の自由（第7条），請願権（第8条），結社・集会の自由（第9条）をはじめとした基本的人権の権利規定をはじめ，「経済活動における国家の役割」（第25条）の「富と所得の公正（just）な配分」（1983年改正条項），大土地所有の禁止・共有地の保護等の規定（第27条），さらには独占の禁止（第28条）の現代的な経済権（経済的公正）が明記されている．そして「第6編 労働及び社会保障」では，社会権・労働権を規定した第123条において，8時間労働制，夜間労働の制限，児童労働の禁止，最低賃金制，同一労働同一賃金，労働者の企業利益の参加権等先進的規定を設けている．この労働者の利益参加権に注意したい．ただしこの労働者の利益参加権はのちに修正が加わり，現行法では

表 2-11　メキシコ憲法（2009年現在）の体系（一部略）
（太字：経済規定・協同組合規定）

```
第1編　第1章　個人の保障
　第25条（経済活動における国家の役割）
　　①国家の役割　③公共部門，社会部門，民間部門の協力
　　⑦社会セクターとしての協同組合の促進
　第27条〈大土地所有の禁止・共有地の保護等〉
　第28条（独占の禁止）　①独占の禁止③生産者協同組合の独占禁止法適用除外
第2編　第1章　国家主権及び政府の形態　　第2章　連邦の構成部分及び国の領土
第3編　第3部　第73条　議会の機能　29N　協同組合の法律の制定
第6編　労働及び社会保障
　第123条（社会・労働権）
　　1～7　8時間労働制，夜間労働の制限，児童労働の禁止，最低賃金制，同一労働同一賃金
　　6・9　労働者の企業利益への参加権
　　30　安価で健康的な住宅建設の協同組合は社会事業と見なす．
```

「第6編　労働及び社会保障　第123条　社会・労働権」において「IX　労働者は，次の規定に従って規律される，**企業利益への参加権**を有するものとする．……f 利益参加の労働者の権利は，**企業の指揮若しくは経営に関与する権能**を意味しない」とされた．ここには経済的参加に一定の制約を課したものであり，経済的参加においてメキシコ憲法の限界を示したものといえよう．いずれにしてもこれら社会権・労働権の規定は，原始メキシコ憲法において，1917年以来今日まで社会権・労働権さらに経済的公正と経済的参加といった経済権の先駆的な憲法規定となって継承されているものである．

第1章で述べたように，1917年原始メキシコ憲法における協同組合規定は，独禁法適用除外の経済権として第28条に，社会権・労働権の1つとして第123条に，2つの規定が設けられていた．

この2つの協同組合規定を現行憲法に継承しつつ，1983年の改正および2009年現在において新たに次の2つの協同組合に関わる条項を追加している．
〈公共セクター，社会セクター及び民間セクターの協力の必要，協同組合を含む社会セクターの組織と拡大の促進〉

　　第1編　第1章　個人の保障　第25条〔経済活動における国家の役割〕③公的セクター（sector público），**社会セクター**（sector social）及び私的セクター（sector privado）は，社会的責任をもって，国家の経済発展に協力す

るものとする．ただし，国の発展に寄与するその他の形態の経済活動を妨げない．⑦法律は，**社会セクター**の経済活動の組織と拡大を促進する機構を確立するものとする．すなわち社会セクターは公有地，労働者の組織，**協同組合**（cooperativas），コミュニティ，労働者に多数若しくは排他的に帰属する企業，並びに一般に，商品と社会的に必要なサービスの生産・配給・消費を目的とするすべての形態の社会的組織である．（1983年改正条項）

〈協同組合に関する法律の作成〉

第3編 議会の権能 第73条 29N **協同組合**（cooperativas）の憲章，組織化，活動と解散に関する法律を作成すること．（2009年現在追加条項）

このように「第1編 第1章 個人の保障 第25条〔経済活動における国家の役割〕」において，公共セクター，社会セクター及び民間セクターの協力の必要や協同組合を含む社会セクターの組織と拡大の促進が規定されている．協同組合は，公有地，労働者の組織，コミュニティ，労働者所有企業，商品と社会サービスの生産・配給・消費のためのすべての社会組織とともに「社会セクター」（social sector）を構成し，公共セクター（public sector）や民間セクター（private sector）と並んで促進されるものとしている．また 第3編 議会の権能 第73条において協同組合に関する法制定の議会権能を規定している．

このようにメキシコ憲法は，1917年原始憲法において協同組合の社会経済的地位を独占禁止の適用除外として自由と民主主義，産業振興における役割，またその公益的役割を認定していた．その規定の継承の上に1983年の憲法改正において公共セクターと民間セクターとは異にした「社会セクター」として協同組合の地位を高く評価し現在に至っている．このようにメキシコ憲法における協同組合規定は，現代の協同組合の社会的公共的地位，協同組合セクター論の現代版として大いに注目されるものである．その現代憲法の先駆としての1917年メキシコ憲法の歴史的今日的意義は極めて大きい．

(8) トルコ憲法の協同組合規定

トルコ憲法の体系について見てみよう（表2-12）．

トルコ憲法（1982年制定，2007年改正）は，社会権・労働権に加え，経済

表 2-12　トルコ憲法（2007 年）の体系（一部略）

（太字：経済規定・協同組合規定）

```
第 1 部　一般原則
第 2 部　基本的権利と義務
  第 1 章　一般規定　　第 2 章　個人の権利と義務　　第 3 章　社会的経済的権利と義務
    第 45 条　農業・畜産の保護　　第 47 条　国有化と民営化　　第 49 条　労働の権利と義務
    第 50 条　労働の保護　　第 55 条　公正賃金の保障　　第 60 条　社会保障
  第 4 章　政治的権利と義務
第 3 部　共和国の基本機構
第 5 部　財政的経済的規定
  第 1 章　財政規定
  第 2 章　経済規定
    第 166 条　計画化　　第 167 条　市場の監視と外国貿易の規制独占とカルテルの禁止
    第 168 条　天然資源の探査と開発　　第 169 条　森林開発の保護
    第 170 条　山村住民の保護　　第 171 条　協同組合の促進
    第 172 条　消費者の保護　　第 173 条　小商人や職人の保護
第 8 部　最終規定
```

権として「第 5 部　財政的経済的規定　第 2 章　経済規定」を定め，そこで計画化（第 166 条），市場の監視と外国貿易の規制（第 167 条），独占とカルテルの禁止（第 167 条），天然資源の探査と開発（第 168 条），森林開発の保護（第 169 条），山村住民の保護（第 170 条），協同組合の促進（第 171 条），消費者の保護（第 172 条），小商人や職人の保護（第 173 条）が規定されている．このようにトルコ憲法は，現代憲法の特質を反映しているということができよう．とくに経済権に関しては，上記の独占とカルテルの禁止，経済的弱者・消費者の保護等経済的公正の規定に注目されなければならない．経済的公正において協同組合は事実上その担い手として位置づけられていると言えよう．

その第 171 条の協同組合の憲法規定は次のとおりである．

〈協同組合の促進〉

　　第 171 条　**協同組合**の促進　国家は，生産を増大し**消費者を保護**することを主要目的にする**協同組合**の発展を促進するために，全国的経済的利益を確保して諸手段を採るものとする．

なお，同トルコ憲法の「第 5 部　財政的経済的規定　第 2 章　経済規定　第 167 条」においては独占とカルテルの禁止が謳われている[13]．

このように独占の禁止と協同組合保護が同時に憲法規定とされているという

ことは，協同組合の事実上の独禁法適用除外とみなすことができるであろう．前述の，山村住民の保護（第170条），消費者の保護（第172条），小商人や職人の保護（第173条）の経済的弱者保護の規定は経済的公正の追求がトルコ憲法の中心課題とされているとみなすことができる．協同組合は文字通り経済的公正の担い手として位置づけられるのである．

なお，1982年の現行憲法前の1961年トルコ憲法には，経済権として「第2部 基本的権利と義務 第3編 社会的経済的権利と義務」において，次のように協同組合の促進や農業保護の規定が置かれていた．現行憲法の歴史的背景として留意しておきたい．

〈協同組合の促進・農業保護〉
　9．組合活動の促進
　　　第51条 国は**協同組合活動**を促進する有効な手段を講じるものとする．
　10．農業と農民の保護
　　　第52条 人々に適切な栄養を提供し，社会の利益のための農業生産の増進を保障し，農産物価値の増大，腐食の防止，農業に従事する人々の労苦に対して必要な手段を講じるものとする．

このようにトルコでは憲法において経済権が保障され，その中で協同組合の促進規定が設けられているのである．

(9) 協同組合の憲法規定のない国

G7を除くG20諸国のうち，オーストラリア，アルゼンチン，サウジアラビア，南アフリアの憲法の場合には協同組合の憲法規定がないが，それは社会権・労働権，とりわけ経済権に関わる独自の憲法規定が欠如していることと関連していると思われる．

オーストラリア連邦憲法（1900年）には協同組合の規定はない．それはその憲法体系に社会権・労働権・経済権が置かれていないことに関連すると思われる．オーストラリア憲法には「第4章 財政および通商」があるが，これは課税・関税に関わる通商上の規定であって，本稿にいう経済自主権・経済的弱者保護・独占の禁止等の現代における経済的公正の経済権の規定ではない．

アルゼンチン憲法（1994年）には協同組合の規定はない．それはその憲法

体系に社会権・労働権・経済権が独自の章編別規定として置かれていないことに由来すると思われる．もちろん，経済規定に関するものは「第1部 宣言，権利，保障」において一部看取されるが，それは経済的公正に関わる経済権の規定というものではない．

サウジアラビア憲法（1992年）には「第4章 経済原則，第5章 権利と義務」の規定があるものの，その経済原則は「王国経済」の公経済や課税等に関する規定が中心であり，本稿にいう経済自主権・経済的弱者保護・独占の禁止等の現代における経済的公正の経済権ではない．本稿の経済権の規定が存在しないに等しく，それが協同組合の規定がない一因であると考えられる．

南アフリカ憲法（1997年）には協同組合の憲法規定はない．同憲法には「第1章 基本規定，第2章 権利」において一部経済規定があるものの，憲法体系の中で社会権・労働権・経済権が独自の章編として置かれていない．

以上協同組合の憲法規定を有しない，オーストラリア，アルゼンチン，サウジアラビア，南アフリカの4ヶ国をみてきたが，そこでは憲法体系において，社会権・労働権・経済権が独自の規定として置かれることなく，また経済権の規定も明確ではないという共通性がある．これは経済的公正を追求するといった現代憲法の特質を有していないと言え，それが協同組合の憲法規定を欠如させていることと深い関わりがあると思われる．

このようにG7を除いたG20諸国12ヶ国中，社会権・労働権・経済権の重要な要素として協同組合の保護・助成が謳われ，協同組合の憲法規定が明示的なのはブラジル，インド，中国，メキシコ，トルコの5ヶ国であり，近似的な規定であるのはロシア，韓国，インドネシアの3国であり，計8ヶ国において広義の協同組合の憲法規定が存在しているということができる．これら8ヶ国には，経済的弱者保護，消費者の保護，独占の禁止など経済的公正の追求が憲法の基調として存在しているという共通性を見ることができる．そしてブラジルは労働者の経済的参加（利益参加・経営参加）が，インドと中国では労働者の経営参加が，メキシコでは経済的参加（利益参加）が明記されている．このようにして経済的公正と経済的参加の文字通りないしは事実上の担い手として協同組合が位置づけられているといえよう．それが協同組合の憲法規定の根拠であると思われる．そうした社会権・労働権・経済権の規定が規定上も実質上

も存在しないオーストラリア，アルゼンチン，サウジアラビア，南アフリカの4ヶ国には協同組合の規定が置かれていないのである．

近代憲法としての特質だけではなく，社会権・労働権・経済権の規定の存否が，協同組合の憲法規定の有無に関連しているといえよう．すなわち，協同組合の憲法規定は，憲法における社会権・労働権・経済権の体現されたものというべきものである．とくに経済的公正や経済的参加を追求する経済権の規定の存否が深く影響しているということがいえるのである．

3. 主要国の憲法における協同組合の社会経済的地位

以上の検討のまとめとして，主要国の憲法における協同組合の社会経済的地位を整理しておきたい．表2-13はドイツ・ヘッセン州をはじめイタリア，ブラジル，ロシア，インド，中国，韓国，インドネシア，メキシコ，トルコの9ヶ国の憲法を経済権（経済的公正，経済的参加），協同組合規定（内容，独禁適用除外），協同組合の社会経済的地位に区分して表示したものである．

同表から次のように述べることができる．

第1に，9ヶ国の憲法規定を有する国では，すべて社会権（社会保障や社会福祉）・労働権（労働の保護）の規定が明記されている．（ただしインドネシアはその内容が不十分である．）他方，本表にあらわさなかった協同組合の憲法規定を有していない，G7のイタリア以外の6ヶ国1地域（イギリス，フランス，ドイツ，カナダ，アメリカ，日本，EU）とG20の4ヶ国（オーストラリア，サウジアラビア，アルゼンチン，南アフリカ）は，この社会権・労働権が憲法の中で必ずしも系統的に明示されていない．協同組合の憲法規定の有無は，社会権・労働権を憲法においてどの程度重視するかによっていると言えよう．現代憲法の特質はまさにここにあるのである．

第2に，経済権としての経済的公正は，インドネシアを除いて8ヶ国において，経済的弱者保護の観点（ドイツ・ヘッセン州，イタリア，ブラジル，インド，中国，韓国，メキシコ，トルコ）からと独占禁止の観点（ドイツ・ヘッセン州，ロシア，インド，韓国，メキシコ，トルコ）から追求されている．協同組合はこの経済的公正の担い手として位置づけられるのである．現代憲法の特

表 2-13 主要国の憲法における協同組合の社会経済的地位

番号	憲法／事項	経済権		協同組合規定		協同組合の社会経済的地位
		経済的公正	経済的参加	内容	独禁適用除外	
0	ドイツ・ヘッセン州憲法（1946年）	農業・中小企業の保護，独占の禁止，社会化	共同決定（経営参加）（間接的代表参加）	協同組合の助成	事実上の適用除外（独占禁止と協同組合助成の同時規定）	文字通りあるいは事実上の経済的公正の担い手（経済的弱者保護，独占の禁止）／事実上の経済的参加（経営参加）の担い手
1	イタリア憲法（1947年）	中小土地所有の助成，手工業の保護	労働者の経営参加	承認／保護・助成・促進（相互扶助性・私的投機目的ではない社会的機能）	―	事実上の経済的公正の担い手（経済的弱者保護）／事実上の経済的参加（経営参加）の担い手
2	ブラジル憲法（1988年制定，2010年改正）	自由・公正・連帯，経済の国家主権，消費者保護，格差是正，小規模企業保護，完全雇用，原住民保護	労働者の利益参加・経営参加，協同組合による農業生産者・労働者の経済事業参加	承認（環境保護・採掘労働者の社会経済的発展）／保護・助成・促進		文字通りの経済的公正の担い手（経済的弱者保護）／文字通りの経済的参加（事業参加・計画参加）の担い手，事実上の経済的参加（利益参加・経営参加）の担い手
3	ロシア憲法（1993年）	独占および不正競争の禁止	―	（近似規定）	事実上の適用除外（独占禁止と近似の協同組合保護の同時規定）	事実上の経済的公正の担い手（独占の禁止）
4	インド憲法（2002年改正）	農業保護，家内工業振興，独占の禁止（近似）	労働者の経営参加	承認（家内工業振興）	事実上の適用除外（近似の独占禁止と協同組合保護の同時規定）	文字通りあるいは事実上の経済的公正の担い手（経済的弱者保護，近似の独占禁止）／事実上の経済的参加（経営参加）の担い手
5	中華人民共和国憲法（1999年改正）	農業保護，手工業保護	国有企業・集団経済組織（協同組合）における経営参加	承認（社会主義集団所有制経済）／保護・助成・促進		文字通りの経済的公正の担い手（経済的弱者保護），事実上の経済的参加（経営参加）の担い手
6	大韓民国憲法（1987年）	独占の禁止，農地小作制度の禁止，農民，漁民，中小企業の保護，均衡ある地域経済の育成	―	（近似規定）承認／保護・助成・促進	事実上の適用除外（独占禁止と近似の協同組合保護の同時規定）	事実上の経済的公正の担い手（独占禁止，経済的弱者保護）
7	インドネシア憲法（2002年）		―	承認（家族制度に基づく共同事業：近似形態）		承認（家族制度に基づく共同事業：近似形態）

8	メキシコ憲法（1917年，2009年最新改正）	経済活動における国家の役割，独占禁止，農業保護，大土地所有の禁止，共有地の保護	利益参加（ただし経営参加の否定）	承認（公共事業の一環）／保護・助成・促進／社会セクターの協同組合	生産者協同組合の独禁法適用除外の明記	文字通り及び事実上の経済的公正の担い手（独占禁止，農業保護）／事実上の経済的参加（利益参加）の担い手／公益事業の一環（住宅協同組合）
9	トルコ憲法（1982年，2007年改正）	独占の禁止，山村住民の保護・消費者の保護・小商人や職人の保護	—	承認（生産増大・消費者保護目的）／保護・助成・促進	事実上の適用除外（独占禁止と協同組合保護の同時規定）	文字通り及び事実上の経済的公正の担い手（経済的弱者保護，独占の禁止）／生産増強の担い手

質はこの経済的公正にあるといってもいいであろう．

第3に，経済権の経済的参加について規定しているのは，ドイツ・ヘッセン州，イタリア，ブラジル，インド，中国，メキシコの5ヶ国であり，その中身はイタリアは労働者の経営参加，ブラジルは協同組合を通じた農民等の事業参加と労働者の利益参加・経営参加，インドは労働者の経営参加，中国は国有企業・集団経済組織（協同組合）における経営参加の表れ，メキシコは労働者の利益参加に分かれている．メキシコでは利益参加が促進されるものの，経営参加については容認されていないことに注意されたい．ブラジルの農民等の事業参加を別として，経済的参加の協同組合との関連は，必ずしも明示的ではなく，その意味でこれらの国々では事実上の経済的参加の担い手とし位置づけられているということができよう．ただしドイツ・ヘッセン州は間接的代表参加に止まっている．協同組合の経済的参加の担い手としての位置づけは，むしろ21世紀憲法の重要な課題であるといえようか．この点は終章でも言及するところである．

第4に，協同組合の憲法規定の内容は，すべての国で承認されているが，その根拠が，農業・中小企業保護（ドイツ・ヘッセン州），一般的承認（イタリア，ブラジル，インド，韓国），社会主義の集団所有制度として承認（中国），家族主義に基づく共同事業として承認（インドネシア），社会事業の一環として承認（メキシコ），生産増強・消費者保護として承認（トルコ）など多岐にわたっている．

第5に，協同組合の独占禁止法の適用除外についてである．独占禁止規定を有する，ドイツ・ヘッセン州，ロシア，インド，韓国，メキシコ，トルコのう

ち，憲法中での明確な適用除外規定はメキシコに存在する．ドイツ・ヘッセン州，ロシア，インド，韓国，トルコは独占禁止規定と協同組合保護規定ないしその近似規定が，憲法に同時に存在することから，事実上の適用除外とみなすことができるであろう．

第6に，その他の重要事項として，ブラジルは「経済活動の一般原則」として「完全雇用の実現」を掲げていること，メキシコは，大土地所有の禁止や共有地の保護をかかげ，経済活動における国家の役割を明示する中で，公共セクター，社会セクター及び民間セクターの協力の必要や協同組合を含む社会セクターの組織と拡大の促進が規定されている．ここには「公協私混合経済論」に立脚した「協同組合セクター論」的発想が看取される．憲法におけるこれらの規定は現代憲法のみならず，21世紀憲法の方向性を示唆しておりきわめて興味深い．

第7に，以上の総括として結論づけるならば，協同組合の社会経済的地位は，総じて独占禁止，経済的弱者保護の「経済的公正の担い手」としてドイツ・ヘッセン州，イタリア，ブラジル，ロシア，インド，中国，韓国，メキシコ，トルコの8ヶ国において位置づけられ，事業参加・利益参加・経営参加といった「経済的参加の担い手」としてはドイツ・ヘッセン州，イタリア，ブラジル，メキシコの3ヶ国において文字通りあるいは事実上位置づけられている．「社会事業の一環（住宅協同組合）」として位置づけるのはメキシコであるが，協同組合の社会的役割ないしは公益的役割を評価する国は多いということも指摘しておきたい．インドネシアは独特の家族主義的共同事業として位置づけられ，本書においては例外といえようか．

以上協同組合の社会経済的地位は，社会権・労働権の一環としてのみならず，文字通りあるいは事実上，「経済的公正」と「経済的参加」の担い手として位置づけられているところに求められるといえるであろう．現代と21世紀社会の重要な課題のひとつが，社会経済における「公正」と「参加」であるとするならば，協同組合はまさにその担い手としての重要な役割があるといえよう．したがって本章でとりあげた国々において，最高法規の憲法の中で協同組合規定（協同組合保護規定）が設けられているのである．

2009年現在世界各国において協同組合をその中で規定している憲法は51ヶ国（G7：1ヶ国，G7を除くG20：8ヶ国，その他：42ヶ国，ドイツ6州）に及ぶ．そのうち，G7の7ヶ国1地域中1ヶ国（イタリア），G7以外のG20の12ヶ国中8ヶ国（ブラジル，ロシア，インド，中国，韓国，インドネシア，メキシコ，トルコ）とドイツ各州を主要国として，本章の検討課題としてきた．ロシア，韓国，インドネシア3ヶ国は近似規定である．協同組合の憲法規定は，G7では1ヶ国にすぎないが，G7以外のG20（12ヶ国）では8ヶ国を占め，合わせて9ヶ国に及ぶ．

　主要国で協同組合の憲法規定が存在していないのは，G7でイギリス，フランス，ドイツ，アメリカ，カナダ，日本，EUの6ヶ国1地域，G7以外のG20のオーストラリア，サウジアラビア，アルゼンチン，南アフリカ4ヶ国，計10ヶ国1地域であった．

　G7よりもG20において憲法規定の比率が高いのは，主要国中先進国においてよりも新興国においてであるが，協同組合の憲法規定の存否は，その国の憲法の特質つまり憲法体系の特質に由来するといえよう．憲法規定を有する9ヶ国は，インドネシアを例外としてほとんどが社会権・労働権を憲法中に規定し，さらに経済権（とくに独占の禁止や経済的弱者保護といった経済的公正）を憲法規定としているのである．協同組合はそれら社会権・労働権，とくに経済権（経済的公正さらに経済的参加）の担い手として位置づけられている．すなわち，政治的社会的自由権や平等権を中心とした近代憲法に対して，社会権・労働権，とくに経済権（経済的公正と経済的参加）を中心とした現代憲法ないしは21世紀憲法であるかどうかによって，協同組合の憲法規定の有無が決定されていると言えよう．

　したがって次のように言うことができるであろう．すなわち主要国中先進国の多くは近代憲法としての特質を有しており，そこでは社会権・労働権・経済権の独自の規定を欠いており，そこには協同組合の憲法規定が入る余地はないのであろう．他方，新興国の多くは社会権・労働権，さらに経済権を重視することから，その担い手として協同組合の憲法規定が存在するのである．

　要するに協同組合の社会経済的地位は，現代憲法や21世紀憲法に合致した社会権・労働権，さらには経済権（経済的公正と経済的参加）において位置づ

第2章　主要国の憲法における協同組合規定　　　　　　　　　　73

けられるであろう．

　ところで協同組合の憲法規定を有する51ヶ国のうち，本章で取り上げたのは主要国（9ヶ国）であったが，それ以外の42ヶ国の検証は次章以降で行う．

注
1) 前掲，本書第1章注1における吉田省三「イタリアの協同組合と経済民主主義」（正田彬教授還暦記念論文集『国際化時代の独占禁止法の課題』日本評論社，1993年）参照．
2) 例えば，1852年イギリス産業節約組合法，1867年フランス・ソシエテに関する法律，1889年ドイツ産業経済協同組合法が成立している．その点に関してさしあたり，堀越芳昭「欧米諸国の労働者協同組合法制」協同総合研究所『協同の発見』第89号，1999年9月，参照．
3) 協同組合の不分割積立金の規定とは，協同組合の存続期間中の剰余金処分と解散時の残余財産処分の両方において，一部か大部かにかかわらず，協同組合財産を組合員へ分配しないで，社会目的や協同組合運動の発展のために，当該の組合目的との類似目的に処分するように，他の協同組合あるいは中央基金，またはコミュニティに寄贈される，という協同組合法における規定である．

　この規定は歴史的に各種の協同組合原則において規定されており，1995年ICA原則は「第3原則組合員の経済的参加」の不分割の共同財産（indivisible common property）の原則として採用されたものである．

　G7では，フランス，ドイツ，イタリア，カナダ（連邦及び全10州），およびEUの4ヶ国1地域で，協同組合統一法や協同組合基本法において全面的基本的に不分割規定が採用されている．イギリス，アメリカ，日本の3ヶ国では統一法や基本法ではなく，一部の法や特定の分野で部分的であるが採用されている．何らかの形でG7のすべてにおいて不分割積立金規定が採用されているということができる．

　またG20（G7を除く12ヶ国）では，ブラジル，ロシア，インド，中国，インドネシア，オーストラリア（全8州），アルゼンチン，メキシコ，南アフリカの9ヶ国で，全面的基本的に不分割規定が採用されている．その他の国々では，ヨーロッパ7ヶ国，アジア16ヶ国，中南米21ヶ国，アフリカ5ヶ国，計49ヶ国，総計66ヶ国の協同組合法（ただしチェコ：商法典，スロバキア：税法）において全面的基本的に不分割積立金規定が採用されている．

　なお協同組合の不分割積立金に関しては，本書巻末「参考文献」の不分割積立金に関する拙稿を参照されたい．
4) 詳細は本書第5章参照．なお本書巻末「参考文献」の独禁法適用除外に関する拙稿を参照されたい．
5) 各国憲法に関しては，本書巻末「参考文献」の憲法集・各国憲法の諸文献を参照．
6) フランス憲法史上の問題は，1946年憲法の成立過程において集中的に表れた．すすなわち，1946年4月草案（国民投票によりこれは否決される）において重要な争

点となったことの1つは，権利宣言における「政治的権利」ないし「基本的権利」のみならず「経済的社会的権利」をめぐる問題であった．この経済的社会的権利を基本的権利の枠内に止めるかどうか，とくに経済的権利をどのように規定するか，それをめぐって激しい議論が展開した．この審議の中で，協同組合の承認が提案されたが，協同組合の承認は「結社の自由」条項に含まれるとして，あえて明記する必要はないものとされた．こうした措置は協同組合に対する消極的な姿勢の反映であるが，これにより協同組合は憲法中に規定されなかった．とはいえ同草案は，労働者の経営参加，独占の公的所有化，労働の保護や社会保障等の諸規定が導入され，近代憲法から現代憲法へ踏み込んだ憲法案となった．しかし同4月法案は国民投票において否決されたため，改めて1946年10月に1946年憲法が制定され，4月草案の同社会権・労働権・経済権に関わる規定は，1946年憲法の前文において宣言されることになり，同前文は現行フランス憲法を構成するものとなっている．その意味で社会権・労働権・経済権がこうした宣言的内容として憲法上に位置づけられているが，その経緯からくることとして，実定法的根拠の薄弱な抽象的言説といった限界を伴うものであった．その故であろうか，経済的弱者の保護に関する規定や協同組合の保護に関する規定が明記されなかったのである．

7) 1946年憲法をめぐっては，次の諸文献を参照されたい．
 ・多田一路「フランス第四共和政憲法四月草案制定過程における財産権論」一橋大学『一橋研究』第22巻第2号，1997年7月．
 ・中村睦男「フランスにおける社会権の発展 (1)(2)(3)」北海道大学大学院法学研究科『北大法学論集』第14巻第2号／第15巻第1号／第15巻第2号，1963年12月／1964年9月／1964年11月．
 ・中村睦男『社会権法理の形成』有斐閣，1973年．
 ・村田尚紀「フランス第4共和制憲法の成立と特質（一）（二）（三）」熊本大学『熊本法学』第58号／第59号／第60号，1988年12月／1989年3月／1989年6月．
8) 影山日出弥「ヘッセン州46年憲法」愛知大学『愛知大学法経論集・法律篇』第50号，1966年3月参照．
9) ドイツ各州憲法の協同組合規定に関しては次の文献資料による．
 ・同上影山日出弥「ヘッセン州46年憲法」．
 ・宮本光雄「西ドイツ州憲法制定過程とその史料」『成蹊法学』第29号，1989年3月．
 ・グンター・アシュホフ／エッカルト・ヘニングセン著，東信協研究センター訳『ドイツの協同組合制度―その歴史・構造・経済力―』日本経済評論社，1990年．
 ・G・アシュホフ／E・ヘニングセン著，関英昭／野田輝久訳『新版ドイツの協同組合制度―その歴史・構造・経済的潜在力―』日本経済評論社，2001年．
 ・各州政府のHPより．
10) なおヘッセン州憲法における経済的参加（共同決定），経済力濫用の否認・独占の否認に関しては本書終章（185頁及び192頁）を参照されたい．
11) ロシア憲法における独占および不正競争の禁止規定に関して第5章（167, 173-174頁）を参照されたい．

12) 大韓民国憲法における独占禁止規定に関して第5章（166-168頁）を参照されたい．
13) トルコ憲法の独占禁止規定に関して，詳細は第5章（167, 170頁）を参照されたい．

第3章
世界各国の憲法における協同組合規定（上）
―ヨーロッパ・アジア各国―

　憲法の中に協同組合規定を置いているのは，これまで述べてきたように，G7でイタリア1国，G7以外のG20諸国でブラジル，ロシア，インド，中国，韓国，インドネシア，メキシコ，トルコの8ヶ国（ただしロシア，韓国，インドネシアは近似規定）であった．さらにG7・G20以外のその他各国の憲法に協同組合規定があるのは42ヶ国に及ぶ．

　その他各国のうち，スペイン，ポルトガル，ギリシャ，マルタ，キプロス，ブルガリア，ハンガリー，セルビア，ベラルーシ，タジキスタン，スイスのヨーロッパ11ヶ国と，フィリピン，台湾，ベトナム，タイ，東ティモール，イラン，シリア，イエメン，クウェート，ミャンマーのアジア10ヶ国について，本章でみていくこととする．

1. ヨーロッパ各国の憲法における協同組合規定

　ここではヨーロッパ各国11ヶ国の協同組合の憲法規定をみていく[1]．まずそれらの全体を協同組合規定の特徴と経済規定の独自規定の有無に分けて表示すれば，表3-1のとおりである．

　ヨーロッパ各国の協同組合の憲法規定の内容は，協同組合の承認，その保護・助成・促進がほとんどである．そして重要なのは社会権・労働権・経済権の独自規定として6ヶ国が，そして一般規定の中で規定するのが5ヶ国であるが，いずれにしても憲法において社会・労働・経済権規定が具備されていることに注意したい．それはこれらの憲法が，自由権や平等を中心とした近代憲法の特質だけでなく，社会権・労働権・経済権（経済的公正・経済的参加）に基

表 3-1　ヨーロッパ各国の憲法における協同組合規定

番号	国名／憲法名	協同組合規定の特徴	社会・労働・経済権の独自規定
1	スペイン憲法（1978年）	◆協同組合の助成・振興（企業への参加，労働者の生産手段の所有と合わせて）（第129条）	◆独自の経済規定あり：第1編 基本的権利および義務 第3章 経済政策および社会政策の指導原則／第7編 経済及び財政
2	ポルトガル憲法（1976年制定，2005年改正）	◆協同組合学校の権利保障（第43条） ◆消費者協同組合の支援（第60条） ◆協同組合原則遵守の協同組合の権利承認（第61条） ◆住宅協同組合・建設協同組合の促進・支援（第65条） ◆協同組合学校の承認（第75条） ◆3セクター・協同組合・社会セクターの保護（公的セクター，私的セクター，協同組合・社会セクター）（第80条） ◆協同組合原則遵守の協同組合所有セクターの保障（第82条） ◆協同組合の奨励支援，各種特典付与（第85条） ◆小規模の協同組合の保護（第94条） ◆農地再集約における協同組合の役割の保護（第95条） ◆農業協同組合の支援（第97条） ◆（大統領による承認と拒否）（第136条） ◆（共和国議会の権限）（第165条） ◆協同組合・社会セクターの保護（憲法改正に際し保護される：憲法改正の制限）（第288条）	◆独自の経済規定あり：第1部 基本的権利と義務 第3編 経済的，社会的，文化的権利と義務／第2部 経済組織 第1編 一般原則 第2編 計画 第3編 農業政策，商業政策，工業政策 第4編 金融制度と財政制度
3	ギリシャ憲法（2001年）	◆協同組合の保護と監督（第12条）	◆独自の社会権あり：第2部 個人的権利と社会的権利
4	マルタ憲法（2007年）	◆協同組合の承認・奨励（社会的機能）（第2章 原則の闡明 第20条）	◆一般規定あり：第2章 原則の闡明
5	キプロス憲法（1960年）	◆生産者協同組合と消費者協同組合のコントロールと監督（支援）（第87条）	◆一般規定あり：第1部 一般規定／第5部 コミューン議会
6	ブルガリア憲法（1991年制定，2006年改正）	◆協同組合の振興（経済的社会的繁栄の追求）（第19条）	◆一般規定あり：第1章 基本原則，第2章 市民の基本的権利と義務
7	ハンガリー憲法（2003年）	◆協同組合の保護（自発的結合体を基礎とした）（第4条） ◆協同組合の承認支援（第12条）	◆一般規定あり：第1章 一般的規定
8	セルビア憲法（2009年現在）	◆3制度中の協同組合の保証・保護（第86条）：公協私3セクター論	◆独自の経済規定あり：第3部 経済制度と公財政 第1章 経済制度
9	ベラルーシ憲法（1994年，1996年改正）	◆協同組合の促進（第13条）	◆独自の社会権あり：第2節 個人，社会と国家

10	タジキスタン憲法 (1994年)	◆住宅協同組合の承認（第36条）	◆一般規定あり：第2章 個人と市民の権利，自由，基本的義務
11	スイス連邦憲法 (1999年)	◆組合の政治的権利と組合財産への参加の承認（第37条）（近似規定） ◆住宅建設の組織への支援（第108条）	◆独自の経済規定あり：第2編 基本権，市民権及び社会目標，第3編 連邦，州及び自治体 第2章 権限 第7節 経済，第8節 住宅，労働，社会保障及び公衆衛生

づいた現代憲法あるいは21世紀憲法としての特質を有しているからである．
以下では各国別に検討していきたい．

(1) スペイン憲法の協同組合規定

1978年スペイン憲法は，前文で「公正な社会的経済的秩序（orden económico y social justo/fair economic and social order）に従う」ことを闡明し，「第1編 基本的な権利及び義務」において，人間の尊厳（第10条1）の上に，世界人権宣言に従い（第10条2），生命権・拷問の禁止・死刑の廃止（以上第15条），名誉権等（第18条），居住の自由等（第19条），表現の自由等（第20条），結社の権利（第22条），教育を受ける権利・教育の自由等（第27条），労働組合結成の権利等（第28条），良心的兵役拒否（第30条），財産権（第33条），企業の自由（第38条）等々の基本的人権が保障され，「同編 第3章 社会政策及び経済政策の基本原則」において，家庭・子・母の保護・児童の権利（第39条），所得分配の公平（distribución equitativa/equitable distribution）・完全雇用政策（full employment）・労働政策（第40条），社会保障制度（第41条），在外スペイン労働者の保護（第42条），健康保護・保健衛生・スポーツの奨励（第43条），文化へのアクセス・学問研究奨励（第44条），環境保全・生活の質・自然資源の合理的利用（第45条），青少年の政治，社会，経済，文化への参加（第48条），障害者の保護（第49条），高齢者の保護（第50条），消費者の保護・消費者及び利用者の組織振興（第51条），同業組合の民主的構造と機能（第52条）等々の社会権・労働権の保護を謳っている．

また「第7編 経済及び財政」において，国富と全体の利益・経済における公的主導（第128条），社会保障・公的機関の活動への参加・企業への参加・

協同組合の助成と労働者の生産手段の所有の促進（第 129 条），経済部門の近代化・発展（すべてのスペイン人の生活水準の均質化，農業，牧畜業，漁業及び手工業の近代化及び発展）（第 130 条），経済活動の計画化・所得と富の公正な分配（第 131 条）等々の経済権を規定する．

その経済権は，経済的公正（所得と富の公正な分配や消費者保護，農業，漁業，手工業の発展等の経済的弱者保護）と経済的参加（経営参加・利益参加・所有参加）が謳われ，協同組合に関する規定は，その経済的公正と経済的参加の担い手として，「第 7 編 経済及び財政」の中で経済的参加と協同組合の保護助成（第 129 条）が規定されている．それは次のとおりである．

〈協同組合の助成・振興〉

　　第 129 条（社会保障および企業への参加）2 公権力は，種々の形式による**企業への参加**を，効果的に促進し，かつ適切な立法により，**協同組合**を助成する．また，労働者の**生産手段**（medios de producción/means of production）**の所有**を促進するため，施策を講ずる．

1978 年スペイン憲法は，このように公共経済や経済計画の役割を重視した中で，労働者の企業参加，協同組合の助成，労働者の生産手段の所有を促進することが国の義務とされている．その意味では明確に規定されているのではないが，公共経済への比重を高くしつつも，1931 年憲法よりも公協私混合経済論の色彩を一層強く帯びた経済体制の中にあるということができよう．なお，経済的参加は経営参加から所有参加を規定しているところに，現代憲法を超える 21 世紀憲法の内実を備えた憲法ということができ，協同組合は経済的公正と経済的参加の文字通りまたは事実上の担い手として位置づけられるのである．

かくして現行スペイン憲法により協同組合は保護育成され，スペイン協同組合運動の発展にとって有利な法制度的環境が形成されてきた．

(2) ポルトガル憲法の協同組合規定

ポルトガルでは，1974 年の民主化により 1976 年憲法が制定され，2005 年の改正が現行憲法として有効である．同憲法について，表 3-1 に協同組合の憲法規定を表示しておいたので，その概要は同表で把握できるであろう．

ポルトガル憲法は，前文で「より自由，公正，及び友愛のある国家の建設

(the construction of a country that is freer, more just and more fraternal)」「民主的国家の保障」「社会主義社会へ向けた道（a path towards a socialist society）」を目指すことが宣言される．そして「基本原則 第1条 ポルトガル共和国」において「ポルトガルは，人間の尊厳と国民の意思に基づき，自由，公正，連帯（free, just and solidarity）の社会建設に専念する共和国である」とする．そして「第1部 基本的権利と義務」において，「個人の権利と自由」，「労働者の権利，自由，保障」が規定され，「経済的権利」と「社会的権利」と「文化的権利」が保障されている．ここには近代憲法の自由・平等はじめ，現代憲法の社会権・労働権・経済権の特質が備わっている．特に「第1部 第3編 経済的，社会的，文化的権利と義務 第1章 経済的権利と義務」では，労働の権利・完全雇用（full-employment）・職業選択の機会均等（equal opportunities）（第58条），労働者の権利（第59条），消費者の権利（第60条），そこにおける消費協同組合の権利（同条），私企業，協同組合と労働者の管理（第61条），そこにおける協同組合の自由設立等（同条）が規定され，経済的弱者保護等の経済的公正の追求がなされ，それらに対して協同組合には重要な役割が課されている．

同憲法の特徴は「第2部 経済組織」に重要な位置づけが与えられているところにある．そこでは「第1編 一般原則」「第2編 計画」「第3編 農業政策，商業政策，工業政策」「第4編 金融制度と財政制度」が取り上げられ，その基本原則では協同組合の役割（第80条）が重視され，「国家の主要な任務」（第81条）として，a) 豊かで質の高い生活・弱者への配慮，b) 社会的公正や機会の均等・不平等の是正，c) 公的セクターの効率性，d) 格差是正，e) 地域格差の解消，f) 独占の禁止，h) 小規模農地の保護，i) 消費者の権利や利益の保障等，「経済的公正」の観点が貫かれている．「経済と社会の分野において，国家は，以下の主要な任務を負わなければならない」とされている「国家の主要な任務」（第81条）において，「f) 独占の禁止」条項を置いている[2]．

そしてまた，参加型民主主義の深化を標榜する（第2条）ポルトガル憲法は，労働者が労働法制の作成に参加する権利を保障（第56条）し，協同組合とその労働者自身による運営（第85条）を促進し，労働者の経営への参加（第89条）が保障され，経済的参加（運営参加・経営参加）が重視されている．

農業政策では，農業の発展と保護が促進され，大土地所有を排除し，小規模所有を促進し（第93条～第98条），農業政策の立案に労働者や農業従事者の参加を保障する（第98条）．商業政策は健全な競争と消費者の保護が求められる（第99条）．工業政策では，工業の発展を期すとともに中小企業に対する支援を促進する（第100条）．これら産業政策はその発展を促進するとともに，経済的弱者保護に必ず留意し経済的公正の追求を重視している．

このようにポルトガル憲法は，社会権や労働権のみならず，経済権を大きく取り上げ，「経済的公正」と「経済的参加」を重視し，経済的発展を促すとともに弱者保護，機会均等，計画への参加などが追求されており，そのいずれにおいても協同組合の役割を重視している．これらの課題に対する文字通りの協同組合の担い手としての役割に注目したい．

そこで協同組合に関するポルトガルの憲法規定をここで整理しておきたい．以下のとおり14ヶ条に及ぶ．

〈協同組合学校の権利保障〉

第43条（学ぶこと，教えることの自由）4.私立や**協同組合の学校**を創立する権利は保障されている．

〈消費者協同組合の支援〉

第60条（消費者の権利）3.消費者団体と**消費者協同組合**は，法に従って，国家の支援を受け，消費者保護に関する問題の情報を得て，構成員の集合的，一般的な利益の防衛についての因果関係を追求できる法的正当性を有する．

〈協同組合原則遵守の協同組合の権利承認〉

第61条（私企業・協同組合・労働者管理）2.すべての人は**協同組合原則**を遵守して，**協同組合**を自由に設立する権利を有する．

3. **協同組合**は，法律の規定された範囲内で自由に活動でき，連合・連盟・同盟を組織することができる．

4. 国や公共機関が利害を持っている**協同組合**に対して，特別な組織を要求するよう法律は規定している．

5. 労働者に**運営権**があることを法律が規定している．

〈住宅協同組合・建設協同組合の促進・支援〉

　第65条（住宅と都市計画）2. 住居の権利を享受するために，国は以下の義務を課されている．d）住宅問題を解決し，**住宅協同組合**と**自立型建設協同組合**の創設推進に役立つ，地方の自治体主導の助長と支援．

〈協同組合学校の承認〉

　第75条（公立，私立，協同組合の教育）2. 国は，法律に従って，私立や**協同組合**の教育を承認し，検査しなければならない．

〈3セクター・協同組合・社会セクターの保護（公的セクター，私的セクター，協同組合・社会セクター）〉

　第2部 経済組織：第1編 一般原則：第80条（基本原則）社会と経済は，以下の原則に基づいて構築される．

　　a）経済権力は民主的な政治権力へ従属する．
　　b）公的セクター，私的セクター，**協同組合・社会セクター**（cooperative and social sector）は**生産手段の所有権**（ownership of the means production）として共存する．
　　c）**混合経済**（a mixed economy）の枠組み全体において，起業と組織化の自由がなければならない．
　　d）公的な利益にとって必要な場合，天然資源や生産手段は公的に所有されなければならない．
　　e）経済社会発展は民主的に計画されなければならない．
　　f）**協同組合・社会セクター**（cooperative and social sector）は**生産手段の所有権**（ownership of the means production）に関して保護されなければならない．
　　g）労働者を代表する組織や事業を代表する組織は，主たる経済的社会的方式の決定に参加しなければならない．

〈協同組合原則遵守の協同組合所有セクターの保障〉

　第82条 生産手段の所有セクター：(1) 生産手段に関する**3セクター**（three sectors）の共存は保障される．

　　(4) **協同組合セクター**（cooperative sector）は特に以下のものを構成する．(a) 協同組合の特性によって公的セクターが利害を有し正当化さ

れている**協同組合**のために法が規定されている特別の規定に関わりなく，**協同組合原則**に従って協同組合に所有され協同組合によって管理される生産手段．

〈協同組合の奨励支援，各種特典付与〉

第85条（協同組合と労働者自主管理における実践）

(1) 国は**協同組合**の設立と活動を奨励し支援しなければならない．

(2) **協同組合**が，財政的・金融的特典を享受できるように規定しなければならないし，信用貸しや技術援助を得るための特権条項や条件についても同様に定義しなければならない．

(3) 国は**労働者管理**の実践が活力あるように国は支援しなければならない．

〈小規模の協同組合の保護〉

第94条 大土地の排除 2.……収用された土地の所有権，又は小作権を小規模の農業従事者，特に家族農業構成単位，田園の労働者，小規模な**協同組合**，又はその他の労働形態に対して引き渡されなければならない．

〈農地再集約における協同組合の役割の保護〉

第95条 小規模農地の再集約……**協同組合**の形態の場合に，合法的，財政的方法，金融など優遇税制の方法で行われる．

〈農業協同組合の支援〉

第97条（国家による支援）：1. 農業政策目標達成のために，国は中小規模の農業従事者が家族的農耕単位に，1人の従事者や**協同組合**に集約されている場合，**農業協同組合**や他の形態においても同様に統合されている場合には特に支援をしなければならない．

2. そのような国の支援は，以下の事項を特に含んでいなければならない．a）技術的支援を打ち立てること，b）上流と下流に向けた支援によって，農産物の販売市場を形成すること，c）予想し難い，管理し難い天候や，固定的な病虫害発生条件から惹き起こされる危険点を網羅した支援，d）田園地方の労働者並びに農業従事者が集合体，協会を作り，参加できるように促進すること．特に，生産者の育成，受注，販売，加工処理，**協同組合**と労働者の作業における他の事柄のサービスなどを形作ることである．

〈大統領による承認と拒否〉

　第136条（制定と拒否権）3. 基本法を形作る命令書を確証するためには，少なくとも出席議員総数の三分の二以上の多数，及び議員総数の絶対的多数による必要がある．以下の事項に関わる命令書も同様である．a）対外関係，b）生産手段の所有権に関わる共和国と私的部門や**協同組合セクター**（cooperative sector）との間の境界領域，……．

〈共和国議会の権限〉

　第165条（立法できる部分的排他的権利）1. 政府に権限を認めない限りにおいて，共和国議会は，以下の諸問題に関し立法できる部分的排他的権利を有する．

　x）生産手段の所有者を**協同組合・社会セクター**（cooperative and social sector）へ集約されるよう管理する規則；**協同組合・社会セクター**に所有が集中している生産手段を統治する規則

〈協同組合・社会セクターの保護（憲法改正に際し保護される：憲法改正の制限）〉

　第288条（改正が制限されている事項）憲法改正は，以下の事項を重んじなければならない．a）国の独立と，国家の統一，b）政府の共和国形態，c）教会と国家の分離（政教分離），d）市民の権利，自由，保障，e）労働者の権利，労働者委員会，労働組合，f）生産手段の所有者に関する，公営，私営，**協同組合・社会セクター**（cooperative and social sector）の共存，g）**混合経済**（a mixed economy）の大枠内で存在すべき，経済の計画の要求……）

　このようにポルトガル憲法は，社会権・労働権のみならず経済権の詳細な規定があるように，現代憲法としての特質，さらには21世紀憲法の特質を顕著にしている．すなわち，格差是正，独占禁止，機会均等，完全雇用，経済的弱者保護等々経済的公正を基調とし，また経営参加・計画参加などの経済的参加を重視している．そしてこれら経済的公正と経済的参加の文字通りかつ事実上の担い手として協同組合が位置づけられ，協同組合の憲法規定が14ヶ条に及んでいるのである．

　なお，上記第288条における憲法改正の制限とされるものに，「f）生産手段

の所有者に関する，公営，私営，協同組合・社会セクターの共存」が規定されているということは，協同組合・社会セクターの存在を国の根本的課題としていることの証左でもある．ポルトガル憲法は明らかに「公協私混合経済論」に立脚した協同組合セクター論（ないしは協同組合・社会セクター論）の立場に立っているのである．この点に付言すれば，「公協私混合経済論」に立脚した協同組合セクター論は，本書のこれまでの検討の範囲ではメキシコ憲法においても確認できた．もちろんこの「公協私混合経済論」の見地の憲法はその他にも存在するが，この点は後にふれるであろう．

(3) ギリシャ憲法の協同組合規定

全120条のギリシャ憲法（2001年）は，主として国家統治に関わる規定が中心であるが，「第2部 個人的権利と社会的権利」（第4条～第25条）において，基本的人権や，自由権をはじめ，「労働の権利，同一労働・同一賃金，労働の自由，社会保障」（第22条）等社会権・労働権が規定され，非営利の組織や組合（non-profit associations and unions）の設立の自由（第12条）を前提として，次のように協同組合の憲法規定を置いている．

〈協同組合の保護と監督〉

第12条 5 あらゆる形態の**農業協同組合**と**都市協同組合**は法令の規定に従って自己統治をしなければならない．またそれらはその発展を義務づけられた国の保護と監督の下になければならない．

6 法によって義務づけられた一般的利益や公共的利益の目的（purposes of common benefit or public interest）や農村地域の共同開発（common exploitation of farming areas）や他の資源の生産に従事する**協同組合**は，関係者の平等の処置が認められなくてはならないといった条件のもとに認められる．

このようにギリシャ憲法は，近代憲法としての自由・平等権を中心としながらも，基本的には社会権・労働権の現代憲法としての特質を踏まえつつ，一般的利益や公共的利益や農村地域開発の担い手としての協同組合の保護と監督を義務づけている．したがって協同組合は事実上の経済的公正（一般的公共的利益目的・農村地域開発）の担い手として位置づけることができるが，それ以上

の具体的規定（独占禁止や経済的参加）は置かれていない．その意味でギリシャ憲法には21世紀憲法としての特質は具備されているとは言えない．

(4) マルタ憲法の協同組合規定

マルタ憲法（2007年）は，「第2章 原則の闡明」において，労働の権利（第7条），文化その他の向上（第8条），景色と歴史的芸術的な財産の保護（第9条），義務的で自由な初等教育（第10条），教育的利益（第11条），労働の保護（第12条），労働時間（第13条），女性労働者の権利（第14条），雇用労働者の最少年齢（第15条），未成年者の労働保護（第16条），社会的な援助と保険（第17条），民間の経済企業の奨励（第18条），職人の保護（第19条），協同組合の奨励（第20条），この章に含まれる原則の適用（第21条）が規定されている．この第21条原則の適用において，第7条から第20条までの14ヶ条の原則は「国の自治の基本であり立法の原則」とされた．協同組合に関しては，その第20条において次のように規定されている．

〈協同組合の承認・奨励〉

第20条 協同組合の奨励　国は**協同組合の社会的機能**を承認し，その発展を奨励しなければならない．

このようにマルタ憲法は，基本的には現代憲法として社会権・労働権を保障し，職人の保護等の経済的公正を定め，協同組合の承認・奨励を憲法上の原則としている．

(5) キプロス憲法の協同組合規定

キプロス憲法（1960年）においては，経済的規定は「第1部 一般的規定」や「第5部 コミューン議会」に看取され，協同組合の憲法規定は次のように規定されている．

〈生産者協同組合と消費者協同組合のコントロールと監督（支援）〉

第5部 地方自治体議会　第87条　1　地方自治体の各議会は，各共同体に関して，本憲法の範囲内でかつ本条3項に従って，以下の問題に関して法的権限を行使する権限を持つことができるものとする．

(h) 本憲法によって賦与された各共同体の地方当局の機能に，**生産者協同**

組合と**消費者協同組合**，信用機関をコントロールし監督する権限の行使に関する問題．

(6) ブルガリア憲法の協同組合規定

ブルガリア憲法（1991年制定，2006年改正）は，「第1章 基本原則 第2章 市民の基本的権利と義務」において経済規定を置き，独占の禁止（第19条）が規定され，その上で次の協同組合に関する憲法規定を有している．

〈協同組合の振興〉

> 第1章 基本原則 第19条（4）法は，経済的社会的繁栄を追求する**協同組合**，他の形態の市民団体，法的主体を設立する実行条件を確立しなければならない．

独占の禁止と協同組合の振興が同時に憲法規定とされていることは，協同組合は独占禁止法の事実上の適用除外とみなすことができるであろう．その意味でブルガリアでは，現代憲法として協同組合は事実上経済的公正の担い手として位置づけられている．

(7) ハンガリー憲法の協同組合規定

ハンガリー憲法（2003年）は，「社会的市場経済」(social market economy)（序文）を目指し，「第1章 総則」（第1条～第18条）と「第12章 個人的権利と義務」（第54条～第70条 K）において社会権・労働権・経済権の諸規定が看取され，国家所有企業（第11条），協同組合（第12条），私的所有（第13条）の規定のように事実上公協私の3セクター論に立脚しているように思われる．そこの協同組合の憲法規定は次の通りである．

〈協同組合の保護〉

> 第1章 総則 第4条〔労働組合〕労働組合と他の代表機関は従業員，**協同組合組合員**，企業家の利益を擁護し代表しなければならない．

〈協同組合の承認支援〉

> 第1章 第12条〔協同組合〕(1) 国は，自発的結合体を基礎とした**協同組合**を支援しなければならないし，そうした**協同組合**を承認しなければならない．

しかしながら，ハンガリー憲法には経済的公正や経済的参加に関する規定はなく，その意味で現代憲法としても 21 世紀憲法としてもその特質を十分持ち合わせているわけではない．

(8) セルビア憲法の協同組合規定

セルビア憲法（2009 年現在）は，「第 2 部 基本的人権と自由」において自由権，平等権を保障し，社会権・労働権として労働の権利（第 60 条），社会的権利・社会的保護（第 69 条），社会保険（第 70 条）を保障し，消費者の保護（第 90 条）をはじめ「第 3 部 経済制度と公財政 第 1 章 経済制度」において独自の経済規定を置き，独占禁止規定（第 84 条）が置かれ，その上に次のように協同組合に関する憲法規定を置いている．

〈3 制度中の協同組合の保証・保護〉

　　第 86 条 全形態の財産の平等 私的財産，**協同組合財産**，公的財産は保証されなければならない．公的財産は国家財産，自治区の財産，地方自治政府の財産とならなければならない．あらゆる形態の財産は，平等の法的保護になければならない．

ここには近代憲法のみならず，現代憲法としての特質が具備され，独占の禁止や消費者の保護等の経済的公正が追求され，事実上の公協私 3 セクターの 1 つとしての協同組合がその担い手として位置づけられている．

(9) ベラルーシ憲法の協同組合規定

ベラルーシ憲法（1994 年，1996 年改正）は，完全雇用（第 49 条）の実現を明記し，労働者の経営参加と協同組合に関して次のように規定している．

〈労働者の経営参加〉

　　第 1 節 憲法秩序の基礎 第 13 条 国は，効率性を高め，社会的経済的生活水準を改善するために，労働者に企業，組織，機関の**経営に参加する権利**を保障するものとする．

〈協同組合の促進〉

　　第 1 節 第 13 条 国は**協同組合**（кооперации/co-operation）**の発展**を促進するものとする．

このように，協同組合は事実上の経済的公正の担い手，事実上の経済的参加（経営参加）の担い手とみなすことができよう．基本的には現代憲法としての特質を有し，一部21世紀憲法の特質を備えていると言えよう．

(10) タジキスタン憲法の協同組合規定

タジキスタン憲法（1994年）は，次の協同組合規定を置いている．
〈住宅協同組合の承認〉
　　第2章 個人と市民の権利，自由，基本的義務 第36条 すべての人は住宅のための権利を有する．この権利は，国家，自治体，**協同組合**，個人の住宅建設によって与えられる．

(11) スイス憲法の協同組合規定

スイス連邦憲法（1999年）は，「第2編 基本権，市民権及び社会目標」において「第2章 市民権及び政治的権利」「第37条 市民権」に「市民自治体や組合（corporation）の政治的権利と組合財産への参加規定」が置かれて，同編「第3章 社会目標」で社会保障や労働保護，社会福祉等社会権・労働権の基本が明記されている．ここの組合（corporation）は，団体一般であると思われるが，協同組合も含まれるとみなすことができるであろう．

さらに「第3編 連邦，州及び自治体」においては，「第2章 権限」で「第4節 環境及び土地利用計画」と「第7節 経済」を置き，同第7節において，競争政策（カルテル，競争制限に対する規制，不正・不公正競争の阻止：独占禁止）（第96条），消費者保護（第97条），農業（保護奨励）（第104条），同「第2章 権限」「第8節 住宅，労働，社会保障および公衆衛生」では，住宅建設及び宅地開発の支援住宅建設の事業者及び組織（organizationsへの支援）（第108条）が謳われている．ここにいう住宅建設の組織に協同組合も含まれるであろう．また同編では，労働保護（第110条），第111条～第117条に社会福祉，社会保障に関する条項が規定されている．

いま協同組合の近似規定とみなすことができる，第37条と第108条の該当箇所を引用しておこう．

〈組合の政治的権利と組合財産への参加の承認〉

　第2編 基本権，市民権及び社会目標　第2章 市民権及び政治的権利　第37条 市民権　②すべての人は，その市民権を理由に特権を付与され，あるいは不利な扱いを受けてはならない．市民自治体（communes）や組合（corporations）における政治的権利に関する規定と組合財産への参加に関する規定は，カントンの立法が何らかの別のことを定める場合，この限りではない．

〈住宅建設の組織への支援〉

　第3編 連邦，州及び自治体　第2章 権限　第8節 住宅，労働，社会保障及び公衆衛生　第108条 住宅建設及び宅地開発の支援　①連邦は，住宅の建設，個人の自己利用のための住宅及び家屋の所有，並びに公共の利益になる住宅建設の事業者（developers）及び組織（organization）の活動を支援する．

　なお，スイス憲法の「第3編 第2章 第7節 経済 第96条 競争政策」における独占禁止規定は注目される[3]．

　このようにスイス憲法は，社会権・労働権・経済権の規定が明記され，経済的弱者保護（労働保護・農業保護・消費者保護），独占の禁止等経済的公正を追求し，その中で近似規定であるが事実上の担い手として協同組合が位置づけられている．さらに興味深いのは，「経済の自由」（第27条）を最も重要な憲法上の命題としつつも，経済的危機にある地域経済や経済部門に対する助成（第103条）及び農業の振興・農業の保護（第104条）において，この経済的自由の原則を損なう場合を容認している（第103条，第104条）が，それは19世紀的課題としての「経済的自由」に20世紀的課題としての「経済的公正」が付け加わったからであろう．すなわち経済的自由の弊害を経済的公正によって克服し，経済的自由を実質化する役割があるからであろう[4]．いずれにしてもスイス憲法は，現代憲法としての特質を具備していると言えよう．

2.　ヨーロッパ各国の憲法における協同組合の社会経済的地位

　以上の検討のまとめとして，ヨーロッパ各国の憲法における協同組合の経済

表3-2 ヨーロッパ各国の憲法における協同組合の社会経済的地位

番号	憲法／事項	経済権		協同組合規定		協同組合の社会経済的地位
		経済的公正	経済的参加	内容	独禁適用除外	
1	スペイン憲法（1978年）	所得配分の公平，完全雇用，消費者保護，農漁業・手工業の発展等経済的弱者保護，経済の公的主導，経済活動の計画化	（協同組合を助成して）経営参加・利益参加・所有参加，青少年の政治，社会，経済，文化への参加	保護・助成・促進（企業への参加，労働者の生産手段の所有とあわせて）	―	文字通り又は事実上の経済的公正の担い手（経済的弱者保護）／文字通り又は事実上の経済的参加（経営参加，利益参加，所有参加）の担い手
2	ポルトガル憲法（1976年制定，2005年改正）	経済的弱者への配慮，社会的公正や機会均等・不平等の是正，格差の是正，地域格差解消，完全雇用，独占の禁止，小規模農地の保護，消費者の権利や利益の保障，中小企業保護，農業農民保護等	（協同組合を保護し）運営参加・経営参加，労働法制・農業政策立案等への参加	承認（3セクターとして）／保護・助成・促進・教育協同組合	事実上の適用除外（独占の禁止と協同組合保護の同時規定）	文字通り又は事実上の経済的公正の担い手（経済的弱者保護，独占禁止適用除外）／文字通り又は事実上の経済的参加（経営参加，運営参加，計画参加）の担い手／公協私3セクター論
3	ギリシャ憲法（2001年）	一般的公共的利益目的・農村地域開発	―	保護と監督		事実上の経済的公正の担い手（一般的公共的利益等）
4	マルタ憲法（2007年）	職人の保護		承認（協同組合の社会的機能）／奨励		事実上の経済的公正の担い手（経済的弱者保護，社会的機能）
5	キプロス憲法（1960年）	―		監督		
6	ブルガリア憲法（1991年制定，2006年改正）	独占の禁止，消費者保護	―	振興	事実上の適用除外（独占の禁止と協同組合保護の同時規定）	事実上の経済的公正の担い手（独占禁止，経済的弱者保護）
7	ハンガリー憲法（2003年）	―	―	承認（自発的結合体を基礎とした協同組合）／保護，支援		事実上の公協私3セクター論
8	セルビア憲法（2009年現在）	独占の禁止，消費者保護	―	承認（事実上の公協私3セクター）	事実上の適用除外（独占の禁止と協同組合保護の同時規定）	事実上の経済的公正の担い手（独占禁止，経済的弱者保護）／事実上の公協私3セクター論

9	ベラルーシ憲法 (1994年， 1996年改正)	完全雇用	労働者の経営参加	促進	—	事実上の経済的公正の担い手／事実上の経済的参加（経営参加）の担い手
10	タジキスタン憲法 (1994年， 1996年改正)	—	—	住宅協同組合の承認	—	事実上の経済的公正の担い手
11	スイス憲法 (1994年， 1996年改正)	独占禁止，消費者保護，労働保護，農業保護	—	(近似規定)組合の承認，住宅組織への支援	事実上の適用除外（独占の禁止と協同組合保護の同時規定）	事実上の経済的公正（独占禁止，経済的弱者保護）の担い手

的地位を整理しておきたい．表3-2は，協同組合の憲法規定を有するスペイン，ポルトガル，ギリシャ，マルタ，キプロス，ブルガリア，ハンガリー，セルビア，ベラルーシ，タジキスタン，スイスの11ヶ国の憲法を経済権（経済的公正，経済的参加），協同組合規定（内容，独禁適用除外），協同組合の社会経済的地位に区分して表示したものである．その特徴は次のとおりである．

第1に，すべて社会権（社会保障や社会福祉）・労働権（労働の保護）の規定が明記されていることである．協同組合の憲法規定の有無は，社会権・労働権を憲法においてどの程度重視するかによっていると言えそうである．現代憲法の特質はまさにここにあるのである．

第2に，経済権としての経済的公正は，キプロス，ハンガリーを除いて多くの国において，経済的弱者保護の観点（スペイン，ポルトガル，マルタ，ブルガリア，セルビア，スイス）からと独占禁止の観点（ポルトガル，ブルガリア，セルビア，スイス）から追求されている．協同組合はこの経済的公正の担い手として位置づけられるのである．現代憲法の特質はこの経済的公正にあるといってもよいであろう．

第3に，経済権の経済的参加について規定しているのは，スペイン，ポルトガル，ベラルーシの3ヶ国であり，その中身はスペインは労働者の利益参加・経営参加・所有参加，ポルトガルは運営参加・経営参加・計画参加，ベラルーシは労働者の経営参加が追求される．スペインとポルトガルはその経済参加が協同組合との関連で位置づけられており，文字通り協同組合をその担い手としている．ベラルーシの労働者の経営参加は協同組合との関連は必ずしも明示的

ではなく，その意味で事実上の経済的参加の担い手とし位置づけることができよう．このように経済的参加を憲法に規定しているのは多くはなく，スペインやポルトガルは先駆的なものとすべきであろう．協同組合の経済的参加の担い手としての位置づけは，むしろ 21 世紀憲法の重要な課題であるといえよう．

第 4 に，協同組合の憲法規定の内容は，キプロスの監督を別として，ほとんどの国において承認されている．そしてポルトガルでは明示的に公協私の 3 セクター論に立脚して，「協同組合・社会セクター」の役割を高く位置づけている．またハンガリーとセルビアは事実上の公協私 3 セクター論に立脚していると言える．

第 5 に，協同組合の独占禁止法の適用除外についてである．独占禁止規定を有するのは，ポルトガル，ブルガリア，セルビア，スイスの 4 ヶ国である．これら 4 ヶ国には独占禁止規定と協同組合保護規定が憲法に同時に存在することから，事実上の独占禁止法の適用除外とみなすことができる．

第 6 に，その他の重要事項として，スペイン・ポルトガルの所得配分や社会的公正・機会均等などの公正の概念が明記されているということは，同憲法の一つの基調として重要なことである．20 世紀の基本志向として注目しておきたい．なおスペインとベラルーシの完全雇用の実現にも注目しておきたい．

第 7 に，以上の総括として結論づけるならば，スペイン，ポルトガル，ギリシャ，マルタ，キプロス，ブルガリア，ハンガリー，セルビア，ベラルーシ，タジキスタン，スイスの 11 ヶ国において協同組合の社会経済的地位は，総じて経済的弱者保護，独占禁止適用除外の経済的公正の担い手として位置づけられ，事業参加・利益参加・経営参加といった経済的参加の担い手としてはスペイン，ポルトガル，ベラルーシの 3 ヶ国において文字通りあるいは事実上位置づけられている．

3. アジア各国の憲法における協同組合規定

アジア各国の憲法は協同組合をどのように規定しているのであろうか[5]．第 3 章で述べた主要国（G7・G20）では，インド，中国，韓国，インドネシア，トルコの協同組合の憲法規定についてすでに述べたが，主要国以外のフィリピ

ン，台湾，ベトナム，タイ，東ティモール，イラン，シリア，イエメン，クウェート，ミャンマーの10ヶ国についてさらに本章で検討していくこととする．まず，この10ヶ国の協同組合の憲法規定の特徴を表3-3で表示したので参照されたい．

それによれば，協同組合の憲法規定を有する10ヶ国のすべての国が協同組合を承認し，ほとんどの国が保護・奨励・促進を規定している．そして社会権や労働権を踏まえ，タイは基本原理や基本的人権の中において，他は経済権に関する経済規定を独自の章編として規定しているのである．いずれも現代憲法としての特質を具備している．

それではそれぞれの国における協同組合の憲法規定について検討していこう．

(1) フィリピン憲法の協同組合規定

1986年のマルコスからアキノへの政権移行にともない，新たに制定された現行の1987年フィリピン憲法はどのような特質を有し，どのような協同組合の憲法規定を置いていたのであろうか．それはまず次のような特質を有している．

すなわち「第2条 諸原理と国策の宣言 第2節〔戦争の放棄〕」において「国策の手段としての戦争を放棄」するとし，核兵器からの自由（同第8節）を明記し，自由権（第3条 権利章典 各節）はもちろん，現代憲法の特質としての社会権・労働権を規定する．経済権に関しては，「第12条 国家経済と国有財産」の「第1節〔国家経済の基本目標〕」において定められ，その基本方向や協同組合に関する規定を置いている．重要なので全文記しておこう[6]．

〈国家経済の基本目標〉

第12条 国家経済と国有財産 第1節〔国家経済の基本目標〕

国家経済の基本目標は，機会と収入と富の公平な配分（a more equitable distribution of opportunities, income, and wealth），国民の福利のために国家全体によって生産供与される財貨と役務の着実な増加，全国民ことに恵まれないものの生活の質的向上のための生産性拡大の3点にわたる．

国は産業振興を図り，農業の振興と農地改革に立脚した完全雇用（full employment）を推進する．このための産業は，人的物的資源の完全有効

表 3-3 アジア各国の憲法における協同組合規定

番号	国名／憲法名	協同組合規定の特徴	社会・労働・経済権の独自規定
1	フィリピン憲法（1987年）	◆協同組合の承認（国家経済の基本目標の達成）奨励（第12条 第1節） ◆協同組合の承認（公益目的）（第12条 第6節） ◆協同組合の承認（社会正義・経済発展）・助成（第12条 第15節） ◆協同組合の参加による計画の実施の承認・助成（第13条 第5節）	◆あり：第12条 国家経済と国有財産（全22節）／第13条 社会的正義と人権
2	台湾憲法（1994年）	◆協同組合企業の促進（第108条） ◆地方協同組合企業の促進（第109条） ◆郡協同組合企業の促進（第110条） ◆協同組合の奨励支援（第145条）	◆あり：第13章 基本的な国家政策 第3節 国民経済
3	ベトナム憲法（2002年）	◆3セクター：協同組合の承認・振興（自由・民主主義・相互利益の原則、国家経済・協同・私的経済の3セクター論）（第20条）	◆あり：第2章 経済制度 第19条 国家経済セクター／第20条 協同セクター（The collective sector）／第21条 私的経済セクター
4	タイ憲法（1997年）	◆協同組合の承認（第45条） ◆協同組合の振興・奨励（第85条）	◆あり：第3章 タイ人民の権利と自由 ◆あり：第5章 国家基本政策の指導原則
5	東ティモール憲法（2002年）	◆生産の協同組合の促進（家族企業の支援）（第50条） ◆協同組合教育の承認（第59条） ◆協同組合の促進（第115条） ◆3セクターとして協同組合・社会セクターの承認（公的・私的）（第138条）	◆あり：第2部 基本的権利，義務，自由及び保障 第3編 経済的社会的文化的権利と義務，第3部 政治組織 第4編 政府 第3章 権能，第4部 経済財政組織
6	イラン憲法（1989年）	◆協同組合の承認（基礎的必要の確保，完全雇用，労働手段の設置）（第43条） ◆3セクター・協同組合の承認（国家，協同組合，私的のセクター）（第44条）	◆あり：第4章 経済と金融問題
7	シリア憲法（1973年）	◆3セクター協同組合の承認（（基礎的必要の確保，完全雇用，労働手段の設置，所有権：公的，共同，個人の所有）（第9条，第14条，第48条）	◆あり：第1部 政治原則／第2部 経済原則／第4部 自由，権利，義務
8	イエメン憲法（1994年）	◆4セクター・協同組合の承認（公的，私的，協同組合的，混合経済）（第7条） ◆協同組合の支援（第14条）	◆あり：第1部 国家の基礎 第2章 経済的基礎
9	クウェート憲法（1962年）	◆協同組合活動の奨励（第23条）	◆あ：第2部 クウェート社会の基本構造
10	ミャンマー憲法（2008年）	◆協同組合の承認（国民経済の発展）（第36条） ◆協同組合の承認（経済活動に関し）（第455条）	◆あり：第1章 連邦の基本原則，第15章 一般規定

第3章　世界各国の憲法における協同組合規定(上)

利用に資すると同時に，国内的国際的競争力を備えるものでなければならない．ただし，国は不当な国際競争および不当な取引慣行からフィリピン企業を保護する責任を有する．

　この目標達成のため，経済の全部門（セクター）及び国の全地域は，開発に関して最善の機会が与えられる．そのための会社を含む私的企業，**協同組合**（cooperatives），類似の共同組織（collective organizations）の所有権（ownership）の強化が奨励される

　このように国家経済の基本目標は，「機会と収入と富の公平な分配」と「財貨と役務の着実な増加」と「全国民ことに恵まれないものの生活の質的向上のための生産性拡大」の3点におかれ，産業振興，農業振興，農地改革，完全雇用の推進，そのための会社を含む私的企業，協同組合，同様の共同組織の所有権の強化が奨励されるとした．経済的公正の実現，弱者保護，産業・農業振興，完全雇用の実現等現代的経済権の確立が謳われている．協同組合は文字通りその担い手として奨励されるのである．なお完全雇用の実現については，本第12条第1節の規定のみならず，「第2条　諸原理と国策の宣言　第9節　生活配慮」と「第13条　社会的正義と人種　第3節　労働保護」においても明記されており，その重要性を窺い知れよう．

　経済権に関しては，独占の禁止が明記されている（第12条　国家経済と国有財産　第19節〔独占および不当競争の禁止〕）[7]．

　1987年フィリピン憲法は労働保護（第13条　社会的正義と人権　第3節　労働保護），農地改革・小土地所有の保護（同条　第4節），専業漁民の保護（同条　第7節），低所得者への住宅提供・雇用機会の確保・小資産所有者の権利尊重（同条 9節），消費者保護（第16条　一般規定　第9節）等経済的弱者の保護といった経済的公正を基調としている．さらに経済的機会の提供と増進（同条　第2節），参加による計画の実施（同条　第5節），土地所有者の計画参加（同条　第8節）が謳われ，「参加の権利（同条　第16節）」において「社会的政治的経済的意思決定のあらゆる段階に，人民およびその組織が有効かつ合理的な範囲で参加する権利は制限されない．国家は，法律によって，実効性ある参加の制度が活用されるようつとめるものとする」と参加の制度が追求されている．

　このような経済的公正と経済的参加を重視する中で，協同組合がそれらの担

い手として位置づけられるのは，前述の「第12条 国家経済と国有財産」の「第1節〔国家経済の基本目標〕」における協同組合の奨励に示されたが，さらに協同組合に関して次のように規定されている．

〈協同組合の承認〉

　第12条 国家経済と国有財産 第6節〔経済活動の公益性〕財産の利用は社会に貢献するものでなくてはならない．またすべての経済機構は，全体の利益に資するものであることを要する．個人もしくは，法人，**協同組合**その他の団体を含む私的集団は，企業を所有し，創設し，運営する権利を有する．ただし，配分的平等を実現し，公益目的のために調整を行う国の方針に従わなくてはならない．

〈協同組合の助成〉

　第12条 第15節〔協同組合への助成〕国会は，社会的正義と経済発展のための**協同組合**の生成発展を援助する機関を設置する．

〈協同組合の参加による計画の実施〉

　第13条 社会的正義と人権 第5節〔参加による計画の実施〕国は農業者，農地労働者，地主，および**協同組合**，その他農民の自治団体が，農業計画の策定，実行組織の設定，管理の方式のいずれにも参加することを認め，技術と研究を通じて農業を振興し，財政，生産，市場その他の面で援助を与えるものとする．

　以上1987年フィリピン憲法は，社会権・労働権・経済権（経済的公正と経済的参加）の現代憲法的特質を備え，それらの重要な担い手として協同組合を位置づけている．マルコス大統領時代の1973年フィリピン憲法においては，現代憲法的特質を欠いているのみならず，協同組合に関する規定が皆無であったことと対比するならば，現代憲法として，そしてまた21世紀憲法に連なるものとして，1987年フィリピン憲法をみなすことができるであろう[8]．協同組合に関しても4ヶ所にわたり規定されているが，それらは国家経済における協同組合の社会的役割の高さの表れである．もちろんフィリピンの場合のように，協同組合が社会権・労働権・経済権を保障する国の社会経済政策に位置づけられることは，協同組合の自主性が尊重される限り是認されるであろう．

(2) 台湾憲法の協同組合規定

台湾憲法（1994年）は，「第2章 人々の権利と義務」において自由権と平等権が保障され，その上で「第13章 基本的な国家政策」において社会権・労働権，さらに経済権が規定される．そこでは，地域格差の是正（第147条），失業救済（第150条），労働の保障（第152条），労働者の保護・農民の保護（第153条），社会福祉（第155条）等が規定され，協同組合に関して次のような規定を置いている．

〈協同組合企業の促進〉
　　第10章 中央政府と地方政府の権限 第108条 中央政府の課題　林業，工業，鉱業，商業をはじめ，8 **協同組合企業**．

〈地方協同組合企業の促進〉
　　第109条 地方政府の課題　教育，健康，産業をはじめ，5 **地方協同組合企業**．

〈郡協同組合企業の促進〉
　　第110条 郡政府の課題　教育，健康，産業をはじめ，4 **郡協同組合企業**．

〈協同組合の奨励支援〉
　　第13章 基本的な国家政策 第3節 国民経済 第145条　**協同組合**は国の奨励と支援を受けるべきである．

このように台湾憲法は，地域格差の是正や失業救済，労働者・農民の経済的弱者保護といった経済的公正を重視し，協同組合を事実上の経済的公正の担い手として位置づけているといえるであろう．

なお，2005年の追加改正条文の「第10条 3 国家は人民の中小経済事業の起業を支援するとともに，その生存と発展を保護しなければならない」の規定をはじめ，社会福祉事業の規定を充実させている．台湾憲法の現代憲法的特質が高まっているということができよう．

(3) ベトナム憲法の協同組合規定

ベトナム憲法（2002年）は，「第3条 国家目標」において，「国家は人民があらゆる面で主人となる権利を保障し，絶えず発揮し，豊かな民，強い国，公平（equitable）で民主的で文化的な社会，すべての人々が衣食足り，自由で，

幸福で,全面的な発展の条件のある生活を享受するという目標」を設定している。ここには,「社会的公正」「公平な分配」が含意されている.

独自の経済規定である「第2章 経済制度 第15条 経済制度の基本原則」において,「社会主義志向市場経済」(socialist-oriented market economy) として,①全人民的所有 (entire people's ownership),②集団所有 (collective ownership),③私的所有 (private ownership) の多角的セクター経済を構成し,そのうち全人民的所有と集団所有が基礎となるとする.

そして「第16条 経済政策の目的,経済セクター」において,ベトナムの経済セクターとして,①国家経済セクター,②集団経済セクター,③私的小規模経済セクター,④私的資本主義セクター,⑤国家資本主義経済セクター,⑥外国資本経済が含まれるとする.そして第17条で全人民的所有,第19条で国家経済セクター,第20条で集団経済セクター,第21条で私的経済セクター(私的,小規模,私的資本主義経済)について規定している.この第20条で次のような協同組合の憲法規定を置いている.

〈協同組合の承認・振興(国家経済・協同・私的経済の3セクター論)〉
　　第2章 経済制度 第20条 集団セクター (The collective sector) (1) 市民による資金のプールや共同の生産と取引の努力から成長する**集団セクター**は,自由・民主主義・相互利益の原則に従ったさまざまの形態で組織化されるべきである.(2) 国は**協同組合** (cooperatives) を強化拡大し,**協同組合**が効率的に機能するように,適切な条件を作らなければならない.

ここでは,小規模経営の保護や家族経営の保護(第2章 経済制度 第21条),生産者と消費者の保護(第28条)など一定の経済的公正の追求が規定されている.いずれにしても,ベトナム憲法が3所有制度・6セクターに立脚した公協私の混合経済を志向しているものとして興味深い.ベトナム憲法はその意味で,現代憲法としての特質を有しているが,経済的参加等の21世紀憲法としての特質は明確とは言えない.

(4) タイ憲法の協同組合規定

タイ憲法(1997年)は,「第3章 タイ人民の権利と自由」において,協同組合の承認(第45条)を明記し,「第5章 国家基本政策の指導原則」として,

社会的経済的弱者の保護（第80条），農業保護・農民保護（第84条），協同組合の振興・奨励（第85条），労働保護（第86条）を定め，第83条において「国は，公正な所得分配を図らなければならない」と経済的公正に立脚することを謳う．

〈協同組合の奨励〉

　　第3章 第45条 人は，連合，組合，連盟，**協同組合**，農民グループ，私的組織その他の集団を設立する自由を享受する．

〈協同組合の振興・奨励〉

　　第5章 第85条 国家は，**協同組合制度**を振興・奨励・保護すべきである．

その上で「第5章 国家基本政策の指導原則」第87条において独占の禁止・公正競争・消費者保護が謳われている[9]．

このようにタイ憲法は，社会的経済的弱者の保護，農業農民保護，消費者保護・独占の防止等経済的公正を追求する．こうした経済的公正の追求と同時に協同組合の保護奨励が規定されていることから，必ずしも明記されていないが，協同組合が経済的弱者の保護，独占の禁止や消費者保護の経済的公正の担い手として事実上位置づけられているといってもよいであろう．このようにタイ憲法も現代憲法としての特質を具備しているが，経済的参加等の21世紀憲法としての要件は明確ではない．

(5) 東ティモール憲法の協同組合規定

東ティモール憲法（2002年）は，政治的社会的な自由と平等の権利を保障して，「第2部 基本的権利，義務，自由及び保障 第3編 経済的社会的文化的権利と義務」において，社会保障・社会援助（第56条），労働の権利（第50条～第52条）等の社会権・労働権を定め，消費者の保護（第53条），「国民生産の公正な分配（fair distribution of the national product）」（第1部 基本原則 第6条 国家の目的i））や「所得と国富の公正な分配（fair distribution of national income and wealth）」（第4部 経済財政組織 第2編 財政制度と税金制度 第144条 税金制度）といった経済的公正を追求し，次のような協同組合の憲法規定を置いている．

〈生産の協同組合の促進〉
　第2部　第3編　第50条〔労働の権利〕5.国は**生産の協同組合**の創設を促進し，雇用の源泉としての家族企業を支援しなければならない．
〈協同組合教育の承認〉
　第2部　第3編　第59条〔教育と文化〕国は，私立教育と**協同組合教育**を承認し監督するものとする．
〈協同組合セクターの促進〉
　第3部　政治組織　第4編　政府　第3章　権能　第115条〔政府の権能〕m) **協同組合セクター**の発展と家族生産の支援を促進することは政府の責務である．
〈3セクターとして協同組合・社会セクターの承認（公的・私的）〉
　第4部　経済財政組織　第1編　一般原則　第138条〔経済組織〕東ティモールの経済組織は，自由なイニシアティブのコミュニティ形態と企業経営の結合を基礎とし，また同じく生産手段の所有の公的セクターと私的セクターと**協同組合・社会セクター**の共存を基礎としなければならない．

　このように東ティモール憲法では，協同組合は，雇用促進・消費者保護・家族企業支援等経済的公正を実現する担い手としての位置づけから，公的セクターと私的セクターと協同組合・社会セクターの共存を目指す．「公協私混合経済論」の見地からの3セクターの提起であるが，旧宗主国のポルトガル憲法における協同組合の位置づけと共通するところである．とはいえこのように東ティモールも現代憲法としての特質を具備しているが，ポルトガル憲法とは異にして経済的参加等の21世紀憲法としての要件は明確ではない．

(6) イラン憲法の協同組合規定

　イラン憲法（1989年）は，序文において消費者保護，農業保護（第43条9，第44条4），完全雇用の実現（第43条2）を謳い，次のような協同組合の憲法規定を置いている．
〈協同組合の承認〉
　第4章　経済金融問題　第43条〔原則〕イラン・イスラム共和国の経済は，社会の経済的独立の達成，貧困と窮乏の根絶，人間の自由を維持する発展

過程にある人間的ニーズの充足を目的として，以下の基準に立脚する．1. すべての市民のための基礎的必要の確保　住宅，食料，衣服，衛生医療処置，教育，家族確立のための必要な施設．2. 完全雇用の達成の観点からすべての人の雇用の条件と機会の保証，働くことができるがその手段をもたない人々に労働手段を設置すること．それは**協同組合**の形態で，無利子貸付または少数の個人や集団に**富の集中**や還流に結果しない他の合法手段に拠って行われる．

〈3 セクター・協同組合の承認（国家，協同組合，私的のセクター）〉
　第4章　第44条〔セクター〕(1) イラン・イスラム共和国の経済は，3つのセクターより成り立つ：国家，**協同組合**，私的．そして制度的安定的計画経済に基づいている．(3) 協同組合セクターは，都市と農村において，イスラム基準に従って，生産，分配に関わる**協同組合法人**や**協同組合企業**を含む．(4) 私的セクターは，農業，畜産，工業，商業，そして国と協同組合セクターの経済活動を補うサービスに関連した活動から成る．

　なお，独占の禁止（第4章 経済金融問題 第43条〔原則〕5）を規定している．

　このようにイラン憲法は，消費者保護，農業保護，独占禁止の経済的公正が求められ，その中で協同組合が承認され，事実上の協同組合の独禁法適用除外が採られているといえよう．また協同組合は明示的に完全雇用の実現のための雇用促進等の担い手として位置づけられている．まさに文字通り経済的公正の担い手として協同組合は位置づけられている．なおイラン憲法では「公協私の3セクター論」に立脚していることにも注目しておきたい．イラン憲法は基本的には現代憲法としての特質を有しているが，経済的参加の21世紀憲法としての要件は明確ではない．

(7) シリア憲法の協同組合規定

　シリアには，これまで各種の憲法の推移をみることができる．すなわち，1950年シリア憲法，1953年シリア憲法，1964年シリア・アラブ共和国暫定憲法，1969年シリア・アラブ共和国暫定憲法，1973年シリア・アラブ共和国恒久憲法である．それぞれについての協同組合規定をみていこう．

1950年シリア憲法は，小中規模の土地保有の奨励（第22条(1)(d)），農民保護（第22条(1)(e)(3)）の経済的公正を求め，協同組合の奨励と監督（第2章 基本原則 第22条 2）に関する憲法規定を置いていた．

1953年シリア憲法は，小中規模の土地保有の奨励（第35条(1)(b)），小作農民保護（第35条(2)）が規定され，独占の禁止（第37条(2)）を明記している．そして協同組合の奨励と監督（第2章 民主的保障 第2節 国富組織 第39条(3)(j)）について規定している．

1964年シリア憲法は，「社会主義」を基盤とする国家経済を構築することを明記して，所有形態として，(a) 公的部門によって代表される国有，(b) **集団所有**—すべての生産者による所有，(c) 個人所有（第3章 所有，生産，及び相続 第25条）をあげ，協同組合の奨励保護（第3章 所有，生産，及び相続 第28条）の規定を置いている．

1969年シリア憲法は，1964年シリア憲法とほぼ同様，「アラブ社会主義」の構築を明記し，協同組合の承認（第1章 基本原則 第1部 政治原則 第8条）規定を置いている．

また所有形態として，(1) 国有，(2) **集団所有**—人民，及び職業組織，生産団体，**協同組合**，その他の社会的組織に属する共同財産，(3) 私的所有（第1部 国家及び社会の基本原理第2章経済原理について（第13条）をあげ，市民，人民組織，及び**協同組合**の権利及び義務を定めている（第2部 市民，人民組織，及び**協同組合**の権利及び義務について 第2章 人民組織，**共同組織**，並びにその権利及び義務について 第42条）．

《シリア・アラブ共和国恒久憲法（1973年）》

1973年シリア憲法は，農民の保護・農業労働者の保護（第16条）を規定し，1964年憲法・1969年憲法とほぼ同様，「アラブ社会主義」の構築を明記し，次のように協同組合規定を置いている．

〈協同組合の承認〉

第1章 基本原則 第1部 政治原則 第9条〔組織〕人民組織及び**協同組合**は，社会の発展及びその成員の利益を実現するために行動する人民勢力を含む組織体である．

〈3 セクター・協同組合：共同所有（公的所有・共同所有・個人所有）〉

　第1章　第2部　経済原則　第14条（所有権）法は，次の3種類の所有権を規定する．(1) 公的所有（Public ownership），(2) 共同所有（Collective ownership）は，大衆的専門的組織，または生産ユニット，**協同組合**その他社会的機関に属する財産を含む．(3) 個人所有（Individual ownership）．

〈生産協同組合の承認〉

　第1章　第4部　自由，権利，義務　第48条〔組織〕人民は，労働組合，社会的組織，職能組合，及び**生産協同組合**を設立する権利を有する．当該組織の構成，組織間の関係，及びその活動範囲については，法律でこれを定めるものとする．

　そしてまた参加の権利に関する次のような規定を置いている．

〈参加〉

　第4部　自由，権利，義務　第26条〔参加〕全ての市民は政治的，経済的，社会的，文化的生活における**参加の権利**を有する．法はこの**参加**を規律する．

　このように1973年シリア憲法は，公的所有，共同所有，個人所有の3セクター論にたって，協同組合はこの共同所有に含められる．農業者・農業労働者の保護等経済的公正の追求が規定され，その具体的中身は明らかではないが，一般的に経済的参加を保障している．協同組合は事実上の経済的公正の担い手，事実上の経済的参加の担い手として位置づけられるであろう．シリア憲法は，基本的に現代憲法の特質を有しているが，参加の権利のように一部21世紀憲法の要素も看取される．

(8) イエメン憲法の協同組合規定

　イエメン憲法（1994年）は，次のような協同組合の憲法規定を置いている．

〈4 セクター・協同組合の承認（公的，私的，協同組合的，混合経済）〉

　第1部　国家の基礎　第2章　経済的基礎　第7条　国民経済は次の原則から成立している．……b) 公的，私的，**協同組合的**，混合経済セクター間の合法的競争，全セクターの平等で公正な取り扱いの実現

〈協同組合の支援〉

第14条 国は協同と貯蓄を奨励しなければならない．国は，**協同組合**のプロジェクトとあらゆる種類の活動を確立する努力に支援しなければならない．

また生産者と消費者の保護，独占の規制や市民の政治的社会的経済的文化的生活への参加の保証が次のように規定されている．

〈国の経済的役割：生産者と消費者の保護，独占の禁止等〉

第10条 国は国民経済に有効な方法で，外国貿易を支援して，国内取引と国内投資を促進するものとする．国は，生産者と消費者の保護，基本的な必需品の確保，**独占の禁止**を確実にする法律を発布するものとする．また国は，法律により，すべての社会経済開発分野で法律に基づき個人的な設備投資を促進するものとする．

〈政治的経済的社会的文化的参加の権利〉

第2部 市民の基本的権利と義務 第41条 あらゆる市民には，国の政治的，経済的，社会的，文化的な分野に**参加する**権利がある．国は，法律の範囲内で言論，執筆と写真映像において，思想の自由と表現の自由を保証するものとする．

このようにイエメン憲法は，生産者と消費者の経済的弱者の保護と独占の禁止に関わる経済的公正が規定され，必ずしも具体的ではないが一般的に経済的参加が追求され，公協私混合の4セクター論による協同組合の承認・支援の下で，協同組合は事実上その経済的公正と経済的参加の担い手とみなされているといえよう．イエメン憲法は，経済的参加のように一部21世紀憲法の要素が看取されるが，基本的には現代憲法としての特質を有するものといえよう．

(9) **クウェート憲法の協同組合規定**

クウェート憲法（1962年）は，次のような協同組合規定を有している．

〈協同組合活動の奨励〉

第2部 クウェート社会の基本構造 第23条 国家は，**協同組合活動**と貯蓄を奨励し，信用制度を監督する．

同憲法は，社会権や労働権の基本的事項については定められているが，経済

規定としては「第2部 クウェート社会の基本構造 第20条 国家経済は，社会正義を基礎とする．国家経済は，**公的活動と私的活動**との公正な協力に基づいて樹立される．その目的は，法律の範囲内で，経済発展，生産の増強，生活水準の改善，及び繁栄の達成にある．」としており，公私混合経済論に立脚しているようである．ここでは協同組合の承認規定があるものの，経済的弱者保護や独占の禁止などの経済的公正や労働者の経済的参加の規定はない．

(10) ミャンマー憲法の協同組合規定

ミャンマー共和国憲法（2008年）は，「第1章 連邦の基本原則」において，農民の保護：農産物の公正価格取得支援（第23条），労働者の権利保護（第24条），各種の社会福祉（第26条），失業の減少（第31条），社会的弱者の保護（第32条）等の社会権・労働権・経済権の規定を置き，協同組合規定として次の規定を置いている．

〈協同組合の承認〉

第1章 第36条 連邦は，国民経済の発展のための経済活動に参与する国家，地域組織，**協同組合**，合弁企業，私的個人のような経済力を認める．

〈協同組合の承認〉

第15章 一般規定 第455条 連邦の政府は，連邦のために，連邦の政府によってのみ実行されるべきであるとされる経済活動に関連して，次のように承認される．

(a) 地域政府や州政府が，連邦の政府と合弁事業を形成し，または契約条件によって活動することを承認する．

(b) **協同組合組織**，経済組織，個人が，連邦の政府と合弁事業を形成し，または契約条件によって活動することを承認する．

このようにミャンマー憲法は，経済的公正を基調とした現代憲法の要素を有している．

4. アジア各国の憲法における協同組合の社会経済的地位

次に表3-4は，協同組合の憲法規定を有するフィリピン，台湾，ベトナム，

表 3-4 アジア各国の憲法における協同組合の社会経済的地位

番号	憲法名	経済権		協同組合規定		協同組合の社会経済的地位
		経済的公正	経済的参加	内容	独禁適用除外	
1	フィリピン憲法（1987年）	農地改革，機会と収入と富の公平な分配，弱者保護，完全雇用，独占の禁止，小土地所有の保護，専業漁民の保護，低所得者への住宅提供・雇用機会の確保・小資産所有者の権利尊重，消費者保護	経済的機会の提供と増進，参加による計画の実施，土地所有者の計画参加，「参加の権利」	承認（国家経済の基本目標の達成，公益目的，社会的正義と経済発展のため）／助成（参加による計画の実施）	事実上の適用除外（独占の禁止と協同組合保護の同時規定）	文字通り又は事実上の経済的公正の担い手（機会と収入と富の公平な分配，経済的弱者保護，独占禁止）／文字通りの経済的参加の担い手（計画の実施参加，社会経済的参加）
2	台湾憲法（1994年）	地域格差の是正，失業救済，農民の保護，中小経済事業の保護（2005年改正）	—	保護・奨励・支援	—	事実上の経済的公正の担い手（地域格差是正，経済的弱者保護）
3	ベトナム憲法（2002年）	小規模経営の保護や家族経営の保護	—	承認・振興（国家経済・協同・私的経済の3セクター論）	—	事実上の経済的公正の担い手（経済的弱者保護）／公協私3セクター論
4	タイ憲法（1997年）	公正な所得分配，公正な競争，消費者保護・独占防止	—	承認・保護，奨励・促進	事実上の適用除外（独占の禁止と協同組合保護の同時規定）	事実上の経済的公正の担い手（経済的弱者保護，独占防止）
5	東ティモール憲法（2002年）	国民生産の公正な分配，所得と国富の公正な分配，雇用促進，家族企業の支援，消費者保護		承認（雇用促進，家族企業の支援，協同組合教育，3セクター）／支援，促進		文字通りの経済的公正の担い手（雇用促進，経済的弱者支援）／公協私3セクター論
6	イラン憲法（1989年）	消費者保護，農業保護，完全雇用，雇用促進，独占の禁止	—	承認（基礎的必要の確保，完全雇用，労働手段の設置，国家・協同・私的経済の3セクター論）	事実上の適用除外（独占の禁止と協同組合保護の同時規定）	文字通りの経済的公正の担い手（完全雇用，経済的弱者保護）／事実上の独占禁止適用除外／公協私3セクター論

7	シリア憲法（1973年）	農業者・農業労働者保護（1953年憲法に独占の禁止あり）	政治的，経済的，社会的，文化的参加の権利	承認（社会の発展，成員の利益，公的・共同的・個人的所有の3セクター論／生産協同組合の権利の承認）	—	事実上の経済的公正の担い手（経済的弱者保護）／事実上の経済的参加の担い手／公協私3セクター論
8	イエメン憲法（1994年）	生産者と消費者の保護，独占の禁止	政治的，経済的，社会的，文化的参加の権利	承認（公的・協同組合的・私的・混合経済的の4セクター論）	事実上の適用除外（独占の規制と協同組合保護の同時規定）	事実上の経済的公正の担い手（経済的弱者保護，独占の規制）／事実上経済的参加の担い手／公協私混合4セクター論
9	クウェート憲法（1962年）	—	—	奨励	—	奨励
10	ミャンマー憲法（2008年）	農民保護・農業支援，失業の減少	—	承認（国民経済の発展）	—	事実上の経済的公正の担い手（経済的弱者保護，農業保護）

タイ，東ティモール，イラン，シリア，イエメン，クウェート，ミャンマーの10ヶ国の憲法を経済権（経済的公正，経済的参加），協同組合規定（内容，独禁適用除外），協同組合の社会経済的地位に区分して表示したものである．その特徴は次のとおりである．

第1に，すべて社会権（社会保障や社会福祉）・労働権（労働の保護）の規定が明記されていることである．協同組合の憲法規定の有無は，社会権・労働権を憲法においてどの程度重視するかによっていると言えそうである．現代憲法の特質はまさにここにあるのである．

第2に，経済権としての経済的公正は，経済的弱者保護の観点（フィリピン，台湾，ベトナム，タイ，東ティモール，イラン，シリア，イエメン，クウェート，ミャンマー）からと独占禁止の観点（フィリピン，タイ，イラン，イエメン）から追求されている．協同組合はこの経済的公正の担い手として位置づけられる．現代憲法の特質はこの経済的公正にあるといってもよいであろう．

第3に，経済権の経済的参加について規定しているのは，フィリピン，シリア，イエメンの3ヶ国であり，その中身はフィリピンでは計画への参加一般であるが，「参加の権利」を保障している．シリア，イエメンは「政治的，経済的，文化的参加の権利」としている．この2ヶ国は労働者の利益参加・経営参

加・所有参加が明示されているわけではなく，参加一般の権利といった傾向が強いが，事実上の経済的参加が求められているということができよう．協同組合の経済的参加の担い手としての位置づけは，むしろ21世紀憲法の重要な課題であるといえようか．

第4に，協同組合の憲法規定の内容は，すべての国において承認されている．そして明示的に公協私の3セクター論に立脚しているのは，ベトナム，東ティモール，イラン，シリア，イエメンの5ヶ国である．

第5に，協同組合の独占禁止法の適用除外についてである．独占禁止規定を有するのはフィリピン，タイ，イラン，イエメンの4ヶ国である．これら4ヶ国には独占禁止規定と協同組合保護規定が憲法に同時に存在することから，事実上の独占禁止法の適用除外とみなすことができるであろう．

第6に，その他の重要事項として，フィリピンの「機会と収入と富の公平な分配」といった公正概念は同憲法の現代憲法の特質として評価したい．また完全雇用や雇用促進を重視する，フィリピン，台湾，東ティモール，イランの憲法にも注目しておきたい．憲法におけるこれらの規定は現代憲法のみならず，21世紀憲法の方向性を示唆しておりきわめて興味深い．

第7に，以上の総括として結論づけるならば，協同組合の社会経済的地位は，総じて経済的弱者保護，独占禁止法適用除外の経済的公正の担い手としてフィリピン，台湾，ベトナム，タイ，東ティモール，イラン，シリア，イエメン，クウェート，ミャンマーの10ヶ国において位置づけられ，参加の一般的傾向があるが，文字通り又は事実上の経済的参加の担い手としてはフィリピン，シリア，イエメンの3ヶ国において位置づけられている．とりわけ，経済的公正（経済的弱者，独占禁止）と経済的参加において，ほぼ全面的に協同組合を文字通りその担い手とするフィリピン憲法は，協同組合の公益性の強調とともに，現代憲法の特質のみならず，21世紀憲法の特質をも具備しているということができるであろう．

注
1) ヨーロッパ各国憲法に関しては，本書巻末「参考文献」の憲法集・各国憲法の諸文献参照．

2) ポルトガル憲法における独占の禁止に関し、詳しくは本書第5章（167, 170-172頁）を参照されたい。
3) スイス憲法における独占の禁止に関し、詳しくは本書第5章（167, 172-173頁）を参照されたい。
4) スイス憲法における「経済的自由」の限界規定に関して、本書終章（184-185頁）参照されたい。
5) アジア各国憲法に関しては、本書巻末「参考文献」の憲法集・各国憲法の諸文献参照。
6) 憲法の構成は、通例「章（Chapter）・条（Article）」に区分されるが、フィリピン憲法はアメリカ合衆国憲法（1788年）と同様、「条（Article）・節（Section）」となっていることに注意されたい。
7) フィリピン憲法における「独占禁止」規定に関して、本書第5章（167, 168-169頁）を参照されたい。
8) フィリピン憲法が21世紀憲法として評価することに関して、本書終章（197-199頁）を参照されたい。
9) タイ憲法における「独占禁止」規定に関して、本書第5章（167, 169-170頁）を参照されたい。

第4章
世界各国の憲法における協同組合規定（下）
―アフリカ・中南米各国―

　世界各国の協同組合の憲法規定のうち，前章のヨーロッパとアジア各国に引き続いて，本章ではアフリカと中南米の各国を検討していく．

1. アフリカ各国の憲法における協同組合規定

　協同組合規定の憲法規定がある，エジプト，アンゴラ，ナミビア，モザンビークのアフリカ4ヶ国の協同組合規定は，次の表4-1に示される[1]．協同組

表4-1　アフリカ各国の憲法における協同組合規定

番号	憲法名	協同組合規定の特徴	社会・労働・経済権の特別規定
1	エジプト・アラブ共和国憲法（1971年制定，2007年改正）	◆協同組合のメンバー保証（第26条） ◆協同組合の保護奨励（農業協同組合の強化）（第28条） ◆3セクターとして協同組合の保護（公的所有，協同組合所有，私的所有）（第29条） ◆協同組合の保護と保証（第31条）	◆あり：第2部 社会の基本基盤 第2章 経済
2	アンゴラ憲法（1992年）	◆4セクターの協同組合の支援（私的，混合的，協同組合的，家族的企業）（第10条） ◆混合経済としての協同組合の社会目的分野の役割（第47条） ◆混合経済としての協同組合の教育分野の役割（第49条）	◆あり：第1部 基本原則 ◆あり：第2部 基本的権利と義務
3	ナミビア憲法（1990年）	◆6セクター・協同組合の承認（公的，私的，公私混合，協同組合，共同所有，小規模家族の混合経済）（第98条）	◆あり：第11章 国政の原則 第98条（経済秩序の原則）
4	モザンビーク憲法（1990年）	◆4セクター・協同組合の承認（国家所有，協同組合所有，公私合同所有，私的所有）（第41条）	◆あり：第4章 経済的社会的組織

憲法規定がない，G20の南アフリカについては既述の第2章を参照されたい[2]．
　同表によれば，協同組合の憲法規定を有するこれらの国では，エジプト（第2部 社会の基本基盤 第2章 経済）とモザンビーク（第4章 経済的社会的組織）が独自の経済規定を置いている．アンゴラとナミビアは基本原則ないしは国政の原則としているがその中で経済規定が重視されている．これら協同組合の憲法規定を有するアフリカ各国では，国の憲法において経済権の規定がそれぞれ重視されているということができよう．以下では各国別に詳しくみていく．

(1) エジプト憲法の協同組合規定

　エジプト・アラブ共和国憲法（1971年制定，2007年改正）は，「第2部 社会の基本基盤 第1章 社会と道徳の基本」において「**第7条 社会連帯**（social solidarity）は社会の基礎である」として，「第2部 社会の基本基盤 第2章 経済」において，次のような経済権の基本的な規定を置いている．

〈国民経済の基本〉
　　第23条 国民経済は，国民所得の増大，**公正な分配**（fair distribution），生活水準の上昇，失業の除去，就労機会の増大，生産と賃金の合致した相関関係，それによる最低賃金の保証と最高賃金の制限を確実なものとするという広範な発展計画に従って組織されるものとする．

　このようにエジプト・アラブ共和国憲法は，「公正な分配」や「失業の除去」等労働権の保障や経済的公正を追求する．また小農民・小職人の保証（第26条）や手工業の奨励（第28条）を義務づけ，農地所有の上限設定や農民と農業労働者の保護（第37条）を明記し，経済的弱者保護の経済的公正が追求されている．そして次のように，労働者の企業経営と企業利益への参与を明記し，経済的参加（経営参加・利益参加）が追求される．

〈労働者の経営と利益の参与〉
　　第26条 **労働者は企業の経営と利益の分け前に与る**ものとする．労働者は法に従って，生産単位において**生産の発達と計画の実施**に関わる．

　以上の経済規定の上にエジプト憲法における協同組合に関する規定は，次のように4ヶ条にわたっている．

〈協同組合のメンバー保証〉
　　第26条　労働者は，公的セクター単位の理事会の数の少なくとも50%を代表させなければならない．法は，**農業協同組合**と**産業協同組合**の理事会の80%を小農民・小職人に保証しなければならない．
〈協同組合の保護奨励〉
　　第28条　国はあらゆる形態の**協同組合制度**を保護し，生産の発展と所得の増大のために**手工業を奨励**しなければならない．国は，近代的科学を基礎にした**農業協同組合**を強化するように努めなければならない．
〈3セクター・協同組合の保護（公的所有，協同組合所有，私的所有）〉
　　第29条　所有権は，人々の支持と国の保護の下になければならない．公的所有，**協同組合的所有**，私的所有の3種類がある．
〈協同組合の保護と保証〉
　　第31条　**協同組合的所有**は**協同組合**の所有である．法は**協同組合**の保護と自己管理を保証する．
　このように農業協同組合，協同組合制度，協同組合所有が承認され保護・奨励の対象とされている．そして協同組合所有が，公的所有と私的所有に並んで，位置づけられているということは，エジプト・アラブ共和国憲法は，公協私3セクターによる混合経済論の立場であるとみることができる．同憲法では，協同組合は文字通り経済的弱者保護の経済的公正の担い手として，そしてまた企業の経営と利益の参加の事実上の担い手として位置づけられているということができよう．これら経済的公正，経済的参加の諸規定および社会連帯の価値の重要性から見て，エジプト憲法には現代憲法としてはもちろん，21世紀憲法としてのいくつかの特徴を具備しているといえよう[3]．

(2) アンゴラ憲法の協同組合規定

　アンゴラ憲法（1992年）は，「第1部　基本原則　第14条（1）財政システムは，国の経済的社会的管理的必要を満たし，**所得と富の公正な分配**（fair distribution of income and wealth）を確実にすることを目的とする」として，経済的公正の追求を基本的政策としている．こうした観点に立って次のような協同組合規定が4ヶ条にわたって規定されている．

〈5セクター・協同組合の支援（公的，私的，混合的，協同組合的，家族的企業）〉

第1部 基本原則 第10条 経済制度は，公的，私的，混合的，**協同組合的**，家族的の多様な所有権の共存に依らなければならない．国は，国民経済の発展や市民のニーズを満たすために効率的に機能するために諸条件を創造し，全機関や所有形態の**経済過程の参加**を奨励しなければならない．

〈4セクター・協同組合の奨励（私的，混合的，協同組合的，家族的企業）〉

第11条（3）国は，機能する諸条件を創造して私的，混合的，**協同組合的**，家族的企業の発展を奨励する．そして法に従って，**中小企業**の経済活動に特別の支援を行う．

〈混合経済としての協同組合の社会目的分野の役割〉

第2部 基本的権利と義務 第47条（1）国は，医療健康介護に対する市民の権利を保証するために，同様に保育，出産，障害，高齢者介護，労働不能者状態へのケアに対する市民の権利を保証するに必要な手段を講じなければならない．（2）健康，社会福祉，社会保障における私企業，**協同組合企業**は，法に従って機能しなければならない．

〈混合経済としての協同組合の教育分野の役割〉

第49条（1）国は，法に従って，さまざまの私的機関の参加を保証して，市民が教育，文化，スポーツに接近することを促進しなければならない．

（2）教育において私企業，**協同組合企業**は，法に従って実行されなければならない．

上記の第10条では，公的，私的，混合的，協同組合的，家族的企業の5つの所有権の共存を承認し，その発展が奨励され，各経済主体の経済過程への参加が奨励される．ここでは5つのセクターであるが，広い意味の公協私の3セクター論の枠組みに入るといえよう．第11条の中小企業の経済活動に対する特別の支援，第47条の社会福祉に関する規定は，経済的弱者保護の経済的公正の追求が重視されているものといえよう．アンゴラ憲法では，協同組合は文字通り経済的公正（経済的弱者保護，公正な分配）の担い手であり，一般的であるが文字通りの経済的参加の担い手として位置づけられている．ここには現代憲法としてのそして一部21世紀憲法としての特質を備えているということ

ができる．

(3) ナミビア憲法の協同組合規定

ナミビア憲法（1990年）は，「第3章 基本的人権と自由」において近代的自由権や社会権等が規定され，「第11章 国政の原則 第95条」において，(a) 女性のための機会均等，(b) 労働の保護，(c) 公正雇用（fair employment），(f) 高齢者保護，(g) 失業者無能力者等社会的弱者保護，(h) 機会均等（equal opportunity）の諸制度等社会権・労働権・経済権（経済的公正）が追求される．その上で次のように，経済秩序の原則として，協同組合を含む6セクターの混合経済に立脚することを明記している．

〈6セクター・協同組合の承認（公的，私的，公私混合，協同組合，共同所有，小規模家族の混合経済）〉

第11章 国政の原則 第98条（経済秩序の原則）
(1) ナミビアの経済秩序は，経済成長を促進し，ナミビア人の人間的尊厳の生活を促進する目的を持った，**混合経済**を基礎としている．
(2) ナミビア経済は，次の形態の所有権に基づいている．a) 公的，b) 私的，c) 公私混合，d) **協同組合**，e) 共同所有，f) 小規模家族．

このように協同組合は基本的には社会権・労働権そして経済的公正（弱者保護と公正）を追求して，協同組合は6セクターの1つとして位置づけられる．この6セクターは実質上，公協私の3セクター論に連なるとみてよいであろう．このようにナミビア憲法は，基本的に経済的公正を基調とした現代憲法ということができる．

(4) モザンビーク憲法の協同組合規定

モザンビーク憲法（1990年）は，「基本原則 第4章 経済的社会的組織」において，農業の意義（第39条1）と地方経済の発展（第39条2）を重視し，家族セクターを尊重（第42条1）し農民の保護（第42条2），労働の保護（第88～91条）を明記し，次のように国民経済を4形態の所有のひとつとして協同組合所有を承認する．

〈協同組合所有の承認〉

　　第41条　1. モザンビーク共和国の経済秩序は，労働の価値，市場の力，経済主体のイニシアティブ，さまざまな所有形態の参加，そして人々の基本的な必要を満たして，社会的福利を促進するために，経済的社会的成長と発達を管理し促進する中での国家の役割に基づいている．
　　　2. 国民経済は，所有の以下の補完的な形態を含む：
　　　　a. 国家所有
　　　　b. **協同組合所有**
　　　　c. 公私合同所有
　　　　d. 私的所有
　　　3. 国は，経済活動が憲法と法律に合致することを確実とする．

　このように，モザンビーク憲法における協同組合は，経済的弱者保護の事実上の経済的公正の担い手として位置づけられ，現代憲法の特質を備えているといえよう．

2. アフリカ各国の憲法における協同組合の社会経済的地位

　次に表4-2は，協同組合の憲法規定を有するエジプト，アンゴラ，ナミビア，モザンビークの4ヶ国の憲法を経済権（経済的公正，経済的参加），協同組合規定（内容，独禁適用除外），協同組合の社会経済的地位に区分して表示したものである．

　その特徴は第1に，すべて社会権（社会保障や社会福祉）・労働権（労働の保護）の規定が明記されていることである．協同組合の憲法規定の有無は，社会権・労働権を憲法においてどの程度重視するかによっていると言えそうである．

　第2に，同じく4ヶ国においては，経済権としての経済的公正が，農民・中小企業等経済的弱者保護の観点から追求されている．協同組合は文字通りまたは事実上の経済的公正の担い手として位置づけられる．現代憲法の特質はこの経済的公正にあるといってもよいであろう．

　第3に，経済権の経済的参加について規定しているのは，エジプトとアンゴ

表 4-2 アフリカ各国の憲法における協同組合の社会経済的地位

番	憲法名	経済権		協同組合規定		協同組合の社会経済的地位
		経済的公正	経済的参加	内容	独禁適用除外	
1	エジプト・アラブ共和国憲法（1971年制定，2007年改正）	公正な分配，失業の除去，手工業の奨励，農民・農業労働者保護	労働者の企業の経営と利益への参与	承認（公協私3セクターの承認）／保護奨励	—	文字通り又は事実上の経済的公正の担い手（経済的弱者保護，公正な分配）／事実上の経済的参加の担い手（経営参加，利益参加）／公協私3セクター論
2	アンゴラ憲法（1992年）	公正な分配，中小企業の支援	経済過程への参加	承認（5セクター）／奨励	—	文字通りの経済的公正の担い手（公正分配，経済的弱者保護）／文字通りの経済的参加の担い手／公協私3セクター
3	ナミビア憲法（1990年）	公正雇用，機会均等，社会的弱者保護，小規模家族経済承認	—	承認（公協私，混合，共同，小規模家族の6セクター）	—	事実上の経済的公正の担い手（公正雇用，経済的弱者保護）／実質，公協私3セクター論
4	モザンビーク憲法（1990年）	家族セクター尊重，農民保護	—	承認（公協私，公私合同の4セクター）	—	事実上の経済的公正の担い手（経済的弱者保護・農民保護）／実質，公協私3セクター論

ラであり，エジプトは労働者の経営参加・利益参加，アンゴラは経済過程への参加が追求されている．ただしエジプトは協同組合との関連は必ずしも明示的ではなく，その意味で事実上の経済的参加の担い手として，またアンゴラは文字通りの経済的参加の担い手として位置づけることができる．

第4に，協同組合の憲法規定の内容は，上記4ヶ国において承認されている．そしてエジプトでは明示的に公協私の3セクター論に立脚して，アンゴラは公的，私的，混合的，協同組合的，家族的の5セクターの重要性を高く位置づけ，ナミビアは公的，私的，公私混合的，協同組合，共同所有，小規模家族の6セクターの役割を重視し，モザンビークは公的，私的，公私混合的，協同組合の4セクターを規定する．いずれも広い意味での公協私3セクター論とみることができる．

第5に，独占禁止規定や協同組合の独占禁止法の適用除外については，これ

らアフリカ各国では規定されていない．

第6に，その他の重要事項として，エジプト，アンゴラの「公正な分配」，ナミビアの「公正雇用」に示される公正の概念が明記されているということは，これら憲法の1つの基調として重要なことである．公正の現代憲法の基本志向として注目しておきたい．

第7に，以上の総括として結論づけるならば，協同組合の社会経済的地位は，総じて経済的弱者保護と公正な分配・公正な雇用といった経済的公正の担い手として4ヶ国において位置づけられ，経営参加・利益参加といった事実上または文字通りの経済的参加の担い手としてエジプト，アンゴラの2ヶ国において位置づけられている．エジプトでは，社会連帯が唱えられ，「連帯と協同による自主的参加」の理念として捉えるならば，21世紀憲法の特質も備わっているといえよう．

3. 中南米各国の憲法における協同組合規定

ここでは協同組合の憲法規定を有する国々について，G7・G20諸国以外の中南米各国17ヶ国（ペルー，ボリビア，パラグアイ，ガイアナ，スリナム，ウルグアイ，エクアドル，ベネズエラ，コスタリカ，ハイチ，ニカラグア，エルサルバドル，グアテマラ，ホンジュラス，パナマ，キューバ，ドミニカ共和国）についてみていきたい．G20の協同組合の憲法規定のあるブラジルとメキシコ，また協同組合規定のないアルゼンチンについては，前出の第1章，第2章を参照されたい[4]．それではまず，その17ヶ国の協同組合規定と社会・労働・経済権の独自規定の有無について表示した表4-3を参照されたい[5]．

同表によれば，経済権の独自規定について，経済的権利・経済制度・経済体制等の独自の章編を有しているのは，17ヶ国中15ヶ国に及び，社会的権利の章編の中で経済規定があるのは2ヶ国となっている．中南米各国は経済権に関して憲法体系においてきわめて重要な位置を与えており，協同組合の憲法規定はその体系の中で位置づけられているのである．

以下では，これら17ヶ国における協同組合の憲法規定を検討することから，21世紀における協同組合の社会経済的地位を探っていきたい．

表 4-3　中南米各国の憲法における協同組合規定

番号	憲法名	協同組合規定の特徴	社会・労働・経済権の独自規定
1	ペルー憲法（1993 年）	◆協同組合の教育（第 17 条）	◆あり：第 1 編 個人と社会 第 1 章 個人の基本的権利／第 2 章 社会的経済的権利
2	ボリビア憲法（2009 年）	◆協同組合の承認（第 20 条） ◆協同組合の原則の承認，・協同組合の助成と規律（第 55 条）：連帯，平等，互恵，公正，社会目的及び非営利の原則 ◆協同組合の多元的経済の承認（第 306 条） ◆協同組合による水管理の承認（第 309 条） ◆協同組合の原則の承認と保護，・生産協同組合の促進（第 310 条）：連帯と協同，非営利の形態 ◆生産協同組合の金融的優先（第 330 条） ◆公益事業協同組合の承認と管理（第 335 条） ◆協同組合による天然資源管理の承認（第 351 条） ◆協同組合による鉱業生産の承認（第 369 条） ◆鉱業協同組合の促進・助成（第 370 条） ◆協同組合によるエネルギー事業の承認（第 378 条） ◆協同組合による農村開発の承認（第 406 条）	◆あり：第 2 部 基本的な権利と保障 第 2 章 基本的な権利／第 4 部 国民経済の構造と組織 第 1 編 国民経済の組織
3	パラグアイ憲法（1992 年）	◆協同組合の振興・促進（商品の生産，連帯と社会的便益に基づいたサービス）（第 113 条（1）） ◆協同組合原則の普及（第 113 条（2）） ◆農業協同組合の促進（土地改革）（第114条）	◆あり：第 2 編 権利，義務，保障 第 9 章 経済権利と農業改革について
4	ガイアナ憲法（1970 年，1980 年，1996 年）	◆協同組合の承認（国の管理と意思決定への参加）（第 11 条） ◆協同組合運動の承認（社会主義移行原則としての協同組合主義）（第 16 条） ◆協同組合の役割承認（富の増大，雇用機会の拡大，労働条件改善）（第 22 条） ◆協同組合の役割承認（文化的教育的権利）（第 23 条） ◆協同組合の役割承認（経済の発展）（第 38 条）	◆あり：第 1 部 一般原則 第 2 章 政治，経済，社会制度の原則と基本
5	スリナム憲法（1987 年，1992 年改正，2007 年現在）	◆4 セクターの協同組合企業の承認（国営企業，私企業，公私共同企業，協同組合企業）（第 5 条）	◆あり：第 2 章 経済目標 第 3 章 社会目標 第 6 章 社会的，文化的，経済的権利と義務
6	ウルグアイ憲法（1966 年，2004 年）	◆協同組合の承認（第 188 条）	◆あり：第 12 部 国民経済のアドバイス
		◆協同組合による一般的創造活動の奨励（第 277 条） ◆公的・私的・混合的・民衆連帯経済の承認・民衆連帯経済としての協同組合の承認	◆あり：第 12 編 経済制度 第 1 章 一般原則／第 6 編 開発計画 第 1 章 一般の原則 第 4 章 経済的主権 第 6 章

7	エクアドル憲法 (2008年)	（第283条） ◆民衆連帯金融としての信用協同組合の承認（第311条） ◆コミュニティ，協同組合，公的，私的，アソシエイション，家族，国内，独立，混合などの生産組織の承認（第319条） ◆公的，私的，コミュニティ的，地方的，アソシエイション的，協同組合的，混合的所有権の保障（第321条）	労働
8	ベネズエラ憲法 (1999年)	◆協同組合の承認（第70条）：社会的経済的参加と関与の手段（相互協力と連帯の価値に従う結合形式） ◆協同組合の保護と促進（第118条）：社会的参加的性格，集団利益の生成 ◆協同組合の促進（第118条）経済過程への参加，雇用と社会福祉の生成 ◆協同組合の保護と促進（第308条）：共同所有	◆あり：第3編 義務，人権及び保障 第7章 経済的権利（経済権）／第6編 社会経済システム
9	コスタリカ憲法 (1949年，2003年)	◆協同組合の促進（労働者の生活条件の向上）(第64条)	◆あり：第5編 社会上の権利と保障
10	ニカラグア憲法 (1987年，2008年)	◆5セクターの協同組合奨励（私的，公的，協同組合的，団体的，コミュニティの形態と経済経営管理）（第5条） ◆5セクターの協同組合奨励（全体の発展と資産形成の促進）（第99条） ◆5セクターの協同組合奨励（混合経済と資産の社会的機能）（第103条） ◆農業協同組合の促進（第109条）	◆あり：第6編 国民経済，土地改革，公共財政 第1章 国民経済／第2章 土地改革
11	エルサルバドル憲法 (1983年，2003年)	◆協同組合の保護育成（第114条） ◆協同組合の土地所有上限の特例（第105条）	◆あり：第5編 経済秩序
12	グアテマラ憲法 (1985年)	◆農業協同組合の保護（第67条） ◆協同組合の奨励・保護（第119条） ◆住宅における協同組合の役割（第119条）	◆あり：第3章 地域コミュニティ／第10章 経済社会体制
13	ホンジュラス憲法 (1982年，2005年)	◆協同組合の承認（第334条） ◆協同組合の規制と育成（第338条）	◆あり：第6編 経済体制
14	パナマ憲法 (1983年,1994年,2004年)	◆協同組合の促進（第122条） ◆協同組合の発展（第283条）	◆あり：第3編 個人の権利と社会的権利 第8章 土地制度，第10編 国民経済
15	キューバ憲法 (1992年)	◆農業生産協同組合の特典（第19条） ◆協同組合の承認と保護支援（第20条）	◆あり：第1章 国家の政治的，社会的，経済的原則
16	ドミニカ共和国憲法 (1994年，2002年)	◆協同組合経済への転換（第8条13項） ◆各種協同組合の設立奨励（第8条第15項）	◆あり：第1節 個人的権利と社会的権利
17	ハイチ憲法 (1987年)	◆協同組合の奨励（第246条） ◆全国協同組合会議の代表（第289条）	◆あり：第11編 第1章 経済と農業

(1) ペルー憲法の協同組合規定

現行の1993年ペルー憲法（2005年改正現在）に先立って，ペルーは重要な憲法の変遷を経てきている．1920年ペルー憲法及び1933年ペルー憲法については，本書第1章において1917年メキシコ憲法の影響として検討しているので参照されたい[6]．

さらに旧1979年憲法に注目されたい．1979年ペルー憲法は，「第3編 経済制度」において，独占の禁止（第133条），労働者の経営と資産への参加（第56条）について規定し，経済的公正と経済的参加が追求されている．

その上で，次のように6ヶ条にわたり協同組合の規定を置いていた．

〈協同組合の支持・奨励〉

　第1編 個人の基本的権利と義務 第3章 社会保障，健康及び福祉 第18条 国は**協同組合**（cooperativas），共済組合，そして一般に住宅金融機関を支持し奨励する．

〈協同組合による教育の承認・助成・監督〉

　第1編 第4章 教育，科学，文化 第30条 国は財政的欠乏のないように，私立，**協同組合**，地域，地方の教育を承認し助成し監督する．

〈協同組合企業の承認〉

　第3編 経済制度 第1章 一般原則 第112条 国は経済的多元主義（pluralismo económico）を保障する．国民経済は，所有と企業の多様な形態での民主的共存により維持される．国有企業，私企業，**協同組合企業**（empresas cooperativas），独立自営業，共同体所有企業（comunales），その他諸形態は法的制度の下で活動するものとする．

〈協同組合の保護〉

　第116条 国は**協同組合主義**（cooperativismo）と**協同組合企業**（empresas cooperativas）の自治の自由な発達を保護する．

〈協同組合の承認・助成・監督〉

　第7章 土地制度 第157条 国は，個人，**協同組合**（cooperativa），共同体（comunal），独立自営，その他直接所有者の運営するどのような形態も，規則と限界の法律を制定する．

〈協同組合の育成〉

　　第 8 章 地方とコミュニティ 第 162 条 国は，農村と国民共同体の統合的な発展を促進し，コミュニティと**協同組合企業**（cooperativas）を育成する．

　このように 1979 年ペルー憲法は，経済的公正（独占の禁止），経済的参加（経営参加，利益参加，所有参加）が追求され，協同組合は事実上の経済的公正と経済的参加の担い手として位置づけられる．したがって協同組合は事実上の独禁法適用除外であるといえよう．同憲法は国有企業，私企業，協同組合企業，独立自営業，共同体所有企業，その他諸形態の経済的多元主義，公協私の混合経済を目指している．

　ところで 1993 年ペルー憲法（2005 年改正現在）は，経済的公正としての独占の禁止（第 3 編 経済制度 第 1 章 一般原則 第 61 条）を置き，経済的参加としての利益参加およびその他の参加について，次のように規定している．

〈利益参加その他〉

　　第 1 編 個人と社会 第 2 章 社会的経済的権利 第 29 条 国は，労働者の企業の**利益に参加**する権利を承認し，**参加の他の形態**を促進する．

　ところが協同組合については，次の規定があるのみで，1979 年憲法から大きく後退している．

〈協同組合の教育〉

　　第 17 条 コミュニティと**協同組合**を含む様式での教育を保証し融資する．

　現行ペルー憲法は，1979 年憲法を引き継いで経済的公正と経済的参加が追求されているが，しかし協同組合に関する位置づけは 1979 年憲法とでは大きく断絶しており，後退が著しいといえよう．

(2) ボリビア憲法の協同組合規定

　現行の 2009 年ボリビア憲法に先立って，ボリビアには 1945 年憲法，1967 年憲法に注目すべき協同組合の憲法規定があった．1945 年ボリビア憲法（1947 年改正）は，「第 13 章 経済及び財政制度」といった独自の章編別の経済規定を設け，「第 14 章 社会権」において協同組合の促進規定（第 124 条）と労働者の企業利潤への参加に関する規定（第 127 条）を有していた．

　その後，1967 年ボリビア憲法（1994 年改正）において，独占の禁止（第

134条），大土地所有の禁止（第167条），農業・農民の保護（第168条〜169）等経済的公正を追求する規定が置かれた．同憲法の「第4部 国民経済の構造と組織 第1編 国民経済の組織 第2章 国家の経済的役割」において，経済的公正（equidad económica）や富の公正な分配（distribución equitativa）が明記されていた．その上で，協同組合に関して，「第2編 社会制度 第160条 協同組合組織」において，すべての種類の協同組合組織を促進することが規定されていた．また「第3編 農業改革 第167条及び第168条」において，協同組合の保障と農業協同組合の育成が明記されていた．

このように1967年ボリビア憲法（1994年改正）は，独占の禁止・大土地所有の禁止等経済的公正を追求し，協同組合の承認，保護・促進・育成が規定され，協同組合は事実上の独禁法適用除外，事実上の経済的公正の担い手として位置づけられていたといえよう．

こうした1945年憲法や1967年・1994年改正憲法の歴史的背景の上に，協同組合促進規定や独占禁止規定を継承発展させて，2009年現行憲法における協同組合規定が成立していることに留意しておかなければならない．

それでは2009年現行ボリビア憲法をみてみよう．2006年ボリビア初の先住民大統領エボ・モラレスの就任とともに制憲が行われ，2009年に新憲法が発効した．同憲法では，前文で「主権，尊厳，相補性，**連帯**（solidaridad），調和，正義，尊敬と平等の原則に基礎をおく」とし，「第1部 国家の権利，義務および保証 第1編 国家の基本原則」において，「国家は，団結，平等，包摂，尊厳，自由，**連帯**，相互，尊敬，相補性，均衡，**機会均等**，**社会的公正**，参加における性的平等，社会責任，社会正義，流通，商品や社会財の**再分配**を原則とする」（第8条）と闡明する．さらに，先住民農民の保護（30〜32条，405条），消費者保護（第75条），中小企業・中小生産者保護（第318，330，334，408条），独占の禁止（第314条，第316条）が規定されている[7]．

ボリビア憲法において重要なことは，分配・再分配や経済基準として公正の原理が，前文はじめ社会保障の原則（第45条），労働権の原理（第46条），協同組合システムの原理（第55条），経済原則（第306条），分配原理（第313条），国家の役割（第316条），経済政策・金融政策の原則（第330条），水資源の原則（第373条）に貫かれているということである．そしてまた前述のよ

うに「連帯」が重要な基本原則とされていることである．
　さらに労働者や協同組合の経済的参加（利益参加，経営参加，事業参加，計画参加）については次のように明確に規定されている．
〈労働者の組織管理の参加と経営参加・利益参加〉
　　第4部 国民経済の構造と組織 第1編 国民経済の組織 第1章 一般的性質 第309条 5 国営企業・国有企業は，従業員の**組織と管理の参加**のみならず，**意思決定と利益の参加**と**社会的管理**が行われる．
　その上で協同組合に関する規定及び協同組合の参加に関する規定は，以下のとおり12ヶ条にわたっている．
〈協同組合の承認〉
　　第2部 基本的な権利と保障 第3章 基本的な権利 第20条 II 政府のレベルで，公共機関，混合組織，**協同組合組織**またはコミュニティ組織を通しての基本サービスの提供は，国の責任である．
〈協同組合の原則の承認・協同組合の助成と規律〉
　　第5章 社会経済的権利 第3節 労働と労働に対する権利 第55条 **協同組合システム**は，**連帯，平等，互恵，分配の公正，社会目的及び非営利の原則**に基づいている（El sistema cooperativo se sustenta en los principios de solidaridad, igualdad, reciprocidad, equidad en la distribución, finalidad social, y no lucro de sus asociados）．国は，法律によって，**協同組合組織**を助成し規律する．
〈協同組合の多元的経済の承認〉
　　第4部 第1編 第1章 第306条 II 国の多元的経済は，コミュニティ，国家，民間部門と**協同組合**の経済組織で構成される．
〈協同組合による水管理の承認〉
　　第309条 国民経済の組織形態は，次の目標を達成する国営企業およびその他の経済主体が含まれる．2 基本的な水と排水の直接管理は，公共，コミュニティ，**協同組合**または混合の形態で行われる．
〈協同組合の原則の承認と保護・生産協同組合の促進〉
　　第310条 国は，**協同組合**を**連帯と協同，非営利の形態**（formas de trabajo solidario y de cooperación, sin fines de lucro）として承認し保護する．これ

は主に生産活動の**協同組合組織**を促進する．
〈生産協同組合の金融的優先〉
　第3章 経済政策 第3節 金融政策 第330条 2 国は，その金融政策を通じて，ミクロと**中小企業**，工芸，貿易，サービス，コミュニティ組織と**生産協同組合**の分野で金融サービスの需要を優先する．
〈公益事業協同組合の承認と管理〉
　第335条 **公益事業協同組合**（Las cooperativas de servicios públicos）は，共益組織，非営利組織，政府制御であり，民主的に管理されなければならない．
〈協同組合による天然資源管理の承認〉
　第2編 環境，天然資源，土地と領域 第2章 天然資源 第351条 第1 国は探査，開発，工業，交通，戦略的な天然資源のマーケティングに公共機関，**協同組合**やコミュニティ，さらに私企業と混合企業を通じた，形成制御と管理を想定する．
〈協同組合による鉱業生産の承認〉
　第4章 鉱業と金属 第369条 1 国は，土壌の起源とその実装法で規制しなければならない下層にある鉱物の富の責任を負う．これは，私企業と**協同組合**の鉱業の生産活動として承認される．
〈鉱業協同組合の促進・助成〉
　第370条 II 国は，国の社会経済発展に寄与する**鉱業協同組合**を促進し助成する．
〈協同組合によるエネルギー事業の承認〉
　第6章 エネルギー 第378条 II 国は，生成，輸送，配分の各段階において，公共企業，混合企業，非営利機関，**協同組合**，私企業や地域社会，協会の**参加**と**社会的統制**を通じて，エネルギーの生産チェーンの開発に排他的な力を持つ．
〈協同組合による農村開発の承認〉
　第406条 II 国が促進し農村の生産経済組織を強化するのは，国の社会経済発展と彼らの文化的アイデンティティと生産に寄与する職人，**協同組合**，農業生産者とメーカーの協同団体を含む，個人，**中小農業協同組織**である．

このようにボリビア憲法では，協同組合は経済政策・産業政策の重要な位置づけが与えられている．協同組合システムは，文字通り連帯，平等，互恵，分配の公正，社会目的及び非営利の原則に基づき，連帯と協同，非営利の形態として承認し保護される．それは多元的経済の下で，コミュニティ，公的，私的および協同組合セクターの4セクターによる混合経済を追求している．基本的に公協私の混合経済論ということができるであろう．

2009年ボリビア憲法は，公正・連帯の原理に基づいて，経済的弱者の保護として協同組合は文字通りまたは事実上の経済的公正，経済的参加の担い手として位置づけられている．また事実上の独禁法適用除外として位置づけられているとみなすことができる．ここには現代憲法としての特質はもちろん，21世紀憲法としての諸要素をも具備されていると評価できるであろう[8]．

(3) パラグアイ憲法の協同組合規定

パラグアイでは，すでに1967年憲法において農業改革（第6章）のために協同組合の促進が謳われていた（第128条）．

現行の1992年パラグアイ憲法においては，消費者保護（第38条），完全雇用（第87条），機会均等の追求・独占の禁止（第107条），農業農民保護（第114条），中小農場の保護（第115条），先住民保護（第62～67条）等経済的公正を追求する．

その上に次のように協同組合の規定が3ヶ条置かれている．

〈協同組合の振興・促進〉

 第2編 権利，義務，保障 第9章 経済権利と農業改革 第1節 経済的権利 第113条 協同組合の振興について （1）国は，商品の生産と連帯と社会的便益に基づいたサービスのための，**協同組合企業**と**その他の協同組織**を促進する．

〈協同組合原則の普及〉

 第113条 （2）国民経済発展の手段として，**協同組合主義原則**は教育制度を通じて普及される．

〈農業協同組合の促進〉

 第2節 農地改革 第114条 土地改革の目的土地改革は，農村地域におけ

る福祉を成し遂げるための基本的な要素の1つである．それは，国の社会経済開発に**農民による効果的参加**から成る．この目的のためには，土地の分配・所有・借入の**公正なシステム**が採用される．信用，そして，技術的教育的健康支援が組織される．**農業協同組合と類似協同組織**の創設が促進される．そして，生産の増加，工業化と市場の合理化が農業セクターの統合した発展のために促進される．

このようにパラグアイ憲法は，経済的弱者の保護・独占の禁止等の経済的公正を追求し，協同組合は事実上の経済的公正の担い手として位置づけられ，また事実上の独禁法適用除外とされている．

また，パラグアイ憲法は，序文において，「自由，平等と正義を確実にする目的で，人間としての尊厳を認めて，代議制，**参加方式**，多元的な共和制の民主主義の原則を再確認する」として「参加の原則」を明記している．そして社会，政治，経済，文化の発展への若者の参加（第56条），社会，政治，経済，文化の発展への先住民の参加（第65条），農村改革計画における農民の参加（第115条）が謳われている．このように一般的かつ部分的な経済的参加（計画参加）が追求され，協同組合は文字通りまたは事実上の経済的参加の担い手とみなされている．パラグアイ憲法は，現代憲法としての特質を基本としつつ，21世紀憲法の要素も一部具備しているということができる．

(4) ガイアナ憲法の協同組合規定

ガイアナは，「ガイアナ協同共和国（Co-operative Republic of Guyana）」と称し，現行憲法は1979年に成立し，1980年，1996年に改正されている．同憲法「序文」で，ガイアナは「社会主義」原則を採ることを打ち出し，生産手段の社会的所有と搾取の廃止（第15条（2）），社会主義経済法則の採用（第15条（3））を規定して，次のように参加を基本原則とした．

〈国家経済計画の基本原則〉

第1部 一般原則 第2章 政治，経済，社会制度の原則と基本 第15条（4）国家経済計画は，経済の開発・管理の基本的な原則であるものとする．それは企業，コミュニティ，地域および国家レベルで，**人々と社会経済組織の最も広範な参加**を提供するものとし，働く人々がイニシアティブを発

揮し創造と革新の精神を発展する継続的な機会を提供するものとする．
その上に，協同組合について以下の5ヶ条の規定を置いていた．

〈協同組合の承認〉

第11条 **協同組合**，労働組合，全ての社会経済組織は，国民生活の政治的経済的社会的文化的セクターにおける国の**管理**と**意思決定**に**参加**する資格が与えられる．

〈協同組合運動の承認〉

第16条 **協同組合主義**（Co-operativism）はダイナミックな社会主義移行原則（principle of socialist transformation）でなければならないし，社会の関係者に普及周知されなければならない．**協同組合主義**（Co-operativism）は，人々の歴史的経験に根ざしており，自律に基づいており，人々の生産的力を引き出し，国民の全体的発展において統合的な原則である．

〈協同組合の役割承認〉

第22条 (3) **労働の権利**は次によって保障される．(vii) 継続的に国の物的富を増大し，雇用機会を拡大し，労働条件を改善し，快適性と便益を増大するために，国，**協同組合**，労働組合，他の社会経済組織および前述の原則に従って経済を発展するために共に働いている人々の持続的な努力による．

〈協同組合の役割承認〉

第23条 全市民には，休暇，レクリエーションと余暇に対する権利がある．文化的な，教育的なおよび健康機関の複合体を含め，**協同組合**，労働組合と他の社会経済組織と協力した国は，労働時間と労働条件を定め，労働者のために休日の準備を行うことによって，この権利を保障する．

〈協同組合の役割承認〉

第38条 持続的堅実的な努力を通じて，生産と生産性の最高可能水準を達成し，本章において規定された諸権利の実現を確実にするために経済を発展させることは，国，**協同組合**，労働組合及びその他の社会経済組織や人々の義務である．

協同組合主義国家たるガイアナは，協同組合を基礎とした社会経済について

規定しているが，そこでは経済的参加（経営参加，計画参加）が重視され，協同組合は文字通りその担い手として位置づけられている．ガイアナ憲法は，経済的公正を中心とした現代憲法としての特質を有しており，経済的参加において21世紀憲法としての要素も具備しているということができる．

(5) スリナム憲法の協同組合規定

スリナム憲法（1987年，1992年改正，2007年現在）は，社会権・労働権はもちろん，国民所得の公正な分配（第6条），完全雇用の実現（第27条）の経済的公正の実現を規定している．その上で，協同組合に関する憲法規定は次の通りである．

〈4セクター・協同組合企業の承認（国営企業，私企業，公私共同企業，協同組合企業）〉

> 第2章 経済目標 第5条 2 社会経済的発展が採用する経済システムは，国営企業，私企業，国家と私人が共同で参加している企業，および**協同組合企業**の共同し共有し平等の機能を果たすことによって特質づけられる．

このように，公的，私的，公私混合的，協同組合的の4セクター論に立脚している．スリナム憲法は事実上の経済的公正の担い手として，現代憲法としての特質を有しているが，経済的参加は規定されておらず，21世紀憲法としての特徴は明確ではない．

(6) ウルグアイ憲法の協同組合規定

ウルグアイ憲法（1966年，2004年）における協同組合の規定は次の通りである．

〈協同組合の承認〉

> 第11部 自主的組織および分散的サービス 第188条 工業，農業，商業において，労働者の貢献，**協同組合**，私的資本によってつくられた会社が適切に自由な同意により纏まるように国は機能するものとする．

(7) エクアドル憲法の協同組合規定

現行エクアドル憲法（2008年）に先立って，1984年憲法，1996年憲法，

1998年憲法があった．1984年憲法は，4つの基本的なセクター：公的セクター，混合経済，コミュニティセクターあるいは自己管理の協同組合企業か共同体企業か類似企業，私的部門（私企業）の承認規定（第3編 経済 第2節 経済セクター 第46条）がある．1996年憲法でも同様に4つの基本的セクターの規定（第61条）と協同組合の生産の奨励規定（第66条）がある．1998年憲法には，「第12編 経済制度 第1章 一般原則 第246条 国は，協同組合によってコミュニティ会社や自主管理事業の発展を促進する」「第12編 第6章 農業体制 第267条 土地の独占とラティフンディウム（大土地所有制度）を禁止する．生産設備の統合によって，コミュニティと協同組合の生産は刺激される」と規定している．

ここでは，公協私と混合の4セクターに立脚して，協同組合の自主管理事業が位置づけられていること，大土地所有の禁止が注目される．

このように2008年憲法に先立って，1984年，1996年，1998年憲法の歴史的背景の上に，協同組合促進規定を継承発展させてきたということをみておかなければならないであろう．

では現行エクアドル憲法（2008年）についてみてみよう．2007年大統領に就任した，反米ポピュリズムのラファエル・コレア大統領による，2008年エクアドル憲法では，「第6編 開発計画 第4章 経済的主権 第1節 経済システムと経済政策」において，「第284条 経済政策の目標」として，①所得と国富の公正な分配，②生産性と競争力の奨励，③食品とエネルギー主権の確保，④自然と生活と文化の尊重，⑤地域的，都市と農村，経済社会文化的均衡的発展，⑥完全雇用の促進と労働者権利の尊重，⑦産出投入の経済的安定，⑧公正かつ補完的経済，社会と環境に配慮した消費の促進を明示している．ここにおける「社会と環境に配慮した消費の促進」規定は，環境破壊的欲望無制限的消費に対する反省として世界の憲法において類をみない先進的規定といえよう．

さらに独占の禁止（第304条，第335条），完全雇用の実現（第326条），消費者保護（第52条，第53条，第55条，第281条）中小企業の保護（第281条，第288条，第306条，第311条），農業保護（第263条，第281条），先住民保護（第171条），公正な報酬（第33条），貿易の公正（第304条，第335条，第336条）等経済的公正に関する規定が詳細である[9]．その上で，次のよ

うに5ヶ条にわたって協同組合の憲法規定が置かれている．

〈協同組合による一般的創造活動の奨励〉

　　第6編 開発計画 第1章 一般的原則 第277条 6 コミュニティ，アソシエイション，**協同組合**および私人の一般的創造的活動を奨励し，科学，技術，芸術，知識を促進する．

〈公的・私的・混合的・民衆連帯経済の承認・民衆連帯経済としての協同組合の承認〉

　　第4章 経済的主権 第1節 経済システムと経済政策 第283条 経済システムは，憲法に規定される公的，私的，混合的，民衆的，連帯的等の経済組織の形態で，統合される．**民衆連帯経済**（economía popular y solidaria）は，法律に合致して管理される**協同組合**，アソシエイションおよびコミュニティのセクターが含まれる．

〈民衆連帯金融としての信用協同組合の承認〉

　　第8節 金融制度 第311条 民衆連帯金融は，コミュニティの領域の**信用協同組合**，アソシエイション，**民衆連帯経済**（economía popular y solidaria）が構成される．

〈コミュニティ，協同組合，公的，私的，アソシエイション，家族，国内，独立，混合などの生産組織の承認〉

　　第6編 開発計画 第6章 労働 第1節 生産組織と管理の方式 第319条 経済の中で，コミュニティ，**協同組合**，公的，私的，アソシエイション，家族，国内，独立，混合などの生産組織の様々な方式を承認する．

〈公的，私的，コミュニティ的，地方的，アソシエイション的，協同組合的，混合的所有権の保障〉

　　第2節 所有権の種類 第321条 国は，社会的環境機能を果たすものとして，公的，私的，コミュニティ的，地方的，アソシエイション的，**協同組合的**，混合的所有権を保障する．

　ここでは，公協私をはじめ混合的，コミュニティ的，地方的の多元的な経済セクターが構想されている．協同組合は多元的セクターの中で連帯経済の1つとして位置づけられ，文字通りまたは事実上の経済的公正（経済的弱者保護，独占の禁止）の担い手であるといえよう．なお，ここでの協同組合による「民

衆連帯経済」は，次にふれる経済的参加が含意されているとみなすことができよう．

エクアドル憲法は，政治・社会への参加について市民参加と社会的コントロールとして多方面で規定され，公共政策策定への参加（第4編 参加と組織 第5章 透明性と社会制御の役割 第1節 自然と機能 第206条）や開発計画等への参加（第6編 開発計画 第2章 参加型開発計画 第279条）が規定されている．経済的参加（経営参加）に関しては，戦略部門に対する経営参加（同編 開発計画 第5章 公共の戦略・サービス・企業 第315条），労働者と雇用者の「参加型民主主義」の規定（同編 第6章 労働 第3節 労働と再分配の方式 第326条）がある．

かくしてエクアドル憲法は，現代憲法としての経済的公正のみならず，21世紀憲法としての経済的参加さらには連帯が基調とされている．協同組合はそれらの文字通りまたは事実上の担い手として位置づけられるのである[10]．

(8) ベネズエラ憲法の協同組合規定

現行憲法前の，ベネズエラ憲法（1983年）には独占の禁止（第3編 義務，権利，保障 第5章 経済権（Derechos económicos）第97条）と協同組合の保護奨励規定（第3編 義務，権利，保障 第4章 社会権（Derechos socials）第72条）があった．1999年現行憲法以前に，この1983年憲法におけるように独占禁止規定や協同組合保護奨励規定が存在していたという歴史的前提に留意しておきたい．というのもベネズエラの協同組合の憲法規定は，決して1999年のチャベス改革のみによるものではないからである．

以下では，反米とポプリスモとボリーバル主義のウーゴ・チャベスが大統領に就任して，成立した現行のベネズエラ憲法（1999年）について検討していく．

ベネズエラ憲法は，「第1編 基本原則」において，「民主的社会的国家」を標榜し，「至高の価値として，生命，自由，正義（justice），平等，**連帯**，民主主義，社会的責任」すなわち「人権の優越，倫理並びに政治的多元主義を擁護する」（第2条）とする．そして，「国の本質的目的」として，「人間の尊厳，国民の意思を民主的に行使し，**公正**で平和を愛する社会の建設，国民の繁栄及

第 4 章　世界各国の憲法における協同組合規定(下)　　　　　135

び福利の増進」と「教育及び労働の重視」を規定する（第 3 条）．「連帯」・「公正」または「正義」が重要な価値や目的となっている．

　そして，人権保障（第 3 編　人権保障及び義務　第 19 条～第 31 条），市民の権利（同編　第 3 章　市民の権利　第 43 条～第 61 条），参政権等の政治的権利（同編　第 4 章　参政権及び国民投票　第 62 条～第 70 条）が定められている．さらに社会権（同編　第 5 章　社会権及び家族に関する権利　第 75 条～第 86 条），労働権（同編　同章　第 87 条～第 97 条）が規定され，文化及び教育に関する権利（同編　第 6 章　第 98 条～第 111 条）が規定され現代憲法としての特質を具備している．

　その上で同編「第 7 章　経済権」（Capítulo VII De los Derechos Económicos/Chapter VII Economic Rights）において明確に現代憲法としての経済権を設定し，経済的自由・富の創出と公正な分配（第 112 条），独占の禁止（第 113 条）を規定し，経済的公正を追求する[11]．

　なお，ベネズエラ憲法は「第 6 編　社会経済制度」の独自の編を設定し，「第 1 章　社会経済体制及び経済における国の役割　第 299 条　社会経済体制の基本原則」において，「社会正義，民主主義，効率性，自由競争，環境保護，生産性及び**連帯の原則**を基礎に置く．国は公開協議による民主的かつ**参加的な戦略的計画**の立案を通じて，**富の公正な分配**を達成するため，経済成長についての法的安全性，確実性，活力，持続可能性，永続性及び均衡を保障し，民間の発意とともに，雇用を創出し，国民の付加価値を高め，国民の生活水準を向上させ，かつこの国の経済的主権を強化するため，国民経済の調和的発展を促進する」と言明する．

　さらに経済的弱者保護のための経済的公正の追求としては，先住民の保護（第 119 条～第 126 条），共同所有地（ejidos/common land）の保護（第 119 条，179 条，181 条），地域格差是正（第 185 条），水資源の保護（第 304 条），食糧安定供給の保障・持続可能な農業の促進（第 305 条），総合的農村開発（第 306 条），大土地所有の禁止・農民的土地所有の保護（第 307 条），中小企業・家族経営企業・零細企業の共同所有制度のもとの協同組合や共同事業体の保護・奨励（第 308 条），伝統産業の保護（第 309 条）が謳われた．

　さらにベネズエラ憲法の特徴は，政治社会のみならず社会経済における参加

型民主主義を追求するところにある．国民の参加と関与（participation and involvement）（第70条）を政治的基調としつつ，さらに社会経済的事項に関しては，相互協力と連帯の価値に沿った自主管理，共同管理，協同組合の方式によるものとした（第70条）．また労働者による企業の利益参加を認め（第91条），協同組合，貯蓄金庫，共済組合等の社会的参加的性格を有する組織の発達を承認（第118条）し，協同組合，貯蓄金庫，共済組合の結合方式を奨励することで経済的過程への参加を促進（第184条（3））し，公企業への労働者と地域組織の経営参加（第184条（4））を促進し，さらに協同組合及び地域サービス企業が行う政策の企画を通じて，経済的参加の定着を図る（第184条（5））ことを規定する．ここには経済的参加・経営参加が追求されており，この経済的参加に関する4ヶ条はすべて協同組合に関わっている．協同組合はその経済的参加の主要な担い手として文字通り明確に位置づけられているのである．

　いまベネズエラ憲法における協同組合規定を改めて示せば次の通りである．
〈参加と関与〉

　　第3編　人権保障及び義務　第4章　参政権及び国民投票　第1節　参政権　第70条〔人々の参加と関与〕政治事項についての主権の行使における人々の**参加及び関与**（participación y protagonismo/participation and involvement）の手段は，特に，公職選挙，国民投票，国民諮問，罷免，立法，憲法及び憲法制定の発議，公開市議会並びに拘束性をもつ決定を行うことができる議会である．また，社会的経済的事項については，市民に対する配慮の請求，自主管理，共同管理，金融的性格のものを含めたあらゆる形式での**協同組合**，貯蓄金庫，地域企業並びに**相互協力及び連帯の価値**に従うその他の結合形式である．

〈社会的参加的性格の組織の発展〉

　　第7章　経済権　第118条〔労働者及び団体の権利等の保障〕労働者の権利，並びに**協同組合**，貯蓄金庫，共済組合その他の集団的形態の**社会的参加的性格**（carácter social y participativo/social and participative nature）を有する組織を発展させるための団体の権利は，これを承認する．これらの団体は，法律に従い，あらゆる種類の経済活動を展開することができる．これ

らの組織体の特殊性，特に**協同組合的活動，協同労働**（trabajo asociado/associated work）及びその**集団的利益**（beneficios colectivos/collective benefits）を生み出す性質に関する特殊性については，法律でこれを承認する．

〈住民の参加〉

第4編 公権力 第4章 市の権力 第184条〔住民の参加〕州と地方自治体に地方分権化させ，地域社会や組織化された住民グループが運営し提供できる能力を実証しているサービスを移譲させるために，開かれていて柔軟な構造を法律でつくらなければならない．そのために以下のことを促進する．

(1) 保健，教育，住宅，スポーツ，文化，社会プログラム，環境，産業地域の管理，都市地域の維持，地域住民の予防と保護サービス，工事計画，公共事業の提供の分野でのサービスの移譲．この目的を達成するために，地域や組織された住民グループは，契約を結ぶ力を持ち，その内容は，**相互依存，調和，協力，分担責任の原則**を指針としなければならない．

(2) 適正な投資計画を担う州や地方自治体当局への発表を目的とした投資提案の構築における地域組合や非政府組織（NGO）を通しての**地域や市民の参加**，そして自らの区域内での作業計画，社会プログラム，公共事業の実施，評価，**管理への参加**．

(3) **協同組合**，貯蓄金庫，共済組合やその他の形式の提携といった社会経済の発現を刺激する**経済過程への参加**（participación en los procesos económicos/participation in economic processes）．

(4) 自営や共同経営の方法を通して，**公共部門のビジネス企業運営においての労働者や地域による参加**．

(5) 参加目的を記した方針の構想を通した恒久的存在を示した**雇用と社会福祉**（empleo y de bienestar social/employment and social Welfare）を生み出す地域サービスの企業，組織，**協同組合**の創設．

(6) 地方と州政府の公共行政での共有責任の原則の保障と，州と地方公共団体の公共事業を運営し統制する自己管理と共同管理の過程の発展を視野に，行政区，地域，区，住民レベルの新しい地方分権化された組織の創設．

(7) 刑罰施設と接する，そして一般住民がそれらの施設を必要とする活動への地域の参加．

〈中小企業，協同組合，貯蓄金庫の保護と促進〉

第6編 社会経済制度 第1章 社会経済体制及び経済における国の役割 第308条〔中小企業，協同組合，貯蓄金庫の保護と促進〕国は，民間の発意を支持しつつ，国の経済発展を強化するため，**共同所有**（propiedad colectiva/collective ownership）制度の下で，**中小産業，協同組合**，貯蓄金庫，家族経営企業，零細企業やその他の形態の労働，貯蓄，消費を目的とした地域組合を保護，促進する．国は，資格，技術支援，適切な融資を確保する．

このように協同組合は経済的弱者保護のための経済的公正の担い手として，また経済的参加（事業参加，経営参加，経営参加）の担い手として位置づけられているのである．そこでは，「協同労働」（trabajo asociado/associated work）や「共同所有」（collective ownership），「社会的参加的性格」（social and participative nature），そして「雇用と社会福祉」の担い手としの社会的公共的役割の中で協同組合が位置づけられている．ここには協同組合のもつ社会経済的特質が如実に表されている．

ベネズエラ憲法は，文字通りの経済的公正として現代憲法の特徴を有し，さらに文字通りの経済的参加および連帯の価値に基づくものとして21世紀憲法の特質を具備しているといえよう[12]．

(9) コスタリカ憲法の協同組合規定

コスタリカ憲法（1949年，2003年現在）は，独占の禁止（第46条）を規定し，消費者保護（第46条：1996年追記）を明記する．そして，協同組合に関する規定は次の通りである．

〈協同組合の促進〉

第5編 社会上の権利と保障 第64条 国は，労働者がより高度な生活条件を得る手段として，**協同組合**を創設することを促進しなければならない．

このように私的独占の禁止と協同組合保護の両規定の共存は，事実上の協同組合の独禁法適用除外であるといえよう．消費者保護を含め，協同組合は事実

第4章　世界各国の憲法における協同組合規定(下)

上経済的公正の担い手として位置づけられるであろう．コスタリカ憲法は現代憲法としての特質を有している．

(10) ニカラグア憲法の協同組合規定

ニカラグアは，1950年憲法において，独占の禁止に関して「私的独占及びあらゆる種類の鉱業又は商業上の買占めは，禁止する」（第4部　権利及び保障　第87条）と規定していた．

現行のニカラグア憲法（1987年，1995年，2008年）は，中小企業・零細企業保護（第99条），農民保護（第106条，109条，110条，111条）等経済的弱者保護の経済的公正を追求する．また次のように労働者や農業者の経済的参加（経営参加，経済計画参加等）を明記する．

〈労働者の経営参加〉

　　第4編　ニカラグア国民の権利，義務，保障　第5章　労働の権利　第81条　労働者は，労働者の組織を通じ，法に基づいて，**企業の経営に参加**（participaren la gestión de las empresas）する権利をもつ．

〈労働者の経済計画への参加〉

　　第6編　国民経済，土地改革，公共財政　第1章　国民経済　第101条　労働者と他の生産部門は，経済計画の計画，実行，統制に**参加する権利**をもつ．

〈中小農業生産者の計画への関与〉

　　第110条　国は国の経済社会発展計画に対して，集団的ないしは個人的方法で，中小農業生産者の**自発的関与**を促進するものとする．

〈農民の政策作成への参加〉

　　第111条　農民と他の生産部門は，自らの組織を通じて，農業転換政策の作成に**参加する権利**をもつ．

その上で，次のような4ヶ条の協同組合の憲法規定がある．

〈5セクター・混合経済による協同組合奨励（私的，公的，協同組合的，団体的，コミュニティ的形態と経済経営管理）〉

　　第1編　基本原則　第1章　第5条　公的，私的，集団的，**協同組合的**，コミュニティ的な諸資産の異なった諸形態は，富を生産し，自由な活動の中で社会的機能を果たすことに，差別なく奨励される．

〈5 セクター・混合経済による協同組合奨励〉

　第 1 章 第 99 条〔全体の発展と資産形成の促進〕国は，経済と社会の民主主義を保証するために，私的，公的，**協同組合的**，団体的，コミュニティ的および混合の財産形態と経済経営管理を保護し醸成し促進する責任がある．

　第 103 条〔混合経済と資産の社会的機能〕国は，混合経済の一部であり，国の利益に従属し，社会的機能を果たす，公的，私的，**協同組合的**，集団的，コミュニティ的資産の形態の民主的な共存を保証する．

〈農業協同組合の促進〉

　第 2 章　土地改革　第 109 条〔農業協同組合の促進〕国は，**農業協同組合**によって性差なしで農民の自発的結合を促進する．そしてそれとともに，農民の生活条件を向上するためにその技術的生産的能力を高める具体的な手段を促進する．

　このようにニカラグア憲法（1987 年，1995 年，2008 年）は，経済的弱者保護の経済的公正と労働者や農業者の経済的参加（経営参加，計画参加）を追求し，協同組合は事実上それらの担い手として位置づけられている．すなわち基本的には現代憲法としての特質を有し，21 世紀憲法の要素も一部備えている．

(11) エルサルバドル憲法の協同組合規定

　エルサルバドルは，1950 年憲法において，小規模商工業の保護（第 146 条），小農業者の保護（第 147 条），「労働は……商品とみなしてはならない」（第 182 条）旨の規定があり，独占の禁止（第 142 条）と「利潤を公正に分配する経済上の団体の奨励と保護」（第 145 条）が謳われている．この「利潤を公正に分配する団体」とは協同組合のことであるのは間違いなく，協同組合は経済的公正の担い手として位置づけられているのである．

　現行のエルサルバドル憲法（1983 年，1996 年，2003 年）においては，小規模農家の保護・農業の保護（第 105 条），消費者保護・独占の禁止（第 110 条）が規定され，経済的公正が追求されている．その上で協同組合は次のように規定されている．

〈協同組合の保護育成〉
　第5編 経済秩序 第114条 国は，**協同組合**を保護・育成し，組織と拡大と金融を容易にするものとする．

〈協同組合の土地所有上限の特例〉
　第105条 国は，土地に対する私的所有権を承認し保証する．個人的，**協同組合的**，共同体的，その他の共同形態で，所有権として本憲法で明確にした土地の最高限度を減ずることはない．
　少数の自然人または法人に帰属する農地の最高限度は，245ヘクタールを超えないものとする．この制限は協同組合や**共同体農民の組合**には適用しないものとする．
　本条第2パラグラフの土地の所有者は，土地を自由に譲渡，放棄，分割，分配することができる．**協同組合**，農民共同体，農業改革の受益者の所有の土地は，特別の制度に基づくものとする．
　このように，現行エルサルバドル憲法は，経済的弱者の保護・独占の禁止といった経済的公正を追求し，協同組合の保護育成，土地所有の上限の特例を規定しており，事実上これらの担い手として協同組合を位置づけているということができる．基本的には現代憲法としての特質を有している．

(12) グアテマラ憲法の協同組合規定

　現行のグアテマラ憲法（1985年，1993年）に先立って1956年グアテマラ憲法について検討しよう．1956年グアテマラ憲法は，経済的弱者の保護として，農業及び牧畜用の中程度の財産の特別保護（第130条），農業保護（第213条）や独占の禁止（第223条）を明記して，協同組合の発展の奨励と援助（第10部 経済制度 第217条）を規定していた．
　このように経済的公正の追求がなされ，協同組合の奨励が同時に規定されていたことは，事実上経済的公正の担い手として位置づけられるものといえよう．
　現行グアテマラ憲法では，完全雇用（第118条）や国民所得の公正な分配（第118条），消費者保護・職人保護（第119条）が経済目標として規定され，消費者保護・独占の禁止（第130条）が明記され，経済的公正が追求される．
　その上にたって，協同組合は次のように保護奨励される．

〈農業協同組合の保護〉

　第3章 地域コミュニティ 第67条 土地と農業の地域協同組合の保護 **協同組合**，原住民のコミュニティ，他の形態の共同体所有，農業者の共同所有の土地，また家族の遺産や住居は国の特別な保護を享受する．

〈協同組合の奨励・保護〉

　第10章 経済社会体制 第119条 国の基本的義務 e) 技術的で財政的な必要な援助を提供している**協同組合**の創設と活動を促進し，保護すること．

〈住宅における協同組合の役割〉

　g) 住宅における**協同組合**の役割

　このように，グアテマラ憲法は，完全雇用や国民所得の公正な分配，独占の禁止といった経済的公正が追求され，同時に協同組合が保護，奨励される．すなわち，協同組合は事実上の独禁法適用除外，事実上の経済的公正の担い手として位置づけられているとみなすことができる．基本的には現代憲法としての特質を有している．

(13) ホンジュラス憲法の協同組合規定

　ホンジュラス憲法（1982年，2005年）は，農業保護（第348条）を定め，独占の禁止（第339条）を規定している．その上で，次のように協同組合規定を置いている．

〈協同組合の承認〉

　第6編 経済体制 第1章 経済制度 第334条 **協同組合**は制定される法の範囲で組織される．

〈協同組合の規制と育成〉

　第338条 法はあらゆる種類の**協同組合組織**を規制し育成する．それがなければ，**協同組合**は変質し，本法の経済的社会的基本原則を回避するようになる．

　このようにホンジュラス憲法は，独占禁止と協同組合の保護育成が同時に規定され，協同組合は事実上の独禁法適用除外と事実上の経済的公正の担い手として位置づけられるであろう．基本的には現代憲法としての特質を有している．

（14）パナマ憲法の協同組合規定

パナマには現行憲法以前に，1946年パナマ憲法が存在していた．同憲法は，「第3編 個人的及び社会的権利及び義務」中，「第3章 労働，第5章 公衆衛生及び社会福祉，第6章 地方及び土着集団」さらに「第11編 国民経済」において，社会権・労働権・経済権の諸条項を置いていた．経済的規定において，小規模商人・農民及び工業家のための信用機関設立（第226条）等経済的弱者保護を明記し，独占の禁止（第236条・第239条），協同組合の促進（第95条），生産及び消費の協同の促進及び監督（第229条）を規定していた．

ここには，経済的弱者保護と独占の禁止の経済的公正が追求され，協同組合は経済的公正と関連してその促進が謳われていた．

現行パナマ憲法（1983年・1994年→2004年：条文箇所の修正）は，完全雇用（第60条→第64条：条文箇所の修正（以下同）），農業農民保護（第118条，122条→第122条，第126条），小規模企業の保護促進（第278条3→第283条3），漁業森林開発（第291条→第296条）を規定し，独占の禁止（第290条→295条）を明記している．このように現行パナマ本憲法では経済的公正が重要視されている．

その上に以下のように協同組合の規定を置いている．

〈協同組合の促進〉

　　第3編 個人の権利と社会的保障 第8章 土地制度 第122条3（→第126条3）（国は次の活動を展開する．）製品に安定した市場と公正な価格（precios equitativos）を保障して，生産，工業化，配分と消費の実体，会社と**協同組合**の設立を推進するための処置をとること．

〈協同組合の発展〉

　　第10編 国民経済 第283条（→第288条）国は**協同組合**の創設と発展のために，そのために必要な点検機関をつくらなければならない．法はその組織活動のための特別の体制を確立しなければならない．

このようにパナマ憲法では1946年憲法と現行憲法（1983年，1994年，2004年）はほぼ共通して，経済的弱者保護と独占の禁止等経済的公正の追求が目指され，その中で協同組合の促進発展が推進される．すなわち協同組合は，事実上の独禁法適用除外と事実上の経済的公正の担い手として位置づけられている．

(15) キューバ憲法の協同組合規定

キューバ憲法は，本書第1章で論じたように，現代憲法の先駆的憲法として1940年憲法が注目される．同法は，社会権・労働権を保障し，協同組合の促進と独占禁止が共に規定されているということは，協同組合の事実上の独禁法適用除外であり，事実上の経済的公正の担い手として位置づけているということができた[13]．

現行のキューバ憲法は，社会主義憲法として1976年に制定され，1992年と2002年に改正されて今日に至っている．それによれば現行キューバ憲法では，「第1章 国家の政治的，社会的，経済的諸権利」から「第7章 基本的権利，義務，保障」までの各章において，基本的人権はじめ，社会権・労働権，そして経済権に関する規定がなされ，その中で協同組合の規定が置かれている．

これら1976年憲法，1992年改正憲法及び2002年改正憲法の協同組合規定は以下のとおりである．

《1976年キューバ憲法》
〈私的及び協同組合的所有〉

第1章 国家の政治的，社会的，経済的原則 第20条 ①国家は，法の規定に従い，土地並びにその他の生産手段・用具に対する小農の所有を認める．②小農は，法律の定める形式及び条件に従い国家の借款，サービスを受けるため，並びに農・牧業生産のために，彼ら自身で**協同する権利**を有する．③**農業協同組合**の設立は，法律が定める場合と形式により認められる．**協同組合**の所有は，それを構成する農民の集団所有の一形式である．④国家は，個人生産にたいしてと同様に，国民経済の高揚に貢献する**小農の協同組合生産**にたいしても援助する．⑤国家は，小農が自発的かつ自由に，農業生産の**国家計画及び単位に参加**することを奨励する．

《1992年改正キューバ憲法》及び《2002年改正キューバ憲法》
〈農業生産協同組合の特典〉

第1章 国家の政治的，社会的，経済的原則 第19条 国は法の規定に従って，小農民の土地その他農地や土地の開発に必要な個人の財産の法的所有権を承認する．小農民はその土地を，合法的国家団体の権限を有し，他の法的要件を満たした**農業生産協同組合**にのみ組み入れることができる．法の規定に従って，公正価格で支払い土地の購入に国家の優先権を損なわずに，小農民はまたその土地を国や**農業生産協同組合**に，場合によっては小農民へ，売却，交換，譲渡することができる．

〈協同組合の承認と保護支援〉

　　第20条 小農民は農業生産の目的や国の貸付やサービスを得るための両方について法の規定要件に従って集団化する権利を有する．法の規定した場合や方法で**農業生産協同組合**を創設することは権限を与えられている．社会主義的生産の先進的効率的形態を構成する**協同組合**の所有権は，国によって認められる．**農業生産協同組合**は，法や規則の規定に従って，所有する商品の管理，使用，処分の権利を有する．**協同組合**によって所有された土地は，押収されたり課税されることはない．またその所有権は法による規定や条項に従って，他の**協同組合**あるいは国に移転されることができる．国は農業生産の**協同組合**の形態に可能な限り支援する．

　現行キューバ憲法においては，上記の通り小農民保護・農業保護の観点から協同組合に特典を付与し保護支援を規定している．いわば経済的公正に留意しているということができ，その担い手として協同組合を位置づけている．ただし1940年憲法と1959年憲法に明記されていた「独占の禁止」は，「社会主義経済」においては存在しえないものとしているのか，現行憲法には規定されていない．また経済的参加に関しては，1976年憲法で農業生産に関する計画参加が謳われているが，現行キューバ憲法には看取されない．この点も「社会主義経済」の性格にその要因を求めるべきであろうか．この点では，キューバ憲法は経済的公正において現代憲法的特質を有しているが，経済的参加と連帯を重視する21世紀憲法としての特質は確認できない．

　ところで現行キューバ憲法は，第1条において「キューバは労働者の社会主義国家」であるとし，社会主義的分配原則，全人民的所有制度等社会主義憲法を基本としているのは確かである．しかし同時に，現行キューバ憲法には，キ

ューバ的歴史特質が反映しており，1940年憲法や1959年基本法との歴史的関連を否定することはできないであろう．

(16) ドミニカ共和国憲法の協同組合規定

ドミニカ共和国憲法（1994年，2002年）は，次のように労働者の利益参加を認め，協同組合の規定を置いている．

〈労働者の利益参加〉

第2部 第1節 個人的権利と社会的権利 第8条 11c 農業，工業，商業，鉱山のすべての会社で終身雇用労働者の**利益への参加**について，経営者の正当利益を尊重して，法に基づいて会社との合意の下で行われることができる．

〈協同組合経済への転換〉

13b 国は，会社を**協同の特性**をもたせるか**協同組合経済**（economía cooperativista）に転換することができる．

〈各種協同組合の設立奨励〉

15a 国は，家族の貯蓄，信用，生産，流通，消費，その他有用な**協同組合**の設立を奨励しなければならない．

ドミニカ共和国憲法は，経済的公正に関しては不問であるが，いくつかの条件付きであるが労働者の利益参加に関わる経済的参加が追求されている．協同組合は会社からの転換を規定しているように，事実上の経済的参加の担い手として位置づけられていると思われる．

(17) ハイチ憲法の協同組合規定

ハイチ憲法（1950年）で，協同組合に関して，「第22章 公の権利 第25条 ハイチ人は，結社し，並びに政党，労働組合及び**協同組合**を結成する権利を有する」と規定していた．

現行のハイチ憲法（1987年）では，「第11編 第1章 経済と農業」において，協同組合の奨励（第246条），農業保護（第247条），農地改革（第248条），独占の禁止（第250条）が置かれている．協同組合に関する規定は以下のとおりである．

〈協同組合の奨励〉

　第246条　国は，農村及び都市地域において，継続的発展を保証する国内資本を増進する生産，原材料処理のための**協同組合**と企業家精神の形成を奨励する．

〈全国協同組合会議の代表〉

　第14編　経過規定　第289条　この憲法により提供される常設選挙審議会の設立を待って，政府の全国協議会は9人のメンバーの暫定選挙人会議を開始する．同会議は，次の選挙を決定するために選挙法を実施することを任される．その人物は以下の通りに指名される．(9) **全国協同組合会議**（National Council of Cooperatives）から1人．

　このようにハイチ憲法では，農業保護や独占の禁止等経済的公正の追求と協同組合の奨励が同時に規定され，協同組合は事実上の独禁法適用除外と事実上の経済的公正の担い手としての位置づけが与えられている．経過規定であるが，国政の機関に協同組合の代表が含まれるという憲法規定は一種独特な規定である．

4. 中南米各国の憲法における協同組合の社会経済的地位

　以上G7・G20諸国以外の中南米各国17ヶ国（ペルー，ボリビア，パラグアイ，ガイアナ，スリナム，ウルグアイ，エクアドル，ベネズエラ，コスタリカ，ハイチ，ニカラグア，エルサルバドル，グアテマラ，ホンジュラス，パナマ，キューバ，ドミニカ共和国）の憲法における協同組合規定についてみてきた．ここではこの17ヶ国の憲法における協同組合規定を整理し協同組合の社会経済的地位を明らかにしたい．

　そこで経済権として経済的公正と経済的参加について，協同組合規定としてその内容と独禁法との関連，そして協同組合の社会経済的地位を表示した表4-4を参照されたい．その特徴を記せば以下のとおりである．

　第1に，すべて社会権（社会保障や社会福祉）・労働権（労働の保護）の規定が明記されている．協同組合の憲法規定の有無は，社会権・労働権を憲法においてどの程度重視するかによっていると言えそうである．現代憲法の特質は

表4-4　中南米各国の憲法における協同組合の社会経済的地位

番号	憲法／事項	経済権		協同組合規定		協同組合の社会経済的地位
		経済的公正	経済的参加	内容	独禁適用除外	
1	ペルー憲法（1993年）	独占の禁止	利益参加中心にその他の参加形態	承認／保護（教育協同組合）	事実上の適用除外（独占の禁止と協同組合保護の同時規定、やや後退）	事実上の経済的公正の担い手（独占の禁止）：しかしやや後退
2	ボリビア憲法（2009年）	公正な分配と再分配、先住民農民の保護、消費者保護、中小企業・中小生産者保護および独占の禁止、経済的公正を明記	国営・国有企業の労働者による経営や利益の参加	承認（連帯、平等、互恵、公正、社会目的及び非営利の原則、連帯と協同、非営利の形態、公益事業協同組合）／保護、促進（4セクター論）	事実上の適用除外（独占の禁止と協同組合保護の同時規定）	原則により文字通り又は事実上の経済的公正の担い手（経済的弱者保護、独占の禁止）／文字通り又は事実上の経済的参加の担い手／公協私混合4セクター論
3	パラグアイ憲法（1992年）	公正、消費者保護、完全雇用、機会均等の追求・独占の禁止、農業農民保護、農地改革、中小農場の保護、先住民保護	「参加の原則」、社会、政治、経済、文化の発展への若者の参加、農村改革計画における農民の参加、	促進（商品の生産、連帯と社会的便益に基づいたサービス）／普及（協同組合原則）	事実上の適用除外（独占の禁止と協同組合保護の同時規定）	文字通り又は事実上の経済的公正の担い手（経済的弱者保護、独占の禁止）／文字通り又は事実上の経済的参加（参加一般、農民の計画参加）
4	ガイアナ憲法（1970、1980年、1996年）	雇用機会の拡大、農業開発、農業保護	広範な参加の保障、協同組合による参加	承認	—	文字通り又は事実上の経済的公正（雇用機会の拡大、経済的弱者保護）の担い手／文字通りの経済的参加の担い手／協同組合社会主義
5	スリナム憲法（1987年、1992年改正、2007年現在）	国民所得の公正な分配、完全雇用の実現	—	承認（公的、私的、公私混合的、協同組合的の4セクター論）	—	事実上の経済的公正の担い手（公正な分配、完全雇用）
6	ウルグアイ憲法（1966年、2004年）	—	—	承認		
7	エクアドル憲法（2008年）	所得と国富の公正な分配、地域の均衡的発展、独占の禁止、完全雇用の実現、消費者保護、中小企業の保護、農業保護、	企業の戦略的部門の経営参加、企業の労働者及び雇用の参加型民主主義、開発計画への参加	承認（多元的経済）（民衆連帯経済）	事実上の適用除外（独占の禁止と協同組合保護の同時規定）	文字通り又は事実上の経済的公正の担い手（経済的弱者保護、独占禁止、）／事実上の経済的参加（参加一般、経営参加、計画参加）の担い手／公協私混合多元的経済論

			先住民保護, 公正な貿易				
8	ベネズエラ憲法（1999年）	富の創出と所得の公正な分配，独占禁止，消費者・生産者保護，共同所有地保護，食糧安定供給，持続可能な農業，大土地所有禁止・農民的土地所有，中小零細・伝統産業の保護，雇用創出，地域格差の是正，先住民保護	国民の参加と関与，自主管理，共同管理，協同組合方式，企業の利益における労働者の参加，社会的参加の性格の組織の承認，経済過程への参加促進，公企業への労働者と地域組織の経営参加，政策の企画参加	承認（社会的経済的参加と関与の手段・相互協力と連帯の価値に従う結合形式，経済過程への参加，雇用と社会福祉の生成：協同組合的特質の承認）／保護・助成・促進	事実上の適用除外（独占の禁止と協同組合保護の同時規定）	文字通りの経済的公正の担い手（独占禁止，経済的弱者保護）／文字通りの経済的参加（事業参加，経営参加）の担い手／社会目的の担い手（雇用，社会福祉）
9	コスタリカ憲法（1949年，2003年現在）	独占禁止，消費者保護		促進，普及（労働者の生活条件の向上）	事実上の適用除外（独占の禁止と協同組合保護の同時規定）	事実上の経済的公正の担い手（独占禁止，経済的弱者保護）
10	ニカラグア憲法（1987年，2008年）	中小企業・零細企業保護，農民保護，土地改革	労働者の企業経営参加／労働者の経済計画参加／農民の計画参加	承認／保護，奨励，促進（5セクターの混合経済）		事実上の経済的公正の担い手（弱者保護）／事実上の経済的参加（経営参加，経済計画への参加）の担い手／5セクターの混合経済
11	エルサルバドル憲法（1983年，2003年）	小規模農家の保護，農業の保護，消費者保護，独占の禁止		承認／保護，育成（土地所有上限の特例）	事実上の適用除外（独占の禁止と協同組合保護の同時規定）	事実上の経済的公正の担い手（独占禁止，経済的弱者保護）／協同組合に対する土地所有上限の特例
12	グアテマラ憲法（1985年，1993年）	小規模農家の保護・農業の保護，完全雇用や国民所得の公正な分配，消費者保護，職人保護，独占の禁止		承認／保護，育成／住宅協同組合の役割	事実上の適用除外（独占の禁止と協同組合保護の同時規定）	事実上の経済的公正の担い手（独占禁止，経済的弱者保護）
13	ホンジュラス憲法（1982年，2005年）	農業保護，独占禁止		承認／規制と育成	事実上の適用除外（独占の禁止と協同組合保護の同時規定）	事実上の経済的公正の担い手（経済的弱者保護，独占禁止）
14	パナマ憲法（1983年，1994年，2004年）	完全雇用，農業農民保護，小規模企業の保護促進，漁業森林開発，独占の禁止		促進／発展	事実上の適用除外（独占の禁止と協同組合保護の同時規定）	事実上の経済的公正の担い手（経済的弱者保護，独占禁止）

15	キューバ憲法（1992年）	小農民の保護	—	保護支援	—	事実上の経済的公正の担い手（経済的弱者保護）
16	ドミニカ共和国憲法（1994年, 2002年）	—	労働者の利益参加	奨励／会社の協同組合経済への転換（貯蓄，信用，生産，流通，消費，その他）	—	事実上の経済的参加の担い手（利益参加）／会社の協同組合経済への転換
17	ハイチ憲法（1987年）	農業保護，農地改革，独占の禁止	—	奨励	事実上の適用除外（独占の禁止と協同組合保護の同時規定）	事実上の経済的公正の担い手（経済的弱者保護，独占禁止）

まさにここにあるのである．

　第2に，経済権としての経済的公正は，経済的弱者保護の観点（ボリビア，パラグアイ，スリナム，エクアドル，ベネズエラ，コスタリカ，ハイチ，ニカラグア，エルサルバドル，グアテマラ，ホンジュラス，パナマ，キューバ）からと独占禁止の観点（ペルー，ボリビア，パラグアイ，エクアドル，ベネズエラ，コスタリカ，ハイチ，エルサルバドル，グアテマラ，ホンジュラス，パナマ）から追求されている．協同組合はこの経済的公正の担い手として位置づけられるのである．現代憲法の特質はこの経済的公正にあるといってもよいであろう．

　第3に，経済権の経済的参加について規定しているのは，ペルー，ボリビア，パラグアイ，ガイアナ，エクアドル，ベネズエラ，ニカラグア，ハイチ8ヶ国であり，その中身はペルーは経営参加，利益参加，所有参加（1979年憲法），利益参加中心にその他の参加（1993年憲法），ボリビアは国営・国有企業における労働者による経営と利益の参加，パラグアイは社会経済開発にける農民の参加，ガイアナは広範な参加の保障，エクアドルは経営参加，労働者の参加型民主主義の重視，ベネズエラは参加的組織の承認，経済過程への参加促進，公企業における労働者と地域組織の参加，ニアラグアは労働者の経営参加，労働者の経済計画参加，農民の計画参加，ドミニカ共和国は労働者の利益参加，が追求される．協同組合の経済的参加の規定は，ボリビア，パラグアイ，ガイアナとベネズエラでは文字通り明示的であるが，その他は事実上の協同組合の経

済的参加規定と言えよう．このように中南米においては経済的参加を規定している国はかなり多い．なお協同組合の経済的参加の担い手としての位置づけは，むしろ21世紀憲法の重要な課題であるといえようか．

第4に，協同組合の憲法規定の内容は，すべての国において承認されている．そしてボリビアやエクアドルでは，公協私を含めた多角的な混合経済体制を採用している．

第5に，協同組合の独占禁止法の適用除外についてである．独占禁止規定を有するのは，ペルー，ボリビア，パラグアイ，エクアドル，ベネズエラ，コスタリカ，ハイチ，エルサルバドル，グアテマラ，ホンジュラス，パナマ11ヶ国である．これら11ヶ国には独占禁止規定と協同組合保護規定が憲法に同時に存在することから，事実上の独占禁止法の適用除外とみなすことができる．

第6に，その他の重要事項として，完全雇用（パラグアイ，スリナム，エクアドル，グアテマラ，パナマ），公正な所得分配や機会均等などの公正の概念（ボリビア，パラグアイ，スリナム，エクアドル，ベネズエラ，グアテマラ）が明記されているということは，これらの憲法の1つの基調として重要なことである．現代憲法の基本志向として注目しておきたい．

第7に，以上の総括として結論づけるならば，協同組合の社会経済的地位は，総じて文字通りまたは事実上経済的弱者保護，独占禁止適用除外の経済的公正の担い手としてすべての国において位置づけられ，利益参加・経営参加といった経済的参加の担い手としてはペルー，ボリビア，パラグアイ，ガイアナ，エクアドル，ベネズエラ，ニカラグア，ハイチの8ヶ国において文字通りあるいは事実上位置づけられている．

そして中南米各国における協同組合の憲法規定は，ボリビア，エクアドル，ベネズエラなどの近年の南米諸国における反米・反新自由主義・ポピュリズムの改革において特に顕著であるが，それには相当の歴史的背景があるということに思いを致さなければならない．メキシコ，ブラジルはもちろん，これらボリビア，エクアドル，ベネズエラ，さらにペルー，パラグアイ，エクアドル，ニカラグア，エルサルバドル，グアテマラ，パナマ，キューバにおいてそうである．

前章と本章において世界各国42ヶ国における協同組合の憲法規定をみてきた．以上の検討から明らかなことは，社会権・労働権の一環としてのみならず，文字通りあるいは事実上，「経済的公正」と「経済的参加」の担い手として協同組合が位置づけられていることである．現代と21世紀社会の重要な課題のひとつが，社会経済における「公正」と「参加」であるとするならば，協同組合はまさにその担い手としての重要な役割が課されているといえよう．したがって本書でとりあげた国々において，最高法規の憲法の中で協同組合規定（協同組合保護規定）が設けられているのである．

　協同組合の憲法規定の存否は，その国の憲法の特質つまり憲法体系の特質に由来するといえよう．憲法規定を有する国は，ほとんどが社会権・労働権を憲法中に規定し，さらに経済権（とくに独占の禁止や経済的弱者保護といった経済的公正）を憲法規定としているのである．協同組合はそれら社会権・労働権，とくに経済権（経済的公正さらに経済的参加）の担い手として位置づけられている．すなわち，政治的社会的自由権や平等権を中心とした近代憲法に対して，社会権・労働権，とくに経済権（経済的公正と経済的参加）を中心とした現代憲法ないしは21世紀憲法であるかどうかによって，協同組合の憲法規定の有無が決定されていると言えよう．

　要するに協同組合の社会経済的地位は，現代憲法や21世紀憲法に合致した社会権・労働権，さらには経済権（経済的公正と経済的参加）において位置づけられるであろう．

注
1) アフリカ各国憲法に関しては，本書巻末「参考文献」の憲法集・各国憲法の諸文献参照．
2) 南アフリカ憲法に関して，第2章（50, 67頁）を参照されたい．
3) エジプト憲法の現代憲法及び21世紀憲法としての要素について，終章（195, 198頁）を参照されたい．
4) ブラジルについては第2章（49-54頁），メキシコについては第2章（62-64頁），アルゼンチンについては第2章（66-67頁）を参照されたい．
5) 中南米各国憲法に関しては，本書巻末「参考文献」の憲法集・各国憲法の諸文献参照．
6) 1920年ペルー憲法及び1933年ペルー憲法については，本書第1章の16-19頁を参照されたい．

第 4 章　世界各国の憲法における協同組合規定(下)

7) ボリビア憲法における独占禁止規定に関して，本書第 5 章（167, 174-175 頁）を参照されたい．
8) ボリビア憲法の 21 世紀憲法としての特質について，本書終章（195 頁以降）を参照されたい．
9) エクアドル憲法における独占禁止規定に関して，本書第 5 章（167, 175-176 頁）を参照されたい．
10) エクアドル憲法の 21 世紀憲法としての特質について，本書終章（195 頁以降）を参照されたい．
11) ベネズエラ憲法における独占禁止規定に関して，本書第 5 章（167, 176-178 頁）を参照されたい．
12) ベネズエラ憲法の 21 世紀憲法としての特質について，本書終章（195 頁以降）を参照されたい．
13) 1940 年キューバ憲法に関しては，第 1 章（25-30 頁）を参照されたい．

第5章
世界の独占禁止法と協同組合の適用除外

　協同組合の独占禁止法適用除外に関して，その廃止を含む見直しが進行している．2009年12月から2010年6月にかけて，日本政府の行政刷新会議「規制・制度改革分科会・農業ワーキンググループ」において，農協をはじめとした協同組合の独占禁止法適用除外の廃止，または農業協同組合連合会をはじめとした協同組合連合会の適用除外の廃止が取り上げられてきた．

　これに対し，この数年協同組合の適用除外の根拠をめぐって，独占禁止法研究や協同組合研究において次の諸点が検討されてきた．筆者も少なからず論及してきた[1]が，その諸点とは，日本独占禁止法の法源である米国反トラスト法における協同組合の適用除外の根拠，日本独占禁止法の成立過程における協同組合の適用除外制度の成立過程，適用除外の組合要件としての国際協同組合原則の意義，独占禁止法の目的と協同組合の目的の関連，農協や協同組合に対する勧告・警告の実態，農協や協同組合の実際の役割からみた適用除外の根拠等である[2]．

　しかし協同組合の適用除外に関する国際的な動向に関してはこれまで十分な検討が行われていないように思われる[3]．そこで本章ではこの世界各国の動向について，①世界の独占禁止法における適用除外規定，②世界の各国憲法における独占禁止と協同組合保護に関する規定，の2点を中心に考察していくこととする．

1. 世界の独占禁止法における協同組合の適用除外（1980年資料）

　まず，世界各国の独占禁止法における協同組合の適用除外について，公正取

引委員会『独占禁止法の国際比較―OECD加盟諸国の法制の比較と解説―』(1980年資料)に基づいて検討していこう.

同書によれば,1980年現在,16ヶ国全部が独占禁止法適用除外を有しており,中小企業・中小団体の適用除外2ヶ国,農業の適用除外7ヶ国,農協・農業団体の適用除外6ヶ国,協同組合・各種組合の適用除外2ヶ国,通算して農業・農協・協同組合の適用除外は8ヶ国(50％)を占める(表5-1参照)[4]).

以下では,日本を含め,アメリカ合衆国,カナダ,ノルウェー,フィンランド,西ドイツ,オーストリア,スペインの同表太字8ヶ国の適用除外について同資料から摘記した.(なお太字は筆者による強調事項である.以下同.)

(1) 日 本(独占禁止法1947年)(一定の組合の行為に対する適用除外)
　第22条　この法律の規定は,左の各号に掲げる要件を備え,且つ,法律の規定に基づいて設立された**組合**(組合の連合会を含む.)**の行為**には,これ

表5-1　世界の独占禁止法適用除外と協同組合(1980年資料)　●:有り

番号	国名 太字：本文説明	各種適用除外	中小企業団体の適用除外	農業の適用除外	農協農業団体の適用除外	協同組合一般の適用除外
1	**日 本**	●	●	●	●	●
2	**アメリカ合衆国**	●	●		●	
3	**カナダ**	●		●		
4	スウェーデン	●				
5	**ノルウェー**	●		●	●	
6	**フィンランド**	●		●		
7	アイルランド	●				
8	イギリス	●				
9	デンマーク	●				
10	オランダ	●				
11	**西ドイツ**	●	●	●	●※	
12	**オーストリア**	●		●		●
13	ベルギー	●				
14	スイス	●				
15	フランス	●				
16	**スペイン**	●		●	●	
計	16ヶ国	16	2	7	6	2

備考:公正取引委員会『独占禁止法の国際比較―OECD加盟諸国の法制の比較と解説―』(1980年)より作成.※はOECD編/公正取引委員会訳編『海外主要国の独占禁止法』商事法務研究会,1970年より.

を適用しない．ただし，不公正な取引方法を用いる場合又は一定の取引分野における競争を実質的に制限することにより不当に対価を引き上げることとなる場合は，この限りではない．
　　一　小規模の事業者又は消費者の**相互扶助**を目的とすること
　　二　**任意**に設立され，且つ，組合員が**任意**に加入し，又は脱退することができること
　　三　各組合員が**平等の議決権**を有すること
　　四　組合員に対して**利益分配**を行う場合には，**その限度**が法令又は定款に定められていること

(2) **アメリカ合衆国**（クレイトン法 1914 年，カッパー・ヴォルステッド法 1922 年）

　農業に関する共同事業の分野には，広汎な適用除外が認められている．クレイトン法は，**相互扶助のための農業及び園芸組織**を，反トラスト法の適用除外としている．カッパー・ヴォルステッド法は，**農業団体**が，生産物の共同加工，共同取扱及び共同販売の目的で，共同行為組合を行うことを認めている．協同販売法は，**農業生産者**が，価格，生産及び販売に関する資料を収集・交換することを認めている．農業調整法は，農務長官と**農業生産者**が生産物の取扱いについて結ぶ市場協定を，適用除外としている．**中小企業者**の利益のための一定の協定は，中小企業局によって認可されることを条件に，中小企業法によって適用除外とされている．

(3) **カナダ**（企業結合調査法 1910 年）

　価格で比較すれば，**農産物の半分近く**が，農場取引法により適用除外とされている．

(4) **ノルウェー**（価格及び利益の規制に関する規定 1960 年，報告の例外に関する規定 1966 年）

　水平的価格協定を禁止している規定は，次の分野を適用除外としている．
　b) **農業，林業若しくは漁業生産者又は生産者団体**によるノルウェーの**農業**，

林業又は漁業生産物の販売又は供給．

(5) フィンランド（経済競争促進法1973年）

法の適用除外分野は，労働市場，**農業**，**となかいの飼育**，**漁業**並びにフィンランドの商品及び役務の外国への輸出を通常の業務とする事業等．

(6) 西ドイツ（競争制限禁止法1957年）

特別法により，下記の経済分野の一部が適用除外とされる．**農業**（第100条）．

公正取引委員会の本資料によれば，旧西ドイツの場合このように適用除外は「農業」分野とのみ記載されているが，本法の第100条の該当箇所は次のように，農業経営者・農業団体（農協）・連合体の行為の適用除外が明記されている[5]．

> 第100条 (1) 第1条の規定（水平的協定：筆者）は，**農業経営者，農業経営者の団体，若しくは農業経営者の団体の連合体**の契約又は決議であって，価格拘束を伴わない，**農産物の生産若しくは販売**に関するもの，又は農産物の貯蔵，**精製若しくは加工**のための共同の施設の利用に関するものには適用しない．**農業経営者の団体の連合体**による本項前段の契約又は決議は，遅滞なくカルテル庁に届出なければならない．それらは，競争を排除するものであってはならない．
>
> (2) 第15条の規定（垂直的契約：筆者）は，**農産物**についての契約がその選別，標識の付加又は包装に関するものである場合にはこれを適用しない．
>
> (3) 第15条の規定（垂直的契約：筆者）は，**農業経営者又は農業経営者の団体**が「種子法」第39条から第63条までの規定に基づく種子の購買者に対して再販売について一定の価格を協定することによって，又は最終消費者への販売に至るまでのそれ以後の段階の消費者に対して同様の拘束をすることにより，法律的又は経済的手段によって拘束する場合に限り，これを適用しない．
>
> (4) 第18条の規定（不当な取引方法：筆者）は，**農業経営者又は農業経営**

者の団体と事業者又は事業者団体間の契約が，**農産物の生産，貯蔵，精製，加工又は販売**に関するものである場合に限り，これを適用しない．

(7) オーストリア（カルテル法1973年）
次のものは，カルテル法の適用を受けない．3.**林業**に関するカルテル．6.**生産者間及び消費者間の協同組合**．ただし当該カルテル協定によって生産者・消費者協同組合法によって許容された範囲を逸脱してはならない．

(8) スペイン（競争制限禁止法1963年）
一定の価格をつけることを強制せず，①農産物の栽培若しくは販売又は②農産物の貯蔵，処理若しくは加工のための施設の共同利用を目的とする限り，**農民，農業連合又は農業団体**による協定，決定及び慣行には，同法は適用されない．

以上のとおり，1980年資料において，日本を含め，アメリカ合衆国，カナダ，ノルウェー，フィンランド，西ドイツ，オーストリア，スペインの欧米諸国の先進国8ヶ国（調査16ヶ国）を中心に，独占禁止法において農業・農協・協同組合の適用除外が規定されている．

2. 世界の独占禁止法における協同組合の適用除外（2010年資料）

公正取引委員会資料『世界の競争法』[6]によれば，2010年6月現在，85ヶ国の独占禁止法中，適用除外は58ヶ国に存在しており，そのうち「中小企業」，「農業」，「農協」，「協同組合一般」に関する適用除外を有する24ヶ国について表示したのが表5-2である．

同表によれば，中小企業に関する適用除外は15ヶ国，農業の適用除外は8ヶ国，農協・農業団体の適用除外は10ヶ国，その他協同組合一般や各種協同組合に関する適用除外は4ヶ国，通しで16ヶ国に農業・農協・協同組合の適用除外が存在している．以下本書の課題たる農業・農協・協同組合の適用除外について，日本を除く同表太字の15ヶ国について同資料から摘出して要点を

表 5-2　世界の独占禁止法適用除外と協同組合（2010 年資料）

●：有り

番号	国名 太字：本文説明	各種適用除外	中小企業団体の適用除外	農業の適用除外	農協農業団体の適用除外	協同組合一般の適用除外
1	日 本	●	●		●	●
2	**大韓民国**	●	●		●	●
3	**中華人民共和国**	●	●		●	
4	台 湾	●	●			
5	インドネシア	●				●
6	タ イ	●				
7	マレーシア	●		●		
8	**アメリカ合衆国**	●		●		
9	メキシコ	●			●	●
10	スウェーデン	●	●			
11	ノルウェー	●		●	●	
12	フィンランド	●			●	
13	アイスランド	●	●		●	
14	デンマーク	●	●		●	
15	**ドイツ**	●	●	●	●	
16	**オーストリア**	●	●	●	●	
17	スロベニア	●	●			
18	**チェコ**	●	●	●		
19	クロアチア	●	●			
20	スイス	●				
21	フランス	●	●			
22	スペイン	●	●			
23	**マルタ**	●	●	●		
24	**イスラエル**	●		●		
計	24 ヶ国	24	15	8	10	4

備考：公正取引委員会『世界の競争法』(http://www.jftc.go.jp/worldcom/html/top.html)（2010年6月3日アクセス）より作成．

述べていきたい．

(1) 大韓民国

「独占規制及び公正取引に関する法律」（「公正取引法」）（1980 年制定，2007年最新改正）

　・適用除外（第 19 条第 2 項）：第 19 条第 1 項の不当な共同行為が，①産業の合理化，②研究技術開発，③不況の克服，④産業構造の調整，⑤取引条

件の合理化，⑥**中小企業の競争力の向上**を目的として行われる場合であって，施行令に定める要件に該当し，韓国公取委の認可を受けたときは，第1項の禁止規定は適用されない．

・適用除外（第12章）：法令に基づく正当な行為（第58条），無体財産権（著作権，特許法等）の正当な行使と認められる行為（第59条）及び**一定の組合の行為**（第60条）については，公正取引法の適用除外とされている．

この「一定の組合」とは協同組合のことである．その詳細は本資料には記載されていないが，本法には次のように日本の独占禁止法の第22条に酷似した規定が置かれている[7]．そしてこの協同組合の適用除外には日本と同様，連合会を含むものとしている．

第60条（一定の組合の行為）

この法律の規定は，次の各号の要件を満たして設立された**組合（組合の連合会を含む．）の行為**に対しては，これを適用しない．ただし，不公正取引行為又は不当に競争を制限し価格を引き上げることとなる場合は，この限りではない．

一　小規模の事業者又は消費者の**相互扶助**を目的とすること．
二　**任意**に設立され，かつ，組合員が**任意**に加入し，又は脱退することができること．
三　各組合員が**平等の議決権**を有すること．
四　組合員に対して**利益分配**を行う場合には，**その限度**が定款に定められていること．

(2) 中華人民共和国

「中華人民共和国独占禁止法」（2008年施行）は，**農業生産者及び農村経済組織が農産物の生産，加工，販売，輸送及び保管等の事業活動**において実施する協同行為等に対しては適用されない（第56条）．独占的協定が，①技術の改善，新商品の研究開発，②品質の向上，費用削減，③**中小事業者の競争力の向上**，④社会公共利益の実現等を目的とする場合で，かつ，市場における競争を著しく制限するものではないこと及び消費者が当該協定による利益を享受し得ることが証明される場合には，第13条及び第14条*は適用されない（第15条）[8]．

(＊筆者注：第13条は競争関係にある事業者間の独占的協定の禁止，第14条は事業者と取引先の間の独占協定の禁止を規定している.)

(3) インドネシア

「独占的行為及び不公正な事業競争の禁止に関するインドネシア共和国法1999年第5号」(2000年施行)：適用除外規定（第50条）次に該当する場合，競争法の適用が除外されている．**小規模事業**に分類される分野の事業者，組合員に対する便宜の供与のみを目的とする**協同組合**の活動[9].

(4) タ イ

「取引競争法（1999年施行）」：適用除外（第4条）取引競争法は，以下の機関による行為及び省令に基づく行為については，同法の適用除外としている．法律に基づき，営農利益事業を運営目的とする**農民団体・協同組合**.

(5) マレーシア

「産業調整法」：同法には，政府は，産業に過度・有害な競争をもたらすこととなる行為を排除することができるとの規定がある．ただし，パーム油の精製，**生鮮果実**・生ゴムの加工等いくつかの産業部門は，この規定から除外されている．

(6) アメリカ合衆国

「カッパー・ヴォルステッド法」(1922年)：適用除外　**農業・漁業**：農業に関しては，カッパー・ヴォルステッド法等により，**農業生産者**による**組合**の設立，**協同組合販売商品**の価格設定などについて，反トラスト法に違反することなく一個の事業会社としてその事業を遂行することが認められている．また，**漁業**に関しても漁業者共同マーケティング法において**漁業協同組合**の一定の適用除外が認められている．

(7) メキシコ

「連邦競争法」(1993年施行)：法適用範囲　法は，国籍，国内で行う経済活

第5章　世界の独占禁止法と協同組合の適用除外　　　163

動の性格にかかわらずすべての自然人，法人に適用される．連邦，州及び市の行政機関と職業組合も対象となる．例外は，憲法に規定されたものである．すなわち，**憲法第28条**に規定される重要分野における州による排他的な職務，労働者の権利を保護するために関連法に基づき設立された労働組合，著作権・特許権，自らの製品を直接外国市場に提供する**組合又は共同体**（筆者注：生産者組織あるいは生産者協同組合〈原文：asociaciones o sociedades cooperativas de productores〉）であり，これらは同法の適用除外となる．

(8) **スウェーデン**
「競争法」(1993年施行，2008年最新改正)：適用免除（競争法第8条）　以下のいずれの要件に該当する事業者間の協定については，競争法第6条*の適用が免除される．**小規模事業者**間の一定の協定に関する特別規定（競争法第18a条～18e条），**農業組合内又はその下部組織内**における一定の協定については，競争法第6条*が適用されない．（*筆者注：第6条は競争制限的な協定の禁止を規定している．）

(9) **ノルウェー**
「商行為における競争に関する法律」(1993年成立)：適用除外　一般的な適用除外：同一のオーナーが株式や経営権の50％以上を所有している企業及び同一グループ内の企業が共同で行う行為（第3-6条），ノルウェー国内で生産された**農林水産物**に関する協調行為（第3-8条）．

(10) **フィンランド**
「競争制限に関する法律」(1992年成立)：法適用範囲　競争法は，労働市場に関する協定又は取決め，**農業生産者又は農業の第一次産品の生産者団体**による協定，決定又は共同事業に対しては適用されない（第2条）．

(11) **ドイツ**
「競争制限禁止法」(1957年成立，2007年最新改正)：適用除外等：適用除外　カルテル：競争制限禁止法においては，中小企業カルテルについて，同法の適

用除外規定が置かれている．**中小企業の競争力向上**に資する，専門化以外の方法による経済過程の合理化又は共同購入（それを強制しないもの）を目的とする協定であって，その市場における競争が実質的に阻害されることがなく，かつ，**中小企業の競争能力**を改善することに寄与するもの（第2条），特定の経済分野に関する特別：**農業分野**に関する適用除外　**農業分野**における**生産者若しくは事業者**の特定の協定，又は**生産者団体**，**事業者団体若しくは特定団体**の特定の協定，決議，契約，販売等に対しては，一定の要件の下に本法の適用除外とされている（第28条）．

なお上記第28条における「農業分野に関する適用除外」は，本資料では必ずしも明確ではないが，前述した1957年西ドイツ競争制限禁止法第100条と同様，「農業経営者，農業経営者の団体，農業経営者の団体の連合体」の行為を指すものである．実際以下の通り現行の競争制限禁止法の本法の第28条には，農業生産者，農業生産者組合及び生産者組合連合会の行為は適用除外であることが明記されている[10]．

「競争制限禁止法」(1957年成立，2009年最新発表)

第28条　農業　(1) 以下に関する，**農業生産者**（原文：andwirtschaftlichen Erzeugerbetrieben）の協定および**農業生産者組合**（原文：Vereinigungen von landwirtschaftlichen Erzeugerbetrieben）とその**生産者組合連合会**（原文：Vereinigungen von solchen Erzeugervereinigungen）の決定には適用しない．①農業生産物の販売あるいは生産，②農業生産物の加工あるいは貯蔵のための共同設備の使用．

(12) オーストリア

「カルテル法」(1959年成立，2006年最新改正)：適用免除（カルテル法第2条，第3条）：次の行為は，カルテル法第1条*から免除される．

① 　カルテル行為に参加する事業者の，国内市場占有率の合計が5%未満であり，国内の関連する部分市場の占有率の合計が25%である場合．

⑤ 　**農産物の生産又は販売**に関し，価格維持及び競争者排除を含まない，**農業従事者，農業従事者集団**による協定，決定，行為．

（*筆者注：第1条はカルテルの禁止を規定している．）

(13) チェコ

「競争保護法」(2001年成立，2005年最新改正)：適用範囲（1条）オ　本法は，EU法の規定に従った**農業生産物の生産及び取引の分野**における事業者の行為に対しては適用されない．

(14) マルタ

「競争と公正取引に関する法律」(1994年成立，2004年最新改正)：競争・通信大臣（商業担当大臣）：企業結合規制規則，**農業・漁業分野**の適用免除に関する規則等競争法関係規則の制定を行う（第32条，第33条）．

(15) イスラエル

「制限的取引慣行法」(1988年成立，1996年最新改正)：適用除外：この法律の規定は，以下の協定には適用されない．国内で生産された数種の**農産物**（果物，青果物，穀物，牛乳，卵，蜂蜜，牛肉，ひつじ肉，鶏肉，魚）の生産・販売に係る協定．

以上15ヶ国の独占禁止法において規定された農業・農協・協同組合の適用除外をみてきたが，2010年現在，欧米諸国（米国，スウェーデン，ノルウェー，フィンランド，ドイツ，オーストリア，チェコ，マルタの8ヶ国）や新興国（韓国，中国，インドネシア，メキシコの4ヶ国）を中心として，16ヶ国（タイ，マレーシア，イスラエル，日本の4ヶ国が加わる）に適用除外規定が明文化されていることに注目したい．

ところで，ドイツは「農業分野」が適用除外されているとする場合が多いが，正確には上記のように農業分野の「農業経営者，農業経営者の団体，農業経営者の団体の連合体」の行為が適用除外されており，「団体」や「連合会」が含まれていることに注目したい．このことからマレーシア，ノルウェー，チェコ，マルタ，イスラエルの「農業」を適用除外としている国々も，明示的ではないが農業団体（農協）やその連合会も適用除外に関わるとみることができよう．

3. 世界の憲法における独占禁止と協同組合保護[11]

次に 2010 年 6 月現在，世界各国の最高法規たる憲法における独占禁止規定及び協同組合の保護規定についてみていきたい（表 5-3 参照）[12]．

管見した限りで，世界の憲法で独占禁止と協同組合の保護を同時に規定しているのは 24 ヶ国を数える．そのうち経済的弱者（農業・中小企業，消費者）の保護等を明記しているのは 22 ヶ国に及び，その他完全雇用，共有地保護，機会均等等経済的公正が多くの国の憲法で規定されている．

唯一メキシコ憲法は協同組合の独占禁止法適用除外を明記している．他の23 ヶ国は憲法中には明記されていないが，独占禁止と協同組合の保護が同時に規定されていることに注目したい．というのは，憲法でこのような同時規定をもち，独占禁止法で適用除外している韓国の例が示すように，独占禁止と協同組合の保護が同時に憲法に規定されるということは，事実上の適用除外であるとみなすことができるからである．

以下では，上記 24 ヶ国中 10 ヶ国（表 5-3 の太字部分）の憲法における独占禁止と協同組合の保護についてみていく．なお論述上，本節の記述に協同組合の憲法規定と一部重なる箇所があることを許されたい．

(1) 大韓民国

大韓民国憲法（1988 年）は，「第 9 章 経済」において，一定の独占の禁止，農業・漁業保護，中小企業保護，農・漁民及び中小企業の自助組織の育成義務，消費者保護について次のように規定している．

〈独占の禁止〉

第 119 条〔経済秩序の基本，経済の規制・調整〕

① 大韓民国の経済秩序は，個人及び企業の経済上の自由及び創意を尊重することを基本とする．

② 国は，均衡ある国民経済の成長及び安定並びに適正な所得の分配を維持し，**市場の支配及び経済力の濫用を防止し**，経済主体間の調和を通じた経済の民主化のため，経済に関する規制及び調整をすることができる．

表5-3 各国憲法における独占禁止と協同組合保護の同時規定

●：有り，○：近似

番号	国名 (太字：本文説明)	独占禁止規定	経済的弱者の保護規定			協同組合保護
			農業・中小企業保護	消費者保護	その他	
1	**大韓民国憲法**	●	●	●	農地小作制度の禁止，地域経済の育成	○
2	**フィリピン憲法**	●	●	●	機会と収入・富の公平な配分，弱者・小土地所有保護，完全雇用，雇用機会	●
3	**タイ憲法**	●	●	●		●
4	インド憲法	●	●		家内工業の振興	●
5	**トルコ憲法**	●	●	●	山村住民の保護	●
6	イラン憲法	●	●	●	完全雇用，雇用促進	●
7	イエメン憲法	●	●	●		●
8	**ポルトガル憲法**	●	●	●	社会的公正や機会均等・格差是正，完全雇用，小規模農地保護	●
9	**スイス憲法**	●	●	●		○
10	ブルガリア憲法	●	●	●		●
11	セルビア憲法	●		●		●
12	**ロシア憲法**	●				○
13	メキシコ憲法	●	●		大土地所有禁止，共有地保護	●
14	ペルー憲法	●				●
15	**ボリビア憲法**	●	●	●	先住農民保護，経済的公正	●
16	パラグアイ憲法	●	●	●	完全雇用，機会均等の追求	●
17	**エクアドル憲法**	●	●	●	完全雇用	●
18	**ベネズエラ憲法**	●	●	●	共有地保護，大土地所有禁止	●
19	コスタリカ憲法	●	●	●		●
20	エルサルバドル	●	●	●		●
21	グアテマラ憲法	●	●	●	完全雇用，国民所得の公正な分配	●
22	ホンジュラス憲法	●	●	●		●
23	パナマ憲法	●	●	●	完全雇用	●
24	ハイチ憲法	●	●	●	農地改革	●
計	24ヶ国	24	18	17	14	24

〈農民，漁民，中小企業の保護育成と自助組織の育成〉

第123条〔農漁村の総合開発，中小企業の保護育成〕

① 国は，**農業及び漁業を保護，育成**するため，農・漁村総合開発及びその支援等必要な計画を樹立し，施行しなければならない．

② 国は，地域間の均衡ある発展のため，地域経済を育成しなければなら

ない．
③ 国は，中小企業を保護，育成しなければならない．
④ 国は，**農水産物**の需給均衡及び流通構造の改善に努力し，価格安定を図ることにより，**農・漁民の利益**を保護する．
⑤ 国は，**農・漁民及び中小企業の自助組織を育成**しなければならず，その自律的活動及び発展を保障する．

〈消費者の保護〉

第124条〔消費者運動の保護〕

国は，健全な消費行為を啓導し，生産品の品質向上を促すための**消費者保護運動**を，法律が定めるところにより，保障する．

このように大韓民国憲法では，独占の禁止と経済的弱者（農業農民，中小企業，消費者）の保護が一体のものとして提起され，農業・中小企業等の自助組織の保護育成が義務づけられている．この自助組織には協同組合が含まれるであろう．したがって韓国憲法の基調は，独占の禁止・経済的弱者の保護等経済的公正を実現することであり，その担い手として農業・中小企業等の自助組織（含協同組合）が位置づけられているといえよう．それ故，韓国独占禁止法において前述のとおり協同組合の適用除外が明示されているのである．

(2) フィリピン

現行の1987年フィリピン憲法は，経済関係規定として，「第12条 国家経済と国有財産」の「第1節〔国家経済の基本目標〕」において，国家経済の基本目標として，経済的公正の実現，弱者保護，産業・農業振興，完全雇用の実現等現代的経済権の確立が謳われている．協同組合はその担い手として保護奨励される．さらに独占の禁止が次のように明記される．

〈独占の禁止〉

第19節〔独占および不当競争の禁止〕：国は公共の利益のため必要であれば，**独占を規制し禁止する**ものとする．取引を阻害するための**結合および不公正な競争は禁じられる**．

同フィリピン憲法は労働保護（第13条 社会的正義と人権 第3節 労働保護），農地改革・小土地所有の保護（同条 第4節），専業漁民の保護（同条 第7節），

低所得者への住宅提供・雇用機会の確保・小資産所有者の権利尊重（同条 9 節），消費者保護（第 16 条 一般規定 第 9 節）等経済的弱者の保護といった経済的公正の実現を基調としている．さらに経済的機会の提供と増進（同条 第 2 節），参加による計画の実施（同条 第 5 節），土地所有者の計画参加（同条 第 8 節）が謳われ，「参加の権利（同条 第 16 節）」において「社会的政治的経済的意思決定のあらゆる段階に，人民およびその組織が有効かつ合理的な範囲で参加する権利は制限されない．国家は，法律によって，実効性ある参加の制度が活用されるようつとめるものとする」と参加の制度が追求されている．

このような経済的公正と経済的参加の重視の中で，協同組合はそれらの担い手の 1 つとして位置づけられ，前述の「国家経済の基本目標」における協同組合の奨励にそれが示される．さらに，協同組合に関し，「協同組合の承認」（第 12 条 国家経済と国有財産 第 6 節〔経済活動の公益性〕），「協同組合の助成」（第 12 条 第 15 節），「協同組合の参加による計画の実施」（第 13 条 社会的正義と人権 第 5 節）の規定が置かれている．

以上 1987 年フィリピン憲法は，経済的公正と経済的参加の重要な担い手として協同組合を位置付けている．こうした関係から，憲法における独占禁止と協同組合の保護育成の同時規定は，事実上の協同組合の適用除外とみなすことができるであろう．

(3) タイ

タイ憲法（1997 年）は，「第 3 章 国民の権利と自由」において「協同組合の承認」（第 45 条）を明記し，「第 5 章 国家基本政策の指導原則」として，社会的経済的弱者の保護（第 80 条），農業保護・農民保護（第 84 条），「協同組合の振興・奨励」（第 85 条），労働保護（第 86 条）を定め，第 83 条において「国は，公正な所得分散を図らなければならない」と経済的公正に立脚することを謳う．その上で第 87 条において次のように独占の禁止を規定する．

〈独占の禁止〉

第 87 条 国は，国の安全保障，全体の利益維持または公共サービスの整備の必要がある場合を除き，市場原理に基づく**自由経済制度**の支援，**公正な競争**の監督，**消費者保護**，直接的および間接的な**独占の防止**，および経済的

必要に即さない規則を行う法令の廃止および制定の停止を促進しなければならず，また民間と競合する事業を営んではならない．

このようにタイ憲法は，社会的経済的弱者の保護，農業農民保護，消費者保護・独占の防止等経済的公正を追求する．ここでは必ずしも明記されていないが，経済的弱者の保護，独占の禁止や消費者保護の経済的公正の担い手として事実上協同組合が位置づけられているといってもよいであろう．

(4) トルコ

トルコ憲法（1982年制定，2007年改正）は，経済的規定として「第5部 財政的経済的規定 第2章 経済的規定」を定め，そこで計画化（第166条），市場の監視と外国貿易の規制（第167条），独占とカルテルの禁止（第167条），天然資源の探査と開発（第168条），森林開発の保護（第169条），山村住民の保護（第170条），協同組合の促進（第171条），消費者の保護（第172条），小商人や職人の保護（第173条）が規定されている．独占とカルテルの禁止は次のように規定されている．

〈独占とカルテルの禁止〉

第167条（1）国は，貨幣市場，信用市場，資本市場，商品市場の安定的整然として機能することを確実にして，促進するための措置をとるものとする．そして，実際上あるいは協定によって，**市場における独占とカルテルの形成を禁止する**ものとする．

その上で生産増大と消費者保護を主要目的とする「協同組合の促進」（第171条）を国家の政策的義務とした．

以上のように，経済的弱者（山村住民・小商人や職人）保護・消費者の保護等経済的公正を重視し，協同組合はその担い手として文字通り位置づけられている．そしてまた，独占・カルテルの禁止と協同組合保護が同時に憲法規定されており，それは事実上の協同組合の独占禁止法適用除外とみなすことができるであろう．

(5) ポルトガル

1974年の民主化により1976年ポルトガル憲法が制定され，2005年の改正が

現行憲法として有効である．

　同憲法は，「第1部　基本的権利と義務」において，「個人の権利と自由」，「労働者の権利，自由，保障」が規定され，「経済的権利」と「社会的権利」と「文化的権利」が保障されている．ここには近代憲法の自由・平等はじめ，現代憲法の社会権・労働権・経済権の特質が備わっている．特に「第1部　第3編　経済的，社会的，文化的権利と義務　第1章　経済的権利と義務」では，「労働の権利・完全雇用・職業選択の機会均等」（第58条），「労働者の権利」（第59条），「消費者の権利」（第61条），「消費協同組合の権利」（同条），「私企業，協同組合と労働者の管理」（第62条），そこにおける協同組合の自由設立等（同条）が規定され，経済的弱者保護等経済的公正が追求され，それに対して協同組合には重要な役割が課されている．

　同憲法「第2部　経済組織」では「第1編　一般原則」「第2編　計画」「第3編　農業政策，商業政策，工業政策」「第4編　金融制度と財政制度」が取り上げられ，その基本原則では協同組合の役割（第80条）が重視され，「国家の主要な任務」（第81条）として，a）豊かで質の高い生活・弱者への配慮，b）社会的公正や機会の均等・不平等の是正，c）公的セクターの効率性，d）格差是正，e）地域格差の解消，f）独占の禁止，h）小規模農地の保護，i）消費者の権利や利益の保障等，経済的公正の観点が貫かれている．そして「国家の主要な任務」（第81条）における，「f）独占の禁止」条項は次のとおりである．

〈独占の禁止〉

　　f）市場における闊達な活動が出来るようにすること．事業の間で均衡のとれた競争を保証し，**独占的な組織形態に対抗**し，一般的な利益にとって有害な**支配的地位やその他の行為の乱用を抑える**などの方法の実践．

　また，「協同組合とその労働者自身による運営」（第85条）を促進し，「労働者の経営への参加」（第89条）が保障され，「経済的参加」（運営参加・経営参加）が重視されている．農業政策では，農業の発展と保護が促進され，大土地所有を排除し，小規模所有を促進する（第93条〜第98条）．商業政策は健全な競争と消費者の保護が求められる（第99条）．工業政策では，工業の発展を期すとともに中小企業に対する支援を促進する（第100条）．これら産業政策はその発展を促進するとともに，経済的弱者保護に留意し経済的公正の追求を

重視している.

このようにポルトガル憲法は,経済的規定を多く取り上げ,経済的公正と経済的参加を重視し,経済的発展を促すとともに弱者保護,機会均等,計画への参加などが追求され,そのいずれにおいても協同組合の役割が重視されている.これらの課題における協同組合の担い手的役割に注目したい.なお同憲法では協同組合の独占禁止法の適用除外について明文的には規定されていないが,独占の禁止と多くの協同組合の保護育成規定が同時に設定されているということは,事実上の適用除外とみなすことができるであろう.

(6) スイス

スイス連邦憲法 (1999年) は,「第2編 基本権,市民権及び社会目標」において「第2章 市民権及び政治的権利」「第37条 市民権」に「市民自治体や組合 (corporation) の政治的権利と組合財産への参加規定」が置かれて,同編「第3章 社会目標」で社会保障や労働保護,社会福祉等社会権・労働権の基本が明記されている.ここの組合 (corporation) は,団体一般であると思われるが,協同組合も含まれるとみなすことができるであろう.

さらに「第3編 連邦,州及び自治体」においては,「第2章 権限」で「第4節 環境及び土地利用計画」と「第7節 経済」を置き,同「第7節 経済」において,「第96条 競争政策(カルテル,競争制限に対する規制,不正・不公正競争の阻止:独占禁止)」,「第97条 消費者保護」,「第104条 農業(保護奨励)」,同「第2章 権限」「第8節 住宅,労働,社会保障および公衆衛生」では,「第108条 住宅建設及び宅地開発の支援(住宅建設の事業者及び組織:organizations への支援)」が謳われている.ここにいう住宅建設の組織に協同組合も含まれるであろう.また同編では,「第110条 労働保護」,「第111条～第117条」に社会福祉,社会保障に関する条項が規定されている.

さて第96条の独占禁止規定は次のとおりである.

〈独占禁止〉

　第96条 競争政策

　　① 連邦は,カルテル,その他の競争を制限するような国民経済的又は社会的に有害な作用に対する規制を制定する.

② 連邦は，以下の措置を講じる．
　a. 市場支配力を有する私法上及び公法上の企業あるいは組織による価格形成に際しての不正を阻止するための措置
　b. 不公正競争に対する措置

　このようにスイス憲法は，社会権・労働権・経済権の規定が明記され，経済的弱者保護（労働保護・農業保護・消費者保護），独占の禁止等経済的公正を追求し，その中で近似規定であるが事実上の担い手として協同組合が位置づけられているとみなすことができよう．さらに興味深いのは，「経済の自由」（第27条）を最も重要な命題としつつも，経済的危機にある地域経済や経済部門に対する助成（第103条）や農業の振興・農業の保護（第104条）の場合，この経済的自由の原則を損なう場合を容認している（第103条，第104条）が，それは19世紀的課題としての「経済的自由」に20世紀的課題としての「経済的公正」が付け加わったからであろう．

(7) ロシア

　ロシア連邦は，ソヴィエト連邦の崩壊とともに1993年に現行のロシア連邦憲法が制定された．同憲法は「第1編 第1章 憲法体制の原理」と「第2章 人ならびに市民の権利と自由」において，近代憲法としての自由・平等の権利をはじめ，現代憲法としての社会権・労働権が規定され，経済権としては農業や中小企業・消費者保護等についての言及はないが，次のように「経済活動の自由」と「独占の禁止」（第34条）が規定され，経済的公正が追求されている．

〈独占の禁止〉
　第34条　経済活動の自由　1　各人は，企業活動と法律によって禁止されていないその他の経済活動のために，自らの能力と財産の自由な使用の権利を有する．
　2　独占と不正競争を目的とする経済活動は，禁止される．

　しかし経済的弱者保護や経済的公正は必ずしも明瞭とは言えない．その故か，明瞭な協同組合規定も存在していないが，第8条にその近似規定が置かれているとみなすことができる．すなわち「**私的所有，国有，自治体所有およびその他の所有形態の承認・保護**」（第8条〔経済活動と所有の自由〕2）において「ロ

シア連邦では，私的所有，国有，自治体所有およびその**他の所有形態**は，等しく承認され，保護される」としているものである．

(8) ボリビア

ボリビアでは，2006年エボ・モラレス大統領の就任とともに制憲が行われ，2009年に新憲法が発効した．同憲法では，経済的公正に関して，先住民農民の保護（第30～32条，405条），消費者保護（第75条），中小企業・中小生産者保護（第318，330，334，408条），さらに労働者の経済的参加（経営参加・利益参加）（「第309条 5 国営企業・国有企業は，従業員の**組織と管理の参加**のみならず，**意思決定と利益の参加**と社会的管理が行われる」）が明記され，次のように独占の禁止（第314条）が明確に規定されている．

〈独占の禁止〉

第4部 国民経済の構造と組織 第1編 国民経済の組織 第1章 一般的性質 第314条 商品やサービスの生産や販売において**排他的な私的独占と寡占を禁止**する．

第2章 国家の経済的役割 第316条 国家の経済的役割の内容 4 直接的な経済的参加の奨励，経済的社会的公平（equidad económica y social），経済の寡占的支配の回避．

その上で協同組合に関する規定は，「協同組合の承認」（第2部 基本的な権利と保障 第3章 基本的な権利 第20条 II），「協同組合の原則の承認，・協同組合の助成と規律」（第5章 社会経済的権利 第2節 労働と労働に対する権利 第55条），「協同組合の多元的経済の承認」（第4部 国民経済の構造と組織 第1編 国民経済の組織 序章 一般的性質 第306条 II），「協同組合による水管理の承認」（第309条），「生産協同組合の促進」（第310条），「生産協同組合等の金融的優先」（第330条），「公益事業協同組合の承認」（第335条），「協同組合による天然資源管理の承認」（第351条），「協同組合による鉱業生産の承認」（第369条），「鉱業協同組合の促進・助成」（第370条），「協同組合によるエネルギー事業の承認」（第378条），「協同組合による農村開発の承認」（第406条）の12ヶ所にわたる．

このようにボリビア憲法では，協同組合は経済政策・産業政策の重要な位置

第5章　世界の独占禁止法と協同組合の適用除外　　175

づけが与えられている．協同組合システムは，連帯，平等，互恵，分配の公正，社会目的及び非営利の原則に基づき，連帯と協同，非営利の形態として承認し保護される．それは多元的経済の下で，コミュニティ，公的，私的および協同組合セクターの4セクターによる混合経済を追求している．基本的に公協私の混合経済論ということができるであろう．2009年ボリビア憲法は，経済的弱者の保護として協同組合は文字通りの経済的公正の担い手とされ，文字通りかつ事実上の経済的参加の担い手として位置づけられている．また事実上の独禁法適用除外として位置づけられているとみなすことができるであろう．

(9) エクアドル

2008年エクアドル憲法では，独占の禁止（第304条，335条），完全雇用の実現（第284条，326条），消費者保護（第52条，53条，55条，281条）中小企業の保護（第281条，288条，306条，311条），農業保護（第263条，281条）等経済的公正に関する規定が詳細である．そのうち独占の禁止については次のように規定している．

〈独占の禁止〉

　第6編 開発計画 第4章 経済的主権 第7節 貿易政策 第304条 6 市場の機能に影響を与える特に**民間企業の独占や寡占を防止**する．

　第6章 労働 第5節 経済交流と貿易の公正 第335条 国は，国内生産を保護するために，**私的独占や寡占，市場における不公正競争や優越性の濫用を防止**する認可メカニズムを確立する．

その上で協同組合に関する規定は前述した（第4章，133頁）ように，「協同組合による一般的創造活動の奨励」（第6編 開発計画 第1章 一般的原則 第277条 6），「公的・私的・混合的・民衆的連帯的経済の承認・民衆的連帯的経済としての協同組合の承認」（第4章 経済的主権 第1節 経済システムと経済政策 第283条），「民衆的連帯的金融としての信用協同組合の承認」（第8節 金融システム 第311条），「コミュニティ，協同組合，公的，私的，アソシエイション，家族，国内，独立，混合などの生産組織の承認」（第6章 労働 第1節 生産組織と管理のフォーム 第319条），「公的，私的，コミュニティ的，地方的，アソシエイション的，協同組合的，混合的所有権の保障」（第2節 所

有権の種類 第321条）の5ヶ所に及ぶ．

　ここでは，公協私をはじめ混合的，コミュニティ的，地方的の多元的な経済セクターが構想されている．協同組合は多元的セクターの中で参加型の民衆的連帯経済の1つとして位置づけられ，文字通りの経済的公正（経済的弱者保護，独占の禁止），経済的参加（経営参加）の担い手として位置づけることができよう．

　(10) ベネズエラ
　現行ベネズエラ憲法（1999年）は，人権保障（第3編 人権保障及び義務 第19条～第31条），市民の権利（同編 第3章 市民の権利 第43条～第61条），参政権等の政治的権利（同編 第4章 参政権及び国民投票 第62条～第70条）が定められている．さらに社会権（同編 第5章 社会権及び家族に関する権利第75条～第86条），労働権（同編 同章 第87条～第97条）が規定され，文化及び教育に関する権利（同編 第6章 第98条～第111条）が規定され現代憲法としての特質を具備している．

　その上で同編「第7章 経済権」（Capítulo VII De los Derechos Económicos/ Chapter VII Economic Rights）において明確に現代憲法としての経済権を設定し，経済的自由（第112条），独占の禁止（第113条）を規定し，経済的公正を追求する．いまこの条文を引用すれば以下のとおりである．

〈独占の禁止〉
　　第113条〔独占の禁止〕 **独占**は，これを許さない．独占の確立を目指し，又はその意思にかかわらず実際的な効果により，現実に行われた形式がいかなるものであろうとも，独占の存在を招来させる私人の一切の行為，活動，行動及合意は，この憲法の基本的諸原則に違反すると宣言される．ある私人若しくはその集団の又はある企業若しくはその企業集団が，市場支配の決定的要因とは別に，商品又はサービスの一定の市場において獲得し又は獲得した**支配的地位の濫用**は，これらの原則に違反する．需要を集中させる操作についても，同様である．このすべての場合において，国は，**一般消費者及び生産者の保護**並びに経済競争の効果的な条件の確保を目的として，独占，支配的地位の濫用及び需要を集中させる操作の有害かつ抑

制的な効果を回避するための必要な措置を講じる．

ここには，「一般消費者及び生産者の保護並びに経済競争の効果的な条件の確保を目的」とした「経済的公正」を追求し，独占の禁止を規定するのである．

前述した（第4章，135-138頁）ように，経済的弱者保護のための経済的公正の追求としては，共同所有地の保護（第119条，第179条，181条），地域格差是正（第185条），水資源の保護（第304条），食糧安定供給の保障・持続可能な農業の促進（第305条），総合的農村開発（第306条），大土地所有の禁止・農民的土地所有の保護（第307条），中小企業・家族経営企業・零細企業の共同所有制度のもとの協同組合や共同事業体の保護・奨励（第308条），伝統産業の保護（第309条）が謳われた．

さらにベネズエラ憲法の特徴は，政治社会のみならず社会経済における参加型民主主義を追求するところにあった（第70条，第118条，第184条（3），第184条（4））．そこでは経済的参加・経営参加が追求されており，この経済的参加はすべて協同組合に関わっていた．協同組合はその経済的参加の主要な担い手組織として文字通り明確に位置づけられている．

上記の経済的参加規定に加えて，協同組合に関する憲法規定は，「中小企業，協同組合，貯蓄金庫の保護と促進」（第6編 社会経済制度 第1章 社会経済体制及び経済における国の役割 第308条）として，「国は，民間の発意を支持しつつ，国の経済発展を強化するため，**共同所有制度**の下で，中小産業，**協同組合**，貯蓄金庫，家族経営企業，零細企業やその他の形態の労働，貯蓄，消費を目的とした地域組合を保護，促進する．国は，資格，技術支援，適切な融資を確保する」と規定している．

このように協同組合は経済的弱者保護のための経済的公正の担い手として，また文字通り経済的参加（事業参加と経営参加）の担い手として位置づけられているのである．したがって独占の禁止とともに協同組合の保護規定が同時に規定されているということは，経済的弱者保護・経済的公正の追求において事実上の独占禁止法の適用除外を示すものといえよう．

以上みてきたように憲法において独占禁止と協同組合保護が同時に規定されている25ヶ国の国々は，アジア・中南米の新興国（韓国，トルコ，メキシコ等）や中進国・途上国に多いが，それはこれらの国々で現代憲法の特質として，

社会権・労働権や経済権（経済的公正）が憲法に規定されるところに求められるであろう．こうした経済的公正の実現において，独占の禁止と協同組合の保護は共通の目的を有しているということができる．すなわち，独占禁止と協同組合保護の同時規定は，事実上の独占禁止法適用除外が採られているとみなすことができるであろう．

4. 協同組合の独占禁止法適用除外の根拠

ここではこれまでの検討を踏まえて，協同組合の独占禁止法適用除外の根拠の要点を述べておきたい．

まず言えることは，小規模事業者や消費者個人の経済的社会的地位の向上を目的として，国連やILO等の国際機関に認められたICA協同組合原則に従って運営されている協同組合は，経済的弱者によって独占的企業に対する対抗力・競争力を形成し，経済的弱者の保護や経済的公正を実現するという社会的役割を担っているということである．重要なことは協同組合には，対抗力としてのみならず経済的公正実現の担い手としての役割が付与されていることである．

また公正かつ自由な競争，事業者の創意の発揮，事業活動を盛んにし，雇用及び国民実所得の水準を高めることを基本目的として，一般消費者の利益確保，国民経済の民主で健全な発達の促進を究極目的とする独占禁止法は，経済的自由と経済的公正を実現するものとしてその現代的な役割を担っているといえよう．

すなわち独占禁止法の目的と役割は，基本的に協同組合の目的と役割に合致し，協同組合は経済的自由と経済的公正といった独占禁止法の目的実現の担い手として位置づけることができる．このように協同組合の独占禁止法適用除外の根拠は，その目的の合致と担い手としての位置づけに求めることができるであろう．なお協同組合連合会であるが，これは単位協同組合の補完的組織としてその発展を期すことを目的としている以上，日本はもちろんドイツや韓国の独占禁止法において明記されているように，「協同組合の協同組合」として協同組合の適用除外の中に明確に位置づけられるべきことを付言しておきたい．

第5章　世界の独占禁止法と協同組合の適用除外　　　　179

　以上世界の独占禁止法と各国憲法の2つの検討を通じて，協同組合の適用除外の国際動向についてみてきた．それによれば2010年現在，農業を含めて協同組合を独占禁止法で文字通り適用除外とするのは，日本を含め欧米諸国や新興国を中心とした次の16ヶ国にのぼった．

　　日本，アメリカ合衆国，スウェーデン，ノルウェー，フィンランド，ドイツ，オーストリア，チェコ，マルタ，韓国，中国，インドネシア，メキシコ，タイ，マレーシア，イスラエル

　そして，最高法規たる憲法の中で独占の禁止と協同組合の保護育成を同時に規定し，事実上の適用除外とみなすことのできるのは，アジア・欧州・中南米を中心とした次の新興国や中進国・途上国の24ヶ国にみることができた．

　　韓国，フィリピン，タイ，インド，トルコ，イラン，イエメン，ポルトガル，スイス，ブルガリア，セルビア，ロシア，メキシコ，ペルー，ボリビア，パラグアイ，エクアドル，ベネズエラ，コスタリカ，ハイチ，エルサルバドル，グアテマラ，ホンジュラス，パナマ

　このように独占禁止法と憲法という2つの方式ではあるが，先進国・新興国・途上国を合わせ通しで37ヶ国が，各国独占禁止法において文字通り，または各国憲法において事実上，協同組合の独占禁止法適用除外が採用されているのである．

　なお協同組合の明文規定はないが，独占企業の公的所有化を憲法前文に記述しているフランス憲法に注目したい[13]．またフランス憲法と同じく協同組合の明文規定はないが，事実上の独占禁止規定を有するドイツ基本法に注意しておきたい[14]．

　そしてまたドイツでは，ヘッセン州憲法（1946年）やノルトライン・ヴェストファーレン州憲法（1950年）において，独占禁止規定と農業・中小企業保護および協同組合助成を同時に明文規定している[15]．これらドイツ州憲法は事実上，協同組合の独占禁止法適用除外規定ということができよう．

　本章では，協同組合の独占禁止法適用除外に関する国際比較研究を課題とし，1つは世界の各国独占禁止法における協同組合の適用除外を検討し，2つには世界の各国憲法における独占禁止と協同組合の保護の同時規定を検討してきた．

　独占禁止法において協同組合の適用除外が明記されているのは，その法文上

ではその根拠は必ずしも明記されていないが，多くが農業保護・中小企業保護・消費者保護等の経済的公正の実現を目的としているからである．他方で憲法において独占禁止が明記されているのは，明らかに農業保護・中小企業保護・消費者保護を図り経済的自由と経済的公正を実現するためであり，メキシコを除いて憲法において協同組合の適用除外については明記されていないが，協同組合の保護育成を明記しているのは，協同組合をそうした経済的公正を実現する担い手として位置づけるからである．

注
1) 筆者の論稿としては本書巻末「参考文献」の拙稿独禁法適用除外文献を参照されたい．
2) 本書巻末「参考文献」の独禁法と適用除外関係の文献を参照されたい．
3) この方面の数少ない研究として，飯島源次郎「農業協同組合と独占禁止法―第24条適用除外の妥当性の検討」（北海道大学『農経論叢』No. 38, 1982年3月）をあげることができる．
4) 公正取引委員会監訳『独占禁止法の国際比較―OECD加盟諸国の法制の比較と解説―』大蔵省印刷局, 1980年．
5) OECD編／公正取引委員会訳編『海外主要国の独占禁止法』商事法務研究会, 1970年, 306-307頁．
6) 公正取引委員会のホームページに掲載されている『世界の競争法』より．(http://www.jftc.go.jp/worldcom/html/top.html)（2010年6月3日アクセス）．
7) 本城昇『韓国の独占禁止法と競争政策』アジア経済研究所, 1995年, 331頁．中山武憲『韓国独占禁止法の研究』信山社, 2001年, 340頁．
8) 「中華人民共和国独占禁止法」に公正取引委員会による仮訳がある．http://www.jftc.go.jp/worldcom/html/country/china-kariyaku.pdf(2010年7月3日アクセス)．
9) 「独占的行為及び不公正な事業競争の禁止に関するインドネシア共和国法1999年第5号」に高橋岩和訳がある（同編著『アジアの競争法と取引法制』法律文化社, 2005年所収）．
10) 公正取引委員会『世界の競争法』における同条の記述は連合会の規定が明確でないため，原文によって確認した．http://www.gesetze-im-internet.de/gwb/BJNR252110998.html（2010年7月3日アクセス）．
11) 各国憲法に関しては，本書巻末「参考文献」の諸文献を参照した．
12) 憲法に協同組合の保護規定を明記しているのは，合計51ヶ国に及ぶ．本表の24ヶ国に加えて，以下の27ヶ国，すなわちG7のイタリア，G20のブラジル，中国，インドネシア，その他スペイン，ギリシャ，マルタ，キプロス，ハンガリー，ベラルーシ，タジキスタン，台湾，ベトナム，東ティモール，シリア，クウェート，ミャンマー，エジプト，アンゴラ，ナミビア，モザンビーク，ガイアナ，スリナム，ウルグア

イ，ニカラグア，キューバ，ドミニカ共和国である．これら27ヶ国には独占禁止に関する規定はないが，労働保護，中小企業保護，農業保護，消費者保護等経済的公正を追求する中で協同組合の保護育成規定が置かれている．
13) 現行フランス憲法には，必ずしも法的強制力はないものとみなされているが，1946年第4共和国憲法前文が付されている．そこでは，「現代政治的経済的および社会的諸原則」として「その運用が全国的な公役務または事実上の独占の性格を有し，または獲得するすべての財産，すべての企業は，公的団体の所有物とならなければならない．」として，独占の公有化を明記している．
14) 現行ドイツ基本法では，「第7章 連邦の立法」の「第74条 連邦の競合的立法権限のカタログ」において，「15 土地，天然資源および生産手段を，公有またはその他の公共経済の形態に移すこと」や「16 経済上の権力的地位の濫用の防止」（事実上の独占禁止：筆者），「17 農林業生産の促進（耕地整理を除く），食糧の確保，農林業生産物の輸出入，遠洋・沿岸漁業，および沿岸保護」が規定され，「第8章a 共同任務」において連邦とライトの共同任務として，「地域的経済構造の改善」と「農業構造および沿岸保護の改善」の2点を取り上げており，経済的公正（独占の禁止，農業保護，経済的弱者保護）の追求といった現代憲法の特質を備えているのは確かである．
15) ドイツ・ヘッセン州憲法は，「経済的自由のいかなる濫用—とくに独占的な力の集中および政治的な力のための—も否認される．経済的自由のかかる濫用の危険を内蔵する財産は法律上の規定に基づき，共同所有に移転されるべきである」（第39条）と独占の禁止，その共同所有化を明記し，同時に農業・中小企業の保護とそのための協同組合の設立（第43条），協同組合制度の奨励を義務規定としている．またノルトライン・ヴェストファーレン州憲法は，独占の禁止（第27条）と農業・中小企業の奨励，協同組合自助の支援（第28条）を同時に規定している．

終章
21世紀協同組合の社会経済的地位

　21世紀協同組合の社会経済的地位は，経済的自由（19世紀）と経済的公正（20世紀）と経済的参加（21世紀）の複層的な担い手として位置づけられる．本章では，(1) 経済的自由と協同組合，(2) 経済的公正と協同組合，(3) 経済的参加と協同組合について検討する．なお21世紀憲法としての連帯の価値や原則について経済的参加との関連で補足的に論述していく．ところで本章で「21世紀憲法」とは，その内実はかなりの精粗があるが，これら経済的自由・経済的公正・経済的参加および連帯を基調とした憲法規定を有する，さしあたりイタリア，ブラジル，メキシコ，スペイン，ポルトガル，フィリピン，エジプト，ボリビア，エクアドル，ベネズエラの10ヶ国の憲法とすることができる[1]．なお，行論上各国の法文の引用に一部重複があることを許されたい．

1. 経済的自由と協同組合

　19世紀の近代憲法は，いわば経済的自由を至上課題としていた[2]．それは，営業の自由，職業選択の自由，私的所有財産の保障を主な内容とし，「国家からの自由」を目指すものであった．
　この経済的自由はその近代憲法の特質として，次のような諸相に現れている．フランス憲法では，「第5章 国会と政府の関係 第34条 法律事項 3 所有制度の基本原則」として明記され，また「人及び市民の権利宣言（1789年）第17条 所有は神聖かつ不可侵の権利である」と明記している．ドイツ基本法では，「第1章 基本権 第12条 職業の自由」「第14条 財産権 1 財産権及び相続権は，これを保障する，内容及び制限は，法律で定める」と規定されている．ス

ウェーデン憲法では、「第2章 基本的自由及び権利 第18条 財産権の制限」の中で経済的自由が規定されている．デンマーク憲法では、「第8部 国民の権利 第73条 財産権の不可侵・財産の収用 第74条 営業の自由及び平等」として明記されている．さらにベルギー憲法は、「第2編 ベルギー国民及びその権利 第16条 財産権の保障」として明記されている．

しかし現代憲法においては，この経済的自由にはさまざまな制約が課されている．すなわち現代憲法における経済的自由の位置づけは，その濫用・弊害の克服を図るために経済的公正（機会均等，再分配，経済的弱者保護，独占の禁止，完全雇用等）によって調整されなければならない．

例えばスイス憲法（1992年改正）では次のように「経済的自由の原則」が規定されている．

> 第2編 基本権，市民権及び社会目標 第1章 基本権 第26条 財産権の保障 第27条 経済の自由 ①**経済の自由**は，保障される．②経済の自由は，特に，**職業選択の自由，私的経済活動へのアクセスとその履行の自由**を含む．第36条 基本権の制限／第3編 連邦，カントン及び自治体 第2章 権限 第7節 経済 第94条 経済秩序の原則 ①連邦及びカントンは，**経済的自由の原則**を尊重する．②連邦及びカントンは，スイス全体の経済の利益を擁護し，また私経済をとおして，住民の福祉及び経済的安全保障に寄与する．

その上でスイス憲法は「経済的自由の原則」からの逸脱を次のように明記する．

> 第96条 競争政策 ①**カルテルその他競争制限の有害な作用を規制する**．② a. 価格形成の**不正の阻止**．b. **不公正競争**に対する措置．第102条 国家による備蓄 ②やむをえない場合には，連邦は，**経済的自由の原則から逸脱できる**．第103条 構造的経済政策経済的に危機にある**地域の援助，存立不能の経済部門や職業を助成**することがでる．やむをえない場合には，連邦は，**経済的自由の原則から逸脱できる**．第104条 農業 ①農業の貢献への配慮，②農業に必要とされる自助に加えて，必要な場合には，**経済的自由の原則から逸脱することで，連邦は，土地耕作にかかる農業経営を奨励する**．

すなわち，競争政策の促進・独占の禁止，地域援助，存立困難な部門等への

助成，農業保護の場合，「経済的自由の原則」の逸脱を容認する．この場合これら経済的公正が経済的自由に優越する．経済的自由の弊害を経済的公正によって克服することが，じつは経済的自由の実質的実現を図るものとして位置づけられているといえよう．

また「経済的自由の濫用の否認」に関するドイツ・ヘッセン州憲法（1946年成立）の次の規定に注意を向けたい．

> 第3章 社会的及び経済的権利と義務 第39条 共同所有への移転・経済力の濫用 **経済的自由のいかなる濫用 ── とくに独占的な力の集中及び政治的な力のための ── も否認される．経済的自由のかかる濫用の危険を内蔵する財産は法律上の規定に基づき，共同所有に移転される**べきである．

近代憲法が至上の課題とした経済的自由にはそもそも大きな限界が存在していた．その自由は自由ならぬ結社を禁止し，貧富の格差を助長し，営業・企業の自由は反面において労働者・経済的弱者の経済的不自由をもたらし，経済的自由を損なう独占の形成・農業問題・中小企業問題を発生させてきたのである．そうした経済的自由の弊害は，結社の自由の承認や経済的公正によって克服されなければならない．これが20世紀の現代憲法の重要な課題として登場してくることになる．19世紀末から20世紀かけて社会権・労働権の確立が重要な社会的経済的課題として登場してくることになる．

その意味で20世紀に登場する独占禁止法は，第1に経済的自由の濫用，弊害の克服を目的とし，第2に経済的公正の原理の下に制定される．それは経済的自由と対立するものではなく，ある意味で経済的自由を実質的に確保するために行れるといってよいであろう．経済的自由と経済的公正は矛盾するものではないのである．

いまここで「21世紀憲法」における経済的自由の規定をみておきたい．

〔イタリア〕 第1編 市民の権利および義務 第3章 経済関係 第41条 **経済活動の自由と統制 1 私的な経済活動は，自由である**．2 それは，社会の利益に反して，または安全・自由，人間の尊厳の害するような方法で，発展させることはできない．3 法律は，公的および私的な経済活動を社会目的にしたがって調整するのに適したような計画および統制を定める．

〔ブラジル〕 第1編 基本原則 第1条 国家の性格，設立原理 4 **労働および**

自由な企業の社会的価値　第2編　基本的権利および保障　第5条　法の前の平等，生命・自由・平等・安全・所有の権利の不可侵性　12　法律の定める職業資格を備える限り，いかなる労働，**営業および職業の実行も自由**である．22　**所有権**は，保障される．23　所有は，社会的義務を負う．第7編　経済および金融秩序　第1章　経済活動の一般原則　第170条　**人間の労働の尊重と企業の自由を基礎**とする．2　私的所有権，3　所有権の社会的機能，4　**自由競争，経済活動の自由な行使**の保障．

〔メキシコ〕　第1章　第5節　個人の保障について　第5条　**職業選択の自由・強制労働の禁止**（**事業，商取引の自由**含む）．

〔スペイン〕　第1編　基本的権利および義務　第2節　市民の権利および義務　第33条　財産権　第35条　勤労の義務と権利，**職業選択の自由**　第38条　**企業の自由**．

〔ポルトガル〕　第1部　基本的権利と義務　第2編　権利と自由の保障　第1章　個人の権利と自由の保障　第47条　**職業の選択**と公共行政で働く**自由**，第3編　経済的，社会的，文化的権利と義務　第1章　経済的権利と義務　第62条　私的財産の権利　第2部　経済組織　第1編　一般原則　第80条　基本原理　c）**起業と組織化の自由**．

〔フィリピン〕　第2条　諸原理と国策の宣言　第20節　**自由主義経済の基本線**．

〔エジプト〕　第34条　**私的所有**は，法律に定められている場合と裁判による場合を除いて，保護され，没収されない．それは，法律に従って公共の利益のために，公正な補償なしに取り上げられることはない．その遺産相続は保証される．

〔ボリビア〕　第1部　国家の権利，義務および保証　第1編　国家の基本原則　第2章　第2章　国家の価値と原則　第8条　国家は，団結，平等，包摂，尊厳，**自由**，連帯，相互，尊敬，相補性，均衡，機会均等，社会的公正，参加における性的平等，社会責任，社会正義，流通，商品や社会財の再分配．第2部　基本的人権と保証　第5章　社会的経済的権利　第4節　所有権　第56条　**私有財産の保護**，相続の権利，第4部　国民経済の構造と組織　第1編　国民経済の組織　第1章　一般規定　第308条　1　民間主導の経済組織，2　**企業の自由の保証**．

〔エクアドル〕 第2編 権利 第6章 **自由の権利 契約の自由**.
〔ベネズエラ〕 第3編 人権保障及び義務 第7章 経済権 第112条 **経済活動の自由，民間発意の奨励**．第115条 **所有権の保障**．第6編 社会経済制度 第1章 社会経済体制及び経済における国の役割 第299条〔社会経済体制の基本原則〕社会正義，民主主義，効率性，**自由競争**，環境保護，生産性及び連帯の原則に基礎を置く．

以上のようにこれら10ヶ国の憲法は，のちにみるように経済的公正と経済的参加を基調としているが，経済的自由に一定の限界を設定しつつもその経済的自由を前提としていることに留意しておきたい．

2. 経済的公正と協同組合

20世紀における現代憲法の至上課題は，社会権・労働権の確立，経済的公正の実現であった．ジョン・ロールズの正義論（公正論）によれば，「公正としての正義」すなわち憲法上の根本課題として次の原理が提起された[3]．

第1原理：〔平等な自由権〕すべての人々に対する自由と相入れる限り，広範な基本的自由への平等な権利をもつ．

第2原理：社会的経済的不平等にたいして
  (1)〔格差原理〕最も不利な人の利益の最大化（それが全ての人々の幸福につながる．）
  (2)〔機会の公正な平等原理〕機会の公正な平等（機会均等）（全ての人に開かれた地位と職務）

ロールズの正義論によれば経済的公正は，①機会均等，②所得再分配として実現される．事実現代憲法の大きな課題はこの経済的公正を実現することであったのである．経済的公正については10ヶ国の協同組合規定を有する憲法における経済的公正について，公正規定と経済的弱者保護規定と独占禁止規定を中心に詳しく見てみよう．

〔イタリア〕 第1編 市民の権利および義務 第3章 経済関係 第44条〔土地所有権の規制〕1 土地の合理的な利用を確保し，**公正な社会関係**を確立するために，法律は，私的土地所有権に義務および統制を課し，地域および

農業地帯に応じて面積の限度を定め，土地の開発，大所有地の改革および生産単位の再構成を促進し，義務づけ，**中小の土地所有を助成**する．2 法律は，山岳地帯に有利な措置を定める．第45条 協同組合の承認，手工業の保護 ②**手工業の保護**と発展を図る措置は，法律で定める．

〔ブラジル〕 第1編 基本原則 第3条〔国家の基本目的〕ブラジル連邦共和国の基本目的を以下の通り定める．1.**自由，公正かつ連帯した社会の建設，2.国家の発展の保障，3.貧困と限界的生活条件の根絶および社会的，地域的格差の縮小**，4.血統，人種，性別，皮膚の色，年齢に関する偏見，その他いかなる形態の差別も無い，すべての者の**福祉の増進**．第7編 経済および金融秩序 第1章 経済活動の一般原則 第170条〔経済活動の一般原則〕1.国家主権，2.私的所有権，3.所有権の社会的機能，4.自由競争，5.**消費者の保護**，6.**環境の保護**，7.**地域的および社会的不平等の是正**，8.**完全雇用の達成**，9.**小規模民族資本のブラジル企業に対する優遇措置** 第174条 (3) 協同組合による採掘労働者保護 第3章 農業および農業政策ならびに農地改革について 第187条 **協同組合による農業保護**．

〔メキシコ〕 第1編 第1章 個人の保障について 第25条〔経済活動における国家の役割〕**所得と富のより公正な分配**．第27条 **大土地所有の禁止・共有地の保護**等．独占禁止・生産者協同組合の適用除外（第28条）．

〔スペイン〕 前文 正義，自由及び安全の確立，**公正な経済的，社会的秩序**，第1編 基本的権利及び義務 第2章 権利及び自由 第2節 市民の権利及び義務 第40条〔**所得分配の公平，完全雇用政策**，労働政策〕個人的，地域的所得のより**公平な分配**，第51条 **消費者保護**と消費者及び利用者組織の振興 第7編 経済及び財政 第130条〔経済活動の計画化〕**所得及び富の増大並びにその公正な分配**を促進する．

〔ポルトガル〕 前文 より**自由，公正及び友愛**のある国家の建設基本原則 第1条 ポルトガル共和国 ポルトガルは，人間の尊厳と，国民の意思に基づき，**自由，公正，連帯の社会の建設**に専心する共和国である．第1部 基本的権利と義務 第1部 第3編 経済的，社会的，文化的権利と義務 第1章 経済的権利と義務 第61条 **協同組合による消費者保護** 第2部 経済組織 第1編 一般原則 第81条 国家の主要任務 b) **社会的公正**を促進し，**均等な機**

終章　21世紀協同組合の社会経済的地位　　　　　　　　　　　189

会を与え，**富や資産の分配**において，特に財政的な政策を採ることにより**不平等を是正**するのに必要なことを実施すること．**独占禁止**（第81条 f）．

〔フィリピン〕　前文 真実・公正・自由・愛情・平等の保持，第12条 国家経済と国有財産 第1節 国家経済の基本目標 **機会と収入と富の公平な分配**，産業・農業振興，**完全雇用促進**のための**協同組合等**の奨励（第13条 社会的正義と人権が7箇所あり：正当な，**適正な**，**公平**等と訳されている．）**独占禁止**（第12条 第19節）．

〔エジプト〕　第2部 社会の基本基盤 第1章 社会と道徳の基本 第8条 国は全市民の**機会均等**を保障するものとする．第2章 経済 第23条 国民経済は，国民所得の増大，**公正な分配**，生活水準の上昇，失業の除去，就労機会の増大，生産と賃金の合致した相関関係，それによる最低賃金の保証と最高賃金の制限を確実なものとするという広範な発展計画に従って組織される．第28条 **協同組合による手工業保護．**

〔ボリビア〕　前文 社会的生産物の調和的**公正な分配と再分配** 第1部 国家の権利，義務および保証 第1編 国家の基本原則 第2章 国家の価値と原則 第8条 国家は，団結，平等，包摂，尊厳，自由，連帯，相互，尊敬，相補性，均衡，**機会均等**，**社会的公正**，参加，性的平等，社会責任，社会正義，流通，商品や社会財の**再分配**，第2部 基本的人権と保証 第5章 社会的経済的権利 第2節 社会保障・社会保険 第45条 社会保障は，普遍性，平易性，**公平**，連帯，経営の一体の原則による，**連帯と公正**と普遍性の退職権利保障，第3節 労働と労働に関する権利 第46条 **公正公平**による労働保護，第55条 **協同組合システム**は，連帯，平等，互恵，**分配の公正，社会目的及び非営利の原則**に基づいている．第4部 国民経済の構造と組織 第1編 国民経済の組織 第1章 一般規定 第306条3 多元経済は相互補完，互恵，連帯，**再分配**，平等，安全，均衡，**公平**，透明の原則による，5 **経済剰余の公平な分配**と再投資，第313条 貧困と社会的経済的排除を撲滅するために，2 生産，流通，富と経済的余剰の**公平な分配**と再分配，4 地域間格差の縮減，第2章 国家の経済的役割 第316条 国家の経済的役割の内容 4 **経済的社会的公平**の促進，経済の寡占的支配の回避，7 富と経済資源の**公正な分配**政策の推進，第3章 経済政策 第3節 金融政策 第

330条 機会，連帯，**公平な分配**と再分配の平等の基準による．第2編 環境，天然資源，土地と領域 第5章 水資源 第373条 水は人々の生活に最も基本的な権利である．連帯，保管，互恵，**公平**，多様性，持続可能の原則に基づく．**独占禁止**（第314条）．

〔エクアドル〕 第1編 国家の構成 第1章 基本原則 第3条 国家の主な任務 5 貧困撲滅，資源や富の持続可能な開発，よい生活へのアクセスの**公正な分配**を促進する．6 全国で，自治と地方分権プロセスを強化し，**公正な開発**と連帯を促進する．第8節 労働と社会保障 第34条 社会保障の連帯の原則……**公平性**，参加．第6編 開発計画 第4章 経済的主権 第1節 経済体制と経済政策 第283条 **民衆連帯経済としての協同組合の承認** 第284条 経済政策の目標①**所得と国富の公正な分配**，②生産性と競争力の奨励，③食品とエネルギー主権の確保，④自然と生活と文化の尊重，⑤地域的，都市と農村，経済社会文化的均衡的発展，⑥**完全雇用の促進**と労働者権利の尊重，⑦産出投入の経済的安定，⑧**公正**かつ補完的経済，社会と環境に配慮した消費の促進．第8節 金融制度 第311条 **民衆連帯経済としての信用協同組合の承認** 第7節 貿易政策 第304条5 規模の経済性と**公正な貿易**の発展を促進する．**独占禁止**（第304条6，第335条）．

〔ベネズエラ〕 第1編 基本原則 第3条〔国の本質的目的〕人を擁護し発展させ，その尊厳を重んじ，国民の意思を民主的に行使し，**公正**で平和を愛する社会を建設し，国民の繁栄及び福利を増進し，この憲法で承認し確立する原則，権利及び義務の遵守を保障することは，国の本質的目的である．第3編 人権保障及び義務 第7章 経済権 第112条〔経済活動の自由，民間発意の奨励〕富の創出及び**公平な分配**．第6編 社会経済制度 第1章 社会経済体制及び経済における国の役割 第299条 社会経済体制の基本原則 社会正義，民主主義，効率性，自由競争，環境保護，生産性及び連帯の原則に基礎を置く．**富の公正な分配**の達成．第308条 **中小企業・協同組合の保護・促進**．**独占禁止**（第113条）．

以上10ヶ国の経済的公正についてみてきた．協同組合の事実上の経済的公正の担い手としては，イタリアの1ヶ国であり，文字通りの経済的公正の担い手としては，ブラジル，メキシコ，スペイン，ポルトガル，フィリピン，エジ

プト，ボリビア，エクアドル，ベネズエラ9ヶ国であった．これら10ヶ国の憲法は経済的公正の重視を中心とする現代憲法としての特質はもちろん，後述のとおり，精粗はあるが経済的参加や連帯を重視する21世紀憲法としての特質もいくつか備えている．

このように経済的公正は現代憲法の中心的課題であるが，その公正の内容は，①出発点の公正（機会均等），②結果としての公正（所得再分配），③過程としての公正（意思決定過程，計画過程）にある[4]とするならば，ロールズの公正論は①出発点の公正と②結果としての公正を中心とした20世紀の現代憲法に照応したものであるといえよう．この第3の過程としての公正こそ21世紀憲法における参加の課題である．

機会均等及び所得再分配といった経済的公正は，その実現主体に大なり小なり国家の役割が想定される．いわば「国家による公正」である．20世紀の現代憲法における経済的公正は，①〔限界〕国家の主導性・国家依存・政府の失敗・過程の公正の困難・公正の困難，②〔必要〕経済的公正の実質的担い手の必要＝機会均等（経済的弱者の組織化の承認）を特徴とするが，その限界と必要を解決するためには，経済的弱者自身による社会的経済的な向上，すなわち協同組合による連帯と協同にもとづく参加型システムが必要になるであろう．

3. 経済的参加と協同組合

次に経済的参加と協同組合についてみてみよう．まず経済的参加の内容であるがそれは，利益参加，事業参加，経営参加，所有参加，計画参加からなっている．19世紀が「国家からの自由」を課題とし，20世紀が「国家による公正」を至上課題としていたとすれば，21世紀は「連帯と協同による主体的参加」を課題とすると言えよう．

(1) 経済的参加の諸類型

まず経済的参加の諸類型をみてみよう．経済的参加の諸類型を①文字通りの協同組合による参加（●），②事実上の協同組合による参加（○），③労働者代表による参加（△）に区分するならば，表6-1のとおりとすることができる．

労働者代表によるいわば間接的参加は，1919年ワイマール憲法の第165条〔共同決定権，労働者評議会，経済評議会〕において労働者評議会の代表者によることが明記されており，1946年フランス憲法前文では，「全ての労働者は，その代表者を介して，労働条件の集団的決定及び企業の管理に参加する」とされている．1946年ドイツ・ヘッセン州憲法は，第37条において労働者に選出された経営代表による経営参加が規定されている．こうしたフランスとドイツの間接的代表参加に対して，協同組合による文字通りあるいは事実上の経済的参加はその意味で21世紀の参加形態ということができよう．

(2) 21世紀憲法における経済的参加

そこで次に21世紀憲法としての経済的参加の規定についてくわしくみていこう．

〔イタリア〕 基本原則 第3条 政治的，経済的，社会的機構への**全労働者の効果的参加**．〈労働者の経営参加〉第46条 労働者の経営参加共和国は，労働の経済的及び社会的向上のために，生産の要求するところと一致して，法律の定める方法及びその制限内において，**労働者が経営の管理に参加する権利**を保障する．

〔ブラジル〕〈利益参加・経営参加〉第2編 基本的権利及び保障 第2章 社会的権利 第7条 労働者の権利 労働者の社会的条件の改善を目的とする

表6-1 経済的参加の諸類型

△ワイマール憲法：共同決定・労働者代表による参加
△フランス憲法（1946年憲法前文）：労働者代表による参加
△ドイツ・ヘッセン州憲法：共同決定・労働者により選出された経営代表の権利
○イタリア憲法：事実上の協同組合による参加
●ブラジル憲法：文字通りの協同組合による参加
○メキシコ憲法：事実上の協同組合による参加
●スペイン憲法：文字通りの協同組合による参加
●ポルトガル憲法：文字通りの協同組合による参加
●フィリピン憲法：文字通りの協同組合による参加
○エジプト憲法：事実上の協同組合による参加
●ボリビア憲法：文字通りかつ事実上の協同組合による参加
○エクアドル憲法：事実上の協同組合による参加
●ベネズエラ憲法：文字通りの協同組合による参加

終章　21世紀協同組合の社会経済的地位

他の権利のほか，以下のものを，都市及び農村の労働者の社会的権利とする．11 報酬に関係なく**利益または純益への参与**及び特例的に法律の定めるところによる**企業経営の参加**．〈（農業）**協同組合運動の承認と計画化**〉第7編 経済及び金融の秩序 第1章 経済活動の一般原則について 第174条(3) **協同組合による採掘権限** 第3章 農業及び農業政策ならびに農地改革について 第187条 農業政策は，法律に従い，農業生産者と労働者を含む生産部門の**実効的参加**，ならびに商業，倉庫及び輸送の部門の**参加**をもって，とくに次の事項に留意して，計画され，かつ実行される．Ⅵ **協同組合運動**．

〔メキシコ〕　原始憲法 第6編 労働と社会保障 第123条6項 勤労者は，……企業において，……**利潤にあずかる権利**を有しなければならない．現行憲法 第6編 労働と社会保障 第123条 社会・労働権 Ⅸ 労働者は……**企業利益への参加権**を有するものとする．……f 利益参加の労働者の権利は，**企業の指揮若しくは経営に関与する権能を意味しない**．

〔スペイン〕　〈協同組合の助成・振興〉第7編 経済と財政 第129条（社会保障及び企業への参加）2 公権力は，種々の形式による**企業への参加**を，効果的に促進し，かつ適切な立法により，**協同組合を助成**する．また，**労働者の生産手段の所有**を促進するため，施策を講ずる．

〔ポルトガル〕　基本原則 第2条 法の支配に基づく民主国家 **参加型民主主義の深化**，第1部 基本的権利と義務 第2編 権利と自由と保障 第3章 労働者の権利，自由，保障 第56条 労働者が労働法制の作成に**参加する権利** 第2部 経済組織 第1編 一般原則 第85条 **協同組合**とその労働者自身による運営 第89条 **労働者の経営への参加** 第3編 農業政策，商業政策，工業政策 第98条 **農業政策の立案**に労働者や農業従事者の参加を保障．

〔フィリピン〕　第13条 第2節 経済的機会の提供と増進 第5節 農業者，協同組合，**その他農民の自治団体等の参加による計画**の実施 第8節 土地所有者の**計画参加** 第16節 **参加の権利 社会的政治的経済的意思決定**のあらゆる段階に，人民およびその組織が有効かつ合理的な範囲で**参加**する権利は制限されない．国家は，法律によって，実効性ある**参加**の制度が活用されるようつとめるものとする．

〔エジプト〕〈労働者の経営と利益の参与〉第2部 社会の基本基盤 第2章 経済 第26条 **労働者は企業の経営と利益の分け前に与る**ものとする．労働者は法に従って，生産単位において生産の発達と**計画の実施**に関わる．

〔ボリビア〕 第4部 国民経済の構造と組織 第1編 国民経済の組織 第1章 一般規定 第309条 国民経済の組織形態は，次の目標を達成する国営企業およびその他の経済主体が含まれる．2 協同組合による**水管理** 5 労働者の**利益への参加**のみならず，組織と管理の**意思決定への参加**や社会的**コントロール**が行われる．第2章 **国家の経済的役割** 第316条 国家の経済的役割の内容 1 **市民参加と協議の経済計画**の推進，4 **直接的な経済的参加の奨励，経済的社会的公平** 第2編 環境，天然資源，土地と領域 第2章 天然資源 第351条第1 **協同組合による天然資源管理** 第4章 鉱業と金属 第369条 1 **協同組合による鉱業生産** 第6章 エネルギー 第378条 II **協同組合によるエネルギー事業** 第406条 2 **協同組合による農村開発**．

〔エクアドル〕 第4編 参加と組織 第1章 **参加民主主義** 第1節 参加の原則 第95条 **計画への参加，参加の平等，市民参加**，第6編 開発計画 第2章 参加型開発計画 第279条 **開発計画への参加** 第4章 経済的主権 第1節 経済体制と経済政策 第283条 民衆的連帯経済 第8節 金融制度 第311条 連帯経済，民衆的連帯経済の発展 第5章 戦略部門第315条 **戦略部門の経営参加** 第6章 労働 第326条 8 国は**参加型民主主義**の方向．

〔ベネズエラ〕 第3編 人権保障及び義務 第4章 参政権及び国民投票 第1節 参政権 第70条 国民の参加と関与を政治的基調としつつ，さらに社会経済的事項に関しては，相互協力と連帯の価値に沿った**自主管理，共同管理，協同組合の方式**によるものとする．第5章 社会権及び家族に関する権利 第91条 **企業の利益における労働者の参加**について定めている．第118条 **協同組合，**貯蓄金庫，共済組合等の**社会的参加的性格**を有する組織の発達を承認する．第184条（3）**協同組合，**貯蓄金庫，共済組合の結合方式を奨励することで**経済的過程への参加**を促進，第184条（4）公企業への**労働者と地域組織の経営参加**を促進する．第184条（5）こうした団体，**協同組合**及び地域サービス企業が行う政策の企画を通じて，経済的参加の定着を図る．第6編 社会経済制度 第1章 社会経済体制及び経済における国

の役割 第299条 社会経済体制の基本原則 国は**公開協議による民主的かつ参加的な戦略的計画の立案**を通じて，富の公正な分配を達成するため，経済成長についての法的安全性，確実性，活力，持続可能性，永続性及び均衡を保障し，民間の発意とともに，雇用を創出し，国民の付加価値を高め，国民の生活水準を向上させ，かつこの国の経済的主権を強化するため，国民経済の調和的発展を促進する．

以上，21世紀憲法として10ヶ国の経済的参加についてみてきた．協同組合の経済的参加の事実上の担い手としてはイタリア，メキシコ，エジプト，エクアドルの4ヶ国をあげることができ，協同組合の経済的参加の文字通りの担い手としてはブラジル，スペイン，ポルトガル，フィリピン，ボリビア，ベネズエラの6ヶ国が確認できる．経済的参加規定から見て，21世紀憲法としては，文字通り協同組合の経済的参加を規定するこの6ヶ国が21世紀憲法に最も相応しいといえよう．

(3) 21世紀憲法における連帯

次に21世紀憲法としての特質には，経済的参加の前提として「連帯と協同」の価値・原則が求められる．人々の経済的参加には自発的な「連帯」や「協同」が不可欠な価値ないしは原則となるであろう．今この「連帯」が各国憲法においてどのように規定されるのかをみてみよう．

〔イタリア〕 基本原則 第2条〔人権および基本的義務〕**政治的，経済的，社会的連帯**の基本的義務の履行 第119条 **連帯による経済発展の促進．**

〔ブラジル〕 第3条〈国家の基本目的〉ブラジル連邦共和国の基本目的を以下の通り定める．1. **自由，公正かつ連帯した社会の建設．**

〔メキシコ〕 第3条 国際**連帯**意識の教育．

〔スペイン〕 序編 第2条 国家の統一と自治権の保障 国民の**連帯の原則** 第45条 生活水準の維持向上環境の保護のための国民全体の**連帯の原則** 第138条 国内の経済的均衡のための**連帯の原則** 第156条 自治州の財政的自治権のための**連帯の原則** 第158条 地域間不均衡是正のための**連帯の原則．**

〔ポルトガル〕 基本原則 第1条 ポルトガル共和国 ポルトガルは，人間の尊

厳と国民の意思に基づき，**自由，公正，連帯**の社会建設に専念する共和国である．第3編 経済的，社会的，文化的権利と義務 第2章 社会的権利と義務 第63条 **社会保障と連帯**．

〔フィリピン〕 第15条 家族 第1節 家族と国家家族は国家の基礎である．国は家族の**連帯**を強化し，発展策を講じる．

〔エジプト〕 第2部 社会の基本基盤 第1章 社会と道徳の基本 第7条 **社会連帯**は社会の基礎である．

〔ボリビア〕 序文 主権，尊厳，相補性，**連帯**，調和と正しさの原則で，尊敬と平等に基礎をおく．第1部 国家の権利，義務および保証 第1編 国家の基本原則 第2章 国家の価値と原則 第8条 国家は，団結，平等，包摂，尊厳，自由，**連帯**，相互，尊敬，相補性，均衡，機会均等，社会的公正，参加における性的平等，社会責任，社会正義，流通，商品や社会財の再分配．第2部 基本的人権と保証 第5章 社会的経済的権利 第2節 社会保障・社会保険 第45条 社会保障は，普遍性，平易性，公平，**連帯**，経営の一体の原則による，**連帯**と公正と普遍性の退職権利保障，第3節 労働と労働に関する権利 第55条 **協同組合システム**は，**連帯**，平等，**互恵**，分配の公正，社会目的及び非営利の原則に基づいている．第4部 国民経済の構造と組織 第1編 国民経済の組織 第1章 一般規定 第306条 3 多元経済は相互補完，互恵，**連帯**，再分配，平等，安全，均衡，公平，透明の原則による．第310条 **国は，協同組合を連帯と協同**，非営利の形態として承認し保護する．第3章 経済政策 第3節 金融政策 第330条 機会，**連帯**，公平な分配と再分配の平等の基準による．第2編 環境，天然資源，土地と領域 第5章 水資源 第373条 水は人々の生活に最も基本的な権利である．**連帯**，保管，**互恵**，公平，多様性，持続可能の原則に基づく．

〔エクアドル〕 第1編 国家の構成 第1章 基本原則 第3条 国家の主な任務 6 全国で，自治と地方分権プロセスを強化し，公正な開発と**連帯**を促進する．第8節 労働と社会保障 第34条 社会保障の**連帯の原則** 第2編 権利 第6章 自由の権利 第66条 15 **連帯**，社会的，環境的責任の原則による経済活動，開発，第6編 開発計画 第4章 経済的主権 第1節 経済体制と経済政策 第283条 民衆的連帯経済，第8節 金融制度 第311条 **連帯**

経済，民衆的連帯経済の発展．

〔ベネズエラ〕 前文 自由，平等，平和，**連帯**，公共の福祉，領土保全，共生及び法の支配の価値を強化．第 1 編 基本原則 第 2 条 法秩序及び行動の至高の価値として，生命，自由，正義，平等，**連帯**，民主主義，社会的責任，及び総じて，人権の優越，倫理並びに政治的多元主義を擁護する．第 4 条 領土保全，**連帯**，競争及び共同責任の原則．第 3 編 人権保障及び義務 第 4 章 参政権及び国民投票 第 1 節 参政権 第 70 条 国民の参加と関与を政治的基調としつつ，さらに社会経済的事項に関しては，**相互協力と連帯**の価値に沿った自主管理，共同管理，**協同組合**の方式によるものとする．第 5 章 社会権及び家族に関する権利 第 75 条 家族の保護，児童・未成年者の保護平等，**連帯**，共同の努力，相互理解及び相互尊重に基づく．第 80 条 高齢者の保護 第 81 条 障害者の保護 家族と社会の**連帯協力**の下で国が保障する．第 6 編 社会経済制度，第 1 章 社会経済体制及び経済における国の役割 第 299 条 社会経済体制の基本原則において，社会正義，民主主義，効率性，自由競争，環境保護，生産性及び**連帯の原則**を基礎に置く．

以上各国憲法における「連帯」の規定にはかなりの精粗がある．メキシコとフィリピンは必ずしも連帯の重要性が明確ではない．他の 8 ヶ国は連帯・社会連帯が極めて重要な憲法上の価値ないしは原則として重要視されているのは間違いのないところである．ただしイタリア，ブラジル，スペイン，ポルトガル，エジプトの 5 ヶ国は協同組合を事実上の連帯の担い手とみなすものであり，文字通り協同組合を連帯の担い手として明記しているのは，ボリビア，エクアドル，ベネズエラの 3 ヶ国である．連帯の規定から見るならば，この協同組合を文字通り連帯の担い手とするボリビア，エクアドル，ベネズエラを 21 世紀憲法として最も相応しいといえよう．

本書ではこれまで，世界の憲法における協同組合規定を手掛かりとして，21 世紀協同組合の社会経済的地位を明らかにしてきた．いまその結論的な重要点を指摘しておきたい．

第 1 に，世界の憲法に表れた社会経済上の展開基調は，(19 世紀) 経済的自由，(20 世紀) 経済的公正，(21 世紀) 経済的参加へと推移展開してきたと言

ってもよい．経済的自由は他方において不自由と貧富の格差をもたらした．その結果，社会権・労働権，さらには経済権を尊重し，経済的弱者保護，独占禁止等の経済的公正を不可欠とした．しかし20世紀の経済的公正は，国家の役割を高め，出発点としての公正（機会均等）と結果としての公正（所得再分配）に限定され，過程としての公正は必ずしも重要な課題ではなかった．過程としての公正とは，関係者の自発的参加の保証のことであり，経済的参加として21世紀の至上課題となる．このようにして，限界を有した20世紀の経済的公正が実効性をもつようになり，経済的自由の実質化が進展することになる．かくして21世紀の社会経済的課題は，経済的自由と経済的公正と経済的参加の複層的関係として存在する．経済的参加はそれ単独であるのではなく，経済的自由と経済的公正を前提として存在するのである．

　第2に，協同組合の社会経済的地位は，19世紀は経済的自由の下において経済的不自由者による自生的な運動として展開され，20世紀は経済的弱者保護と独占禁止等の経済的公正の担い手として，21世紀は関係者の経済的参加の担い手として位置づけられるであろう．

　第3に「21世紀憲法」とは，協同組合の憲法規定を明記しているもののうち，①経済的自由，②経済的公正，③経済的参加の3つの至上課題を有し，あわせて「連帯」を重視する憲法を指す．もちろん経済的公正（公正原理，機会均等，経済的弱者保護，消費者保護，独占禁止，完全雇用等）と経済的参加（利益参加，経営参加，所有参加，事業参加，計画参加）の中身が充実していることが要件となる．その意味ではメキシコの利益参加の容認・経営参加の否認や，メキシコ，フィリピンの連帯の重要性の希薄さは21世紀憲法としては一定の限界を有しているといえよう．また前述した経済的参加において協同組合を文字通りではなく，事実上の担い手とみなすイタリア，メキシコ，エジプトの規定は，21世紀憲法としての重要な要素を備えているものの，必ずしも明示的であるとはいえない．総じてみれば，文字通り協同組合による経済的参加規定を明記している国から協同組合の連帯の位置づけが不明確なフィリピンを除いた，ブラジル，スペイン，ポルトガル，ボリビア，エクアドル，ベネズエラの6ヶ国の憲法が21世紀憲法に最も相応しいということができそうである．それ以外の4ヶ国は21世紀憲法の近似憲法といえよう．なお経済的参加

という点で，パラグアイ，ガイアナ，ニカラグアは21世紀憲法の要素を備えていることも付記しておきたい．

　第4に，21世紀における社会経済の基本方向として，「公協私の新しい混合経済」を構想することができる．そこにおける「協」の役割は，公の権力性・官僚性を抑制し，公正性を発揮させ，「私」の営利性・欲望性を制御し，自立性・自由性を発揮させ，「協」のもつ人々の相互性・関係性を高め，公と私の間にあって，それらの暴走を牽制し繋げることにあるといえよう．

　そして第5に，協同組合の独占禁止法の適用除外について，その歴史的意義と根拠は次のように述べることができるであろう．すなわち独占禁止法の歴史的意義は，20世紀の経済的公正を実現するところにあり，19世紀の経済的自由の限界を克服し，経済的自由と経済的公正をともに実現しようとするものである．そして協同組合の独占禁止法の適用除外は，その根拠を経済的弱者保護（ロールズ正義論の第2原理（1））と機会均等（ロールズ正義論の第2原理（2））といった経済的公正の担い手としての協同組合に求めることができる．すなわち協同組合の独占禁止法適用除外の根拠は，対抗力論だけではなく経済的公正論で説明することが妥当性をもつであろう．独占禁止法の目的と協同組合の目的は基本的に合致するのであり，経済的公正実現の担い手としての協同組合は適用除外されるのである．

　このように21世紀は，人々の連帯と協同に基づく経済的参加といった経済権を確立する方向へと向かってきている．この連帯と協同に基づく経済的参加により，今日の経済的不自由と経済的不公正を解決し，実効力ある経済的自由と経済的公正を実現することが求められるのである．経済的参加は決して経済的自由と経済的公正に取って代わるものではなく，この経済的自由と経済的公正を実質化するものとして存在するのである．しかしその担い手が存在しない限り，その実現は困難である．その担い手として21世紀の協同組合を位置づけることができるであろう．

注
1) この10ヶ国の憲法規定の精疎について以下検証し，21世紀憲法に相応しい憲法について後述する．なおこの10ヶ国については，本書序章の表0-2に「21世紀憲法・

同近似憲法」に区分して明示した．
2) 　各国憲法に関しては，本書巻末「参考文献」の諸文献を参照した．
3) 　ジョン・ロールズ著／田中成明編訳『公正としての正義』木鐸社，1979年．
4) 　この過程としての公正（意思決定過程，計画過程）に関して，中村義寿「組織における公正と分配公正の理論」『名古屋学院大学論集社会科学篇』第36巻第2号，1999年10月，および同「手続きの公正と相互作用の公正――組織公正論序説」『名古屋学院大学論集社会科学篇』第36巻第3号，2000年1月が示唆的である．

参考文献

I. 憲法集

(1) 〈邦語文献他〉（刊行順）
- 『各国憲法集・和訳』衆議院法制局編, 1-10, 11-20, 21-34, 続1-26, 第3集, 追加, 追加：1955～1976年.
- 大西邦敏監修『世界の憲法―正文と解説―』成文堂, 1971年.
- 『資料体系アジア・アフリカ国際関係政治社会史』第7巻憲法資料（中東）パピルス出版, 1979年.
- 宮沢俊義編『世界憲法集』第4版, 岩波文庫, 1983年.
- 樋口陽一・吉田善明編『解説世界憲法集』第4版, 三省堂, 2001年.
- 憲法制度研究会『各国憲法制度概説』政光プリント, 2002年.
- 萩野芳夫ら『アジア憲法集』明石書店, 2004年.
- 初宿正典・辻村みよ子編『新解説世界憲法集』三省堂, 2006年.
- 高橋和之編『世界憲法集』新版, 岩波文庫, 2007年.
- 高田敏・初宿正則『ドイツ憲法集』第5版, 信山社, 2007年.
- 阿部照哉・畑博行『世界の憲法集』第4版, 有信堂, 2009年.
- Constitutions of the Countries of the World, Oceana Publications, Inc. Dobbs Ferry, New York.

(2) 〈WEB〉（2011年3月23日アクセス確認）
- ILO・NATLEX：http://www.ilo.org/dyn/natlex/natlex_browse.home?p_ang=en
- FAOLEX: http://faolex.fao.org/faolex/index.htm
- German Const. Art.3(2), translated in A. Tschentscher (ed.), International Constitutional Law (ICL): http://www.servat.unibe.ch/icl/index.htmlhttp://www.verfassungsvergleich.de/
- The Organization for Security and Co-operation in Europe (OSCD): http://www.legislationline.org/documents/section/constitutions
- Constitution Society HP：http://www.constitution.org/index.shtml
- National Constitution：http://www.constitution.org/cons/natlcons.htm
- Wikipedia：http://en.wikipedia.org/wiki/Constitutions
  http://en.wikipedia.org/wiki/Constitutional_aw
- 各国政府関連ホームページ等.

II. 先駆的憲法（各国別）

(1) 〈1917年メキシコ憲法〉

- H.N. Branch, LL.B., The Mexican Constitution of 1917 Compared the Constitution of 1857, Philadelphia, The American Academy of Political and Social Science 1917.
- English Translation of the New Mexivan Constitution, Efective from May 5th 1917.
- 伊藤峰司「1917年メキシコ憲法序説 (1)(2)—比較憲法史のために—」愛知大学国際問題研究所『紀要』第71号, 第72号, 1982年6月, 1983年6月.
- 参議院憲法調査会事務局『メキシコ合衆国憲法概要』参憲資料第20号, 参議院憲法調査会事務局, 2003年.

(2) 〈1919年ワイマール憲法〉
- 影山日出弥「ヴァイマール憲法における『社会権』」『基本的人権』第3巻(歴史II)所収, 東京大学出版会, 1968年.
- 播磨信義「ワイマール憲法における社会化条項(156条)の研究—その形成過程の検討を中心として—」京都大学『法学論叢』第89巻第6号, 1971年9月.
- 参議院憲法調査会事務局『ドイツ連邦共和国憲法概要』参憲資料第4号, 2001年.
- Ch. グズィ著／原田武夫訳『ヴァイマール憲法—全体像と現実—』風行社, 2002年.
- 高田敏・初宿正典編訳『ドイツ憲法集』第5版, 信山社, 2007年.〈前出〉

(3) 〈1931年スペイン憲法〉
- 影山日出弥「スペイン第二共和国憲法—比較憲法史のための一試論—」『名古屋大学法政論集』第50号, 1971年1月.
- 参議院憲法調査会事務局『スペイン憲法概要』参憲資料第6号, 2001年.
- 池田実[資料](邦訳) スペイン1931年憲法」『山梨大学教育人間科学部紀要』第6巻第2号, 2004年.

(4) 〈1940年キューバ憲法〉
- 木田純一編『社会主義国憲法集』第1巻, 中央大学生協出版局, 1975年.
- 吉田稔「キューバ憲法の史的展開—1940年憲法と1976年憲法を中心として—」比較法学会『比較法研究』No.40, 有斐閣, 1978年10月.
- 直川誠蔵・吉田稔「キューバ共和国憲法(1976年)」早稲田大学比較法研究所『比較法学』第16巻第1号, 1982年7月.
- 吉田稔「キューバ共和国憲法(1940年)」姫路獨協大学法学部『姫路法学』第39・40合併号, 2004年3月.
- 北原仁「キューバ社会主義憲法とその変容」駿河台大学『駿河台法学』第22巻第2号(通巻第42号) 2009年2月.
- 石塚秀雄訳「〔翻訳〕キューバ憲法 1976年制定, 2002年改正」非営利・協同総合研究所いのちとくらし『キューバ・メキシコ視察報告書』2010年2月.

III. 各国憲法 (各国別・年次順)

(1) 〈フランス〉
- 中村睦男「フランスにおける社会権の発展 (1)(2)(3)」北海道大学大学院法学研究科『北大法学論集』第14巻第2号／第15巻第1号／第15巻第2号, 1963年12月／1964年9月／1964年11月.

・中村睦男『社会権法理の形成』有斐閣，1973年．
・村田尚紀「フランス第4共和制憲法の成立と特質（一）（二）（三）」熊本大学『熊本法学』第58号／第59号／第60号，1988年12月／1989年3月／1989年6月．
・多田一路「フランス第四共和政憲法四月草案制定過程における財産権論」一橋大学『一橋研究』第22巻第2号，1997年7月．
・塙浩訳著『フランス憲法関連資料選』（塙浩著作集14）信山社，1998年．
・参議院憲法調査会事務局『フランス共和国憲法概要』参憲資料第3号，2001年．
・中村義孝編訳『フランス憲法史集成』法律文化社，2003年．

(2) 〈ドイツ〉
・影山日出弥「ヘッセン州46年憲法」愛知大学『愛知大学法経論集・法律篇』第50号，1966年3月．
・宮本光雄「西ドイツ州憲法制定過程とその史料」『成蹊法学』第29号，1989年3月．
・グンター・アシュホフ／エッカルト・ヘニングセン著，東信協研究センター訳『ドイツの協同組合制度―その歴史・構造・経済力―』日本経済評論社，1990年．
・G・アシュホフ／E・ヘニングセン著，関英昭／野田輝久訳『新版ドイツの協同組合制度―その歴史・構造・経済的潜在力―』日本経済評論社，2001年．
・参議院憲法調査会事務局『ドイツ連邦共和国憲法概要』参憲資料第4号，2001年．
・高田敏・初宿正典編訳『ドイツ憲法集』第5版，信山社，2007年．〈前出〉

(3) 〈イタリア〉
・井口文男『イタリア憲法史』有信堂高文社，1998年．
・参議院憲法調査会事務局『イタリア共和国憲法概要』参憲資料第5号，2001年．

(4) 〈その他各国憲法〉
・矢谷通朗編訳『ブラジル連邦共和国憲法（1988年）』アジア経済研究所，1991年．
・参議院憲法調査会事務局『メキシコ合衆国憲法概要』参憲資料第20号，2003年．〈前出〉
・金哲洙『韓国憲法の50年―分断の現実と統一への展望―』敬文堂，1998年．
・参議院憲法調査会事務局『スイス連邦憲法概要』参憲資料第7号，2002年．
・参議院憲法調査会事務局『スペイン憲法概要』参憲資料第6号，2001年．〈前出〉
・鈴木弥栄男『対訳ポルトガル憲法』丸善株式会社，2008年．
・松谷浩尚「トルコ共和国憲法」外務省『外務省調査月報』1991年1月．
・佐藤美由紀監修／岡部史信・アルベルト松本訳『ベネズエラ・ボリバル共和国憲法（和訳）』ベネズエラ憲法翻訳チーム，2007年．

IV. 独禁法と適用除外

(1) 〈世界の独禁法〉
・OECD編／公正取引委員会訳編『海外主要国の独占禁止法』商事法務研究会，1970年．
・公正取引委員会監訳『独占禁止法の国際比較―OECD加盟諸国の法制の比較と解説―』大蔵省印刷局，1980年．
・本城昇『韓国の独占禁止法と競争政策』アジア経済研究所，1995年．
・中山武憲『韓国独占禁止法の研究』信山社，2001年．

・高橋岩和訳「独占的行為及び不公正な事業競争の禁止に関するインドネシア共和国法1999年第5号」同編著『アジアの競争法と取引法制』法律文化社，2005年所収．
・公正取引委員会ホームページ：『世界の競争法』：（2011年3月23日アクセス確認）http://www.jftc.go.jp/worldcom/html/top.html

(2)〈適用除外〉
・飯島源次郎「農業協同組合と独占禁止法―第24条適用除外の妥当性の検討」北海道大学『農経論叢』No. 38, 1982年3月．
・高瀬雅男「農業協同組合とシャーマン法」丹宗曉信・小田中聰樹編『構造改革批判と法の視点：規制緩和・司法改革・独占禁止法』花伝社，2004年．
・高瀬雅男「農業協同組合とクレイトン法」福島大学『行政社会論集』第19巻第3号，2007年2月．
・高瀬雅男「カッパー＝ハースマン法案（1919年）」福島大学『行政社会論集』第21巻第1号，2008年7月．
・高瀬雅男「カッパー＝ヴォルステッド法案（1920年）」福島大学『行政社会論集』第21巻第2号，2008年10月．
・高瀬雅男「カッパー＝ヴォルステッド法案（1921年）」福島大学『行政社会論集』第21巻第3号，2009年2月．
・高瀬雅男「農業協同組合とカッパー＝ヴォルステッド法（1）」福島大学『行政社会論集』第23巻第1号，2010年7月．
・高瀬雅男「農業協同組合とカッパー＝ヴォルステッド法（2・完）」福島大学『行政社会論集』第23巻第2号，2010年10月．
・山田定市「独占禁止法の適用除外と農協の協同性・公共性」（北海学園大学『開発論集』第80号，第29巻第51号，2007年9月）．
・明田作「協同組合の独禁法適用除外問題についての一考察」農林中金総合研究所『農林金融』第773号，2010年7月．

V． その他文献

・ジョン・ロールズ著／田中成明編訳『公正としての正義』木鐸社，1979年．
・吉田省三「イタリアの協同組合と経済民主主義」（正田彬教授還暦記念論文集『国際化時代の独占禁止法の課題』日本評論社，1993年）．
・西修『憲法体系の類型的研究』成文堂，1997年．
・中村義寿「組織における公正と分配公正の理論」『名古屋学院大学論集社会科学篇』第36巻第2号，1999年10月．
・中村義寿「手続きの公正と相互作用の公正―組織公正論序説」『名古屋学院大学論集社会科学篇』第36巻第3号，2000年1月．

VI． 関連拙稿

(1)〈世界の憲法と協同組合〉
・堀越芳昭「先駆的憲法における協同組合規定―メキシコ，ワイマール，スペイン，キューバ―（上）（下）」協同総合研究所『協同の発見』第216号，2010年7月，217号，

2010年8月.
- 堀越芳昭「主要国の憲法における協同組合規定―G7・G20諸国―（上）（下）」協同総合研究所『協同の発見』第218号, 2010年9月, 第219号, 2010年10月.
- 堀越芳昭「ヨーロッパ各国の憲法における協同組合規定―G7・G20以外12ヶ国―（上）（下）」協同総合研究所『協同の発見』第220号, 2010年11月, 第221号, 2010年12月.
- 堀越芳昭「アジア・アフリカ各国の憲法における協同組合規定―アジア10ヶ国・アフリカ4ヶ国―（上）（下）」協同総合研究所『協同の発見』第222号, 2011年1月, 第224号, 2011年3月.
- 堀越芳昭「先駆的憲法における経済規定と協同組合規定―メキシコ, ワイマール, スペイン, キューバ―」山梨学院大学大学院『研究年報社会科学研究』第31号, 2011年2月.
- 堀越芳昭「21世紀協同組合の社会経済的地位：経済的自由・経済的公正・経済的参加と協同組合―世界の憲法における協同組合規定から―」(社)JC総研『にじ』第633号, 2011年3月.
- 堀越芳昭「中南米各国の憲法における協同組合規定―中南米17ヶ国―（上）（中）（下）」協同総合研究所『協同の発見』第226号, 2011年5月, 第227号, 2011年6月, 第228号, 2011年7月.

(2) 〈独禁法適用除外〉
- 堀越芳昭「国際協同組合原則と独占禁止法―原則・組合法・独禁法の相互関係―」山梨学院大学『経営情報学論集』第4号, 1998年2月.
- 堀越芳昭「米国対日占領政策の展開と協同組合―独禁法の成立・協同組合原則の導入と農協法成立―」中央協同組合学園『農協基礎研究』第18号, 1998年9月.
- 堀越芳昭「独占禁止法適用除外制度の成立過程」山梨学院大学『経営情報学論集』第5号, 1999年2月.
- 堀越芳昭「なぜ協同組合は独占禁止法適用除外なのか」(財)協同組合経営研究所『研究月報』第592号, 2003年1月.
- 堀越芳昭「独占禁止法における協同組合政策」日本協同組合学会『ILO・国連の協同組合政策と日本』日本経済評論社, 2003年.
- 堀越芳昭「独占禁止法適用除外制度に関する資料（増補）」『協同の発見』No.131, 2003年6月.
- 堀越芳昭「世界における協同組合の独占禁止法適用除外―各国の独禁法と憲法から―」(財)協同組合経営研究所『にじ』第631号, 2010年9月.
- 堀越芳昭「国際比較・協同組合の独占禁止法適用除外―世界の独禁法と憲法から―」山梨学院大学『経営情報学論集』第17号, 2011年2月.

(3) 〈不分割積立金〉
- 堀越芳昭『協同組合資本学説の研究』日本経済評論社, 1989年.
- 堀越芳昭「協同組合における『不分割社会的資本』の概念―株式会社と公益組織との比較から―」山梨学院大学『経営情報学論集』第1号, 1995年2月.
- 堀越芳昭「各種法人における残余財産の処分と分配―不分割・類似目的処分と出資・

株式基準分配─」山梨学院大学『社会科学研究』第 15 号，1995 年 3 月．
・堀越芳昭「協同組合原則における不分割積立金(上)(下)」協同総合研究所『協同の発見』第 208 号，2009 年 11 月，第 209 号，2009 年 12 月．
・堀越芳昭「G7 諸国の協同組合法制における不分割積立金(上)(下)」協同総合研究所『協同の発見』第 210 号，2010 年 1 月，第 211 号，2010 年 2 月．
・堀越芳昭「G20 諸国の協同組合法制における不分割積立金」協同総合研究所『協同の発見』第 212 号，2010 年 3 月．
・堀越芳昭「協同組合不分割積立金の歴史と実態─その原則と法から─」公益財団法人生協総合研究所『生協総研レポート』No. 64，2010 年 4 月．
・堀越芳昭「世界各国の協同組合法制における不分割積立金─G7・G20 以外 49 ヶ国─(上)(下)」協同総合研究所『協同の発見』第 213 号，2010 年 4 月，215 号，2010 年 6 月．
・堀越芳昭「協同組合における不分割積立金の社会性・公共性─諸説の検討から─」市民セクター政策機構『社会運動』第 375 号，2011 年 6 月．

(4) 〈その他〉
・堀越芳昭「欧米諸国の労働者協同組合法制」協同総合研究所『協同の発見』第 89 号，1999 年 9 月．
・堀越芳昭「協同組合の基礎概念─その哲学・定義・特質─」日本大学経済学部『経済集志』第 72 巻第 1 号，2002 年 4 月．
・堀越芳昭「経営者団体による『自助自律・自己責任』論の展開─その提唱と帰結─」山梨学院大学『経営情報学論集』第 16 号，2010 年 2 月．
・堀越芳昭「『新しい公共』と協同組合」市民セクター政策機構『社会運動』第 373 号，2011 年 4 月．

あとがき

　本書成立の基礎となった論稿としては，本書巻末の「参考文献」一覧における関連拙稿を参照されたい．そのうち「世界の憲法と協同組合」に関しては，協同総合研究所『協同の発見』誌の連載論文（2010年7月～2011年7月），山梨学院大学大学院社会科学研究科『研究年報社会科学研究』の拙稿（2011年2月），(社)JC総研『にじ』誌の拙稿（2011年3月）に基づいており，また独占禁止法適用除外に関しては，(財)協同組合経営研究所『にじ』誌の拙稿（2010年9月），山梨学院大学『経営情報学論集』の拙稿（2011年2月）の加筆補正によって成り立っている．

　いまここで本書に至る筆者の研究歴に触れることを許されたい．筆者は，その研究歴の初期にはわが国協同組合の歴史的研究（産業組合・信用組合の社会経済的役割）を研究課題としていた．その後の協同組合研究に大きな転機となったのは，1980年の「レイドロー報告」であった．これを機に協同組合の歴史的研究から現状分析・将来展望の研究に力点が移行することになった．具体的には，国際協同組合運動，国際協同組合原則，協同組合資本学説の研究，協同組合制度の研究に取り組むことになる．拙著『協同組合資本学説の研究』（日本経済評論社，1989年）は荒削りではあるが，その段階の筆者の到達点であり，その後の出発点でもあった．

　その中でも，協同組合の制度的研究は筆者の重要な研究課題であった．〔協同組合運動―協同組合原則―協同組合法〕の連環の中で協同組合制度を解明することは，ICA・ILO・国連の協同組合政策の展開の中で，またわが国協同組合法制の再検討の上で重要な研究課題となっていた．このようにして世界各国の協同組合法制，各国の協同組合法における不分割積立金・社会目的規定，世界各国における独禁法適用除外の検討を行い，実証的にも世界各国の協同組合法の収集・整理を行ってきた．

　そして近年，これらの制度的動向の背後に世界の憲法における協同組合規定

があることを認識するに至った．世界の憲法における協同組合に関する諸規定を検討する中で，世界史的な社会経済上の至上課題の推移とそこにおける協同組合の社会経済制度としての位置や特質が明らかになるのである．そのために経済的自由（19世紀）・経済的公正（20世紀）・経済的参加（21世紀）と協同組合との関連が追究される．本書の中心テーマはこのようにして生まれた．

　また独占禁止法の適用除外に関しては，1970年代・80年代以降の規制緩和政策における独禁法適用除外制度の見直し，そこにおける協同組合の適用除外撤廃の動きに対して，国際協同組合原則との関わり，適用除外制度の歴史的検討，適用除外の根拠に関わる理論的検討，適用除外制度の国際動向，世界の憲法における独占禁止について検討してきた．本書との関連では，世界の独占禁止法の目的は経済的自由を前提とした経済的公正の実現に求めることができる．「公正かつ自由な競争」に体現される独禁法の経済的公正は，経済的弱者保護と経済的な機会均等の実現を不可欠とする．したがって経済的弱者の機会均等を実現する協同組合は適用除外されるのである．このように協同組合の適用除外は経済的公正論で説明することが妥当するであろう．

　筆者が協同組合研究に携わるのは，協同組合が「人々自身による協同の社会経済システム」であるからである．人間存在の根源を個体性と社会性の統合に求めることができるとすれば，協同組合の相互自助原理（相互扶助と自立自助の統合）・人的結合体と経済的事業体の「立体的二重性」としての協同組合の特質は，そうした人間存在に適合的な方式・仕組みということができるであろう．そして，こうした協同組合のシステムが社会経済全体の中できちんと位置づけられる必要があると考えるからである．公的システムだけでなく，また私企業システムだけでなく，人々の生活と経済に直結した協同組合システムを位置づける必要がある．公の有する権力性と官僚性を制御し，私の有する営利性と欲望性を抑制するためには，人的性格と協同性を有する協同組合を位置づけ，その役割を発揮させ，「公協私の新しい混合経済」を構築することが求められる，と考えるからである．

　さて2009年，国連は2012年を「国際協同組合年」とすることを決議した．それは，持続可能な開発，貧困の根絶，雇用の創出，都市と農村地域における様々な経済部門の生計に貢献することのできる社会的事業体としての協同組合

あとがき

を促進し，協同組合の社会的認知度を高め，各国政府の協同組合政策を促進することを目的としている．本書がそれに貢献できることを願うものである．

ところで本書の執筆中，わが国は千年に一度といわれる「2011.3.11」東日本大震災に見舞われた．この未曽有の大災害は，地震・津波・原発・停電の3重・4重の災禍であり，驚異的な自然災害と破滅的な人的災害の重畳化された有史稀な大災害となった．多くの人々の生命と生活と人生，そして多くの人々の財産が奪われた．底なしの悲嘆と込み上げる憤怒と確かなる所懐をもって，いまやわが国は自然と人間との関係，経済と社会の関係，人と人との関係などに，根源的な検討，徹底した見直しを不可欠とする．そのためには，まずもって多くの人々によるこれまでの警告や提言に真摯に耳を傾けなければならない．そして人々の相互自助の原理による自発的な参加型システムである協同組合の原理や方式の役割を発揮し，これまでの「自助自律・自己責任型」社会経済システムではなく，かつての「国家主導型」社会経済システムでもなく，まさしく「公協私の新しい混合経済」の社会経済システムの構築が構想されるであろう．本書がその一助になれば幸いである．

さてここで，筆者のこれまでの研究に大きな影響を与えてきた諸先生方の学恩に心から感謝申し上げたい．信用組合研究や金融立法史研究によって私の協同組合研究や政策制度研究に道を拓き，学術研究の厳しさについてご指導くださった渋谷隆一先生，世界や日本の歴史的視座や社会に対する研究者の姿勢についてご教授くださった故工藤恭吉先生に特に感謝申し上げたい．また学会や共同研究において多くのご教示をいただいた故伊東勇夫先生，斉藤仁先生，故三輪昌男先生，日本協同組合学会を共にし，幾多の研究会でお世話になった安田元三先生，関英昭先生，白石正彦先生，中川雄一郎先生に御礼申し上げたい．

そして学術書の出版事情が困難な折，本書の出版を快く引き受けていただいた日本経済評論社の栗原哲也社長，編集上大変お世話になった同社の清達二氏に心から御礼申し上げたい．

2011年6月

著 者

国別索引

(98ヶ国＋ドイツ6州)

*印：協同組合の憲法規定有り．太字：主要ページ

【ア行】

アイスランド　160
アイルランド　156
アメリカ合衆国　**4**, 12, 37, 38, **39**, 40, 44, 45, 68, 72, 73, 111, 155, **156**, 157, 159, 160, **162**, 165, 179
アラブ首長国連邦　10
アルゼンチン　**4**, 37, 49, 50, 66-67, 68, 72, 73, 120, 152
アンゴラ*　**4**, 5, 7, 113, 114, **115-117**, 118, 119, 120, 180
イエメン*　**4**, 5, 7, 77, 95, 96, **105-106**, 109, 110, 167, 179
イスラエル　160, 165, 179
イギリス　**4**, 37, 38, 39, 40, 44, 45, 68, 72, 73, **156**
イタリア*　2, **4**, 7, 9, 37, 38, 39, **43**, 45, **48-49**, 68, 69, 70, 71, 72, 73, 77, 180, 183, **185**, **187-188**, 190, 192, 195, 197, 198
イラン*　**4**, 5, 7, 77, 95, 96, **102-103**, 108, 109, 110, 167, 179
インド*　**4**, 5, 7, 37, 49, 50, **56-57**, 67, 68, 69, 70, 71, 72, 73, 77, 94, 167, 179
インドネシア*　**4**, 5, 7, 37, 49, 50, **61-62**, 67, 68, 69, 70, 71, 72, 73, 77, 94, 160, 162, 165, 179, 180
ウガンダ　10
ウクライナ　10
ウズベキスタン　10
ウルグアイ*　**4**, 5, 8, 120, **121**, **131**, 147, 148, 180
エクアドル*　**4**, 5, 8, 9, 120, **121-122**, **131-134**, 147, **148-149**, 150, 151, 153, 167, **175-176**, 179, 183, **187**, 190, 191, 192, 194, 195, **196-197**, 198

エジプト*　**4**, 5, 7, 9, 113, **114-115**, 118, 119, 120, 152, 180, 183, 186, 189, **190-191**, 192, 194, 195, 196, 197, 198
エチオピア　10
エルサルバドル*　**4**, 5, 8, 120, 122, **140-141**, 147, 149, 150, 151, 167, 179
オーストラリア　**4**, 37, 49, 50, 66, 67, 68, 72, 73
オーストリア　156, 159, 160, 164, 165, 179
オランダ　156

【カ行】

ガイアナ*　**4**, 5, 8, 120, **121**, **129-131**, 147, 148, 150, 151, 180, 199
カナダ　**4**, 37, 38, 39, **41**, 44, 45, 68, 72, 73, 156, 157, 159
カーボベルデ　10
韓国（大韓民国）*　**4**, 5, 7, 37, 49, 50, **59-61**, 67, 68, 69, 70, 71, 72, 75, 77, 94, **160-161**, 165, **166-168**, 177, 178, 179, 180
ギニアビサウ　10
キプロス*　**4**, 5, 7, 77, 78, **87-88**, 92, 93, 94, 180
キューバ*　3, **4**, 5, 8, **11**, 12, 17, 18, 21, **25-30**, 31, 32, 33, 34, 35, 55, 120, 122, **144-146**, 147, 150, 151, 153, 181
ギリシャ*　**4**, 5, 7, 77, 78, **86-87**, 92, 93, 94, 180
グアテマラ*　**4**, 5, 8, 16, 18, 19, 34, 120, 122, **141-142**, 147, 149, 150, 151, 167, 179
クウェート*　**4**, 5, 7, 77, 95, 96, **106-107**, 109, 110, 180
クロアチア　160
コスタリカ*　**4**, 5, 8, 120, 122, **138-139**, 147,

149, 150, 151, 167, 179
コロンビア　10
コンゴ　10

【サ行】

サウジアラビア　4, 37, 49, 50, 66, 67, 68, 72
サントメ・プリンシペ　10
シリア*　4, 5, 7, 77, 95, 96, 103-105, 109, 110, 180
スイス*　4, 5, 7, 77, 79, 90-91, 93, 94, 111, 156, 160, 167, 172-173, 179, 184-185
スウェーデン　10, 156, 160, 163, 165, 179, 184
スペイン*　2, 3, 4, 5, 7, 9, 11, 12, 18, 21, 22-25, 26, 29, 30, 31, 32, 33, 34, 35, 55, 77, 78, 79-80, 92, 93, 94, 156, 159, 160, 180, 183, 186, 188, 190, 192, 193, 195, 197, 198
スリナム*　4, 5, 8, 120, 121, 131, 147, 148, 150, 151, 180
スリランカ　10
スロバキア　10, 73
スロベニア　160
スワジランド　10
赤道ギニア　10
セルビア*　4, 5, 7, 77, 78, 89, 92, 93, 94, 167, 179
ソヴィエト連邦　54, 173

【タ行】

タイ*　4, 5, 7, 77, 95, 96, 100-101, 108, 109, 110, 111, 160, 162, 165, 167, 169-170, 179
台湾*　4, 5, 7, 77, 95, 96, 99, 107, 108, 109, 110, 160, 180
タジキスタン*　4, 5, 7, 77, 79, 90, 93, 94, 180
タンザニア　10
チェコ　73, 160, 165, 179
中央アフリカ　10
中国（中華人民共和国）*　4, 5, 7, 37, 49, 50, 57-59, 67, 68, 69, 70, 71, 72, 73, 77, 94, 160, 161-162, 165, 179, 180
ツバル　10
デンマーク　156, 160, 184
ドイツ（西ドイツ）　4, 10, 22, 34, 35, 37, 38, 39, 41-43, 44, 45, 46, 68, 72, 73, 74, 156, 158-159, 160, 163-164, 165, 178, 179, 181, 183, 192
ワイマール*　2, 3, 5, 9, 11, 12, 19-22, 24, 25, 26, 29, 30, 31, 32, 33, 34, 42, 45, 192
ドイツ各州*　4, 5, 7, 8, 9, 35, 42, 46-48, 72, 74, 179
ザールラント州*　5, 46, 47
自由ハンザ都市ブレーメン州*　5, 46, 47
ノルトライン・ヴェストファーレン州*　5, 46, 47, 179, 181
バイエルン州*　5, 46, 47
ヘッセン州*　5, 35, 42, 46, 47, 68, 69, 70, 71, 74, 179, 181, 185, 192
ラインライト・プファルツ州*　5, 46, 47
ドミニカ共和国*　4, 5, 8, 120, 122, 146, 147, 150, 181
トルコ*　4, 5, 7, 37, 49, 50, 64-66, 67, 68, 70, 71, 72, 75, 77, 94, 167, 170, 177, 179

【ナ行】

ナイジェリア　10
ナミビア*　4, 5, 7, 113, 114, 117, 118, 119, 120, 180
ニカラグア*　4, 5, 8, 120, 122, 139-140, 147, 149, 150, 151, 181, 199
ニジェール　10
日本　4, 37, 38, 39, 41, 44, 45, 68, 72, 73, 155, 156-157, 159, 160, 161, 165, 178, 179
ノルウェー　156, 157-158, 159, 160, 163, 165, 179

【ハ行】

ハイチ*　4, 5, 8, 120, 122, 146-147, 150, 151, 167, 179
パキスタン　10
パナマ*　4, 5, 8, 120, 122, 143-144, 147, 149, 150, 151, 167, 179
ハンガリー*　4, 5, 7, 77, 78, 88-89, 92, 93, 94, 180
パラグアイ*　4, 5, 8, 120, 121, 128-129, 147, 148, 150, 151, 167, 179, 199

バーレーン　10
東ティモール*　4, 5, 7, 77, 95, 96, 101-102, 108, 109, 110, 180
フィリピン*　4, 5, 7, 9, 77, 95-98, 107, 108, 109, 110, 111, 167, 168-169, 179, 183, 186, 189, 190, 192, 193, 195, 196, 197, 198, 199
フィンランド　156, 158, 159, 160, 163, 165, 179
ブラジル*　4, 5, 7, 9, 37, 49-54, 55, 67, 68, 69, 70, 71, 72, 73, 77, 120, 151, 152, 180, 183, 185-186, 188, 190, 192-193, 195, 197, 198
フランス　4, 5, 37, 38, 39, 40-41, 44, 45, 68, 72, 73, 74, 156, 160, 179, 181, 183, 192
ブルガリア*　4, 5, 7, 77, 78, 88, 92, 93, 94, 167, 179
ベトナム*　4, 5, 7, 77, 95, 96, 99-101, 107, 108, 109, 110, 180
ベネズエラ*　4, 5, 8, 9, 120, 122, 134-138, 147, 149, 150, 151, 153, 167, 176-177, 179, 183, 187, 190, 191, 192, 194-195, 197, 198
ベラルーシ*　4, 5, 7, 77, 78, 89-90, 93, 94, 180
ベルギー　156, 184
ペルー*　4, 5, 8, 16-19, 27, 34, 120, 121, 123-124, 147, 148, 150, 151, 152, 167, 179
ボリビア*　4, 5, 8, 9, 120, 121, 124-128, 147, 148, 150, 151, 153, 167, 174-175, 179, 183, 186, 189-190, 191, 192, 194, 195, 196, 197, 198

ポルトガル*　2, 4, 5, 7, 9, 77, 78, 80-86, 92, 93, 94, 102, 111, 167, 170-172, 179, 183, 186, 188-189, 190, 192, 193, 195-196, 197, 198
ホンジュラス*　4, 5, 8, 120, 122, 142, 147, 149, 150, 151, 167, 179

【マ行】

マレーシア　10, 160, 162, 165, 179
マルタ*　4, 5, 7, 77, 78, 87, 92, 93, 94, 160, 165, 179, 180
南アフリカ　4, 37, 49, 50, 66, 67, 68, 72, 73, 114, 152
ミャンマー*　4, 5, 7, 77, 95, 96, 107, 109, 110, 180
メキシコ*　3, 4, 5, 7, 9, 11, 12-16, 17, 18, 21, 26, 29, 30, 31, 32, 33, 34, 35, 37, 49, 50, 55, 62-64, 67, 68, 70, 71, 72, 73, 77, 120, 123, 151, 152, 160, 162-163, 165, 167, 177, 179, 180, 183, 186, 188, 190, 192, 193, 195, 197, 198
モザンビーク*　4, 5, 7, 113, 114, 117-118, 119, 180

【ラ行】

レソト　10
ロシア*　4, 5, 7, 37, 49, 50, 54-56, 67, 68, 69, 70, 71, 72, 73, 74, 77, 167, 173-174, 179

著者紹介

堀越芳昭(ほりこしよしあき)

山梨学院大学経営情報学部教授(中小企業経営論,企業社会責任論),日本大学経済学部兼任講師(協同組合論).早稲田大学大学院商学研究科博士課程修了.日本協同組合学会会長を歴任.商学博士(早稲田大学).著書に『協同組合資本学説の研究』日本経済評論社,1989年,『近代日本の経済官僚』(共編著)日本経済評論社,2000年,『ILO・国連の協同組合政策と日本』(共著)日本経済評論社,2003年,『「企業の社会的責任論」の形成と展開』(共編著)ミネルヴァ書房,2006年,『非営利・協同システムの展開』(共著)日本経済評論社,2008年ほか.

協同組合の社会経済制度
世界の憲法と独禁法にみる

2011年7月15日　第1刷発行

定価(本体2500円+税)

著　者　堀　越　芳　昭
発行者　栗　原　哲　也
発行所　株式会社 日本経済評論社

〒101-0051 東京都千代田区神田神保町3-2
電話 03-3230-1661／FAX 03-3265-2993
E-mail: info8188@nikkeihyo.co.jp
振替 00130-3-157198

装丁＊渡辺美知子　　　太平印刷社／根本製本

落丁本・乱丁本はお取替いたします　　Printed in Japan
© HORIKOSHI Yoshiaki 2011
ISBN978-4-8188-2165-1

・本書の複製権・翻訳権・上映権・譲渡権・公衆送信権(送信可能化権を含む)は,㈳日本経済評論社が保有します.
・JCOPY 〈㈳出版者著作権管理機構　委託出版物〉
本書の無断複写は著作権法上での例外を除き禁じられています.複写される場合は,そのつど事前に,㈳出版者著作権管理機構(電話 03-3513-6969, FAX 03-3513-6979, e-mail: info@jcopy.or.jp)の許諾を得てください.

シチズンシップ
　——自治・権利・責任・参加——
　　　　キース・フォークス／中川雄一郎訳　本体3200円

グローバル資本主義論
　——日本経済の発展と衰退——
　　　　　　　　　　　飯田和人　本体3800円

欧州の協同組合銀行
　　　　　　斉藤由理子・重頭ユカリ　本体3600円

完全従事社会の可能性
　——仕事と福祉の新構想——
　　　　　　　　　　　福士正博　本体4200円

フランスの社会的経済
　　　　ティエリ・ジャンテ／石塚秀雄訳　本体2800円

非営利・協同システムの展開
　　　中川雄一郎・柳沢敏勝・内山哲朗編著　本体3400円

欧州サードセクター
　——歴史・理論・政策——
　　　A. エバース，J.-L. ラヴィル編
　　　　　　内山哲朗・柳沢敏勝訳　本体4600円

日本経済評論社